COLLECTION C.-D. ÉCHAUDEMAISON

Sciences Économiques & Sociales

Programme 2010

Édition actualisée 2013

2de

Sous la direction
de Claude-Danièle Échaudemaison

Monique Abellard
Professeur de sciences économiques et sociales
au lycée Paul Lapie, Courbevoie

Renaud Chartoire
Professeur de sciences économiques et sociales
au lycée Alfred Kastler, La Roche-sur-Yon

Irma Drahy-Ranzieri
Professeur de sciences économiques et sociales
au lycée Georges Clemenceau, Villemomble

Olivier Leblanc
Professeur de sciences économiques et sociales
au lycée Jean-Jacques Rousseau, Sarcelles

Sophie Loiseau
Professeur de sciences économiques et sociales
au lycée Alfred Kastler, La Roche-sur-Yon

Arnaud Parienty
Professeur de sciences économiques et sociales
au lycée Paul Lapie, Courbevoie

Sarah Roux-Périnet
IA-IPR, Coordinatrice de la pédagogie
académie d'Orléans-Tours

Éric Taïeb
Professeur de sciences économiques et sociales
au lycée Alexandre Dumas, Saint-Cloud

Aurélie Talon-Hallard
Professeur de sciences économiques et sociales
au lycée Michel Anguier, Eu

Hélène Thammavongsa
Professeur de sciences économiques et sociales
au lycée Frédéric Mistral, Fresnes

Agnès Vallée
Professeur de sciences économiques et sociales
au lycée Saint-Pierre-Fourier, Paris

À la découverte de votre manuel

Ce manuel est composé d'une introduction suivie de 10 chapitres, qui suivent l'ordre du programme officiel.

Ouverture de chapitre
- De grands documents visuels pour découvrir la problématique du chapitre.
- Un plan détaillé du chapitre.

Des doubles pages d'activités

- Un thème d'étude toujours problématisé.
- Une rubrique **Découvrir** pour sensibiliser les élèves au thème étudié.
- De nombreux documents (textes, tableaux statistiques, graphiques...) pour faire une analyse du thème.
- Des questions progressives.
- Des **Points notion** et **Points outil** pour aider l'élève.
- Un **Bilan** avec un exercice d'auto-évaluation et une question pour « faire le point ».

© Nathan, 2012 – 25 avenue Pierre de Coubertin – 75 013 Paris
ISBN 978-2-09-172648-9

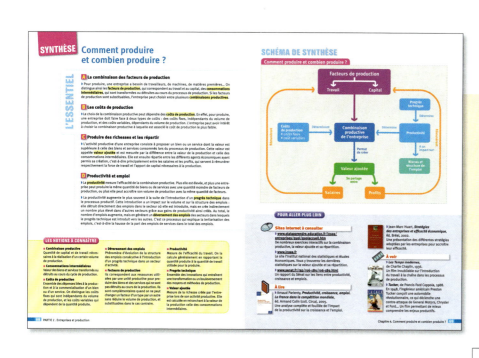

Des doubles pages Synthèse

- **L'essentiel** : les connaissances principales du chapitre à retenir.
- Les **notions** à connaître.
- Un grand **schéma de synthèse**.
- Des pistes (sites Internet, lectures, films) pour « aller plus loin ».

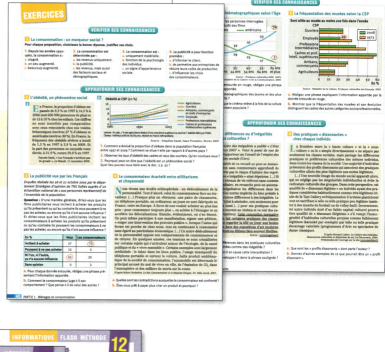

Les pages Exercices

- Des exercices pour vérifier et approfondir ses connaissances.

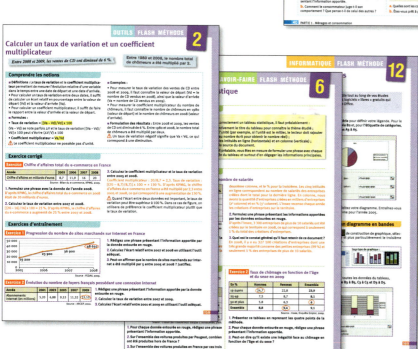

À la fin de l'ouvrage

Les « Flash Méthode »

- **13 fiches** (outils, savoir-faire et informatique) pour acquérir les méthodes nécessaires aux SES.
- Des exercices corrigés et des exercices d'application.

SOMMAIRE

■ **INTRODUCTION** La démarche en SES : l'exemple des réseaux sociaux numériques   8

PARTIE 1 Ménages et consommation

CHAPITRE 1 Comment les revenus et les prix influencent-ils les choix des consommateurs ?   13

1. Comment mesurer le revenu disponible et le pouvoir d'achat des ménages ?   14
2. Consommer ou épargner : un choix difficile ?   16
3. Quelles sont les différentes formes d'épargne ?   18
4. Le crédit à la consommation : une ressource complémentaire à utiliser avec précaution ?   20
5. Comment les ménages consomment-ils en fonction de leur revenu ?   22
6. Quels sont les effets du prix sur les choix des consommateurs ?   24

> Synthèse   26
> Exercices   28

CHAPITRE 2 La consommation : un marqueur social ?   29

1. Comment la consommation évolue-t-elle en France ?   30
2. Pourquoi consomme-t-on différemment ? L'exemple de l'alimentation   32
3. La consommation a-t-elle une signification sociale ?   34
4. Une consommation sous influence ?   36

> Synthèse   38
> Exercices   40

PARTIE 2 Entreprises et production

CHAPITRE 3 Qui produit des richesses ?   41

1. Tous les biens et services produits sont-ils identiques ?   42
2. Comment différencier les entreprises ?   44
3. À qui appartiennent les entreprises ?   46
4. Quel rôle ont les administrations publiques dans notre vie ?   48
5. Des associations, pour quoi faire ?   50

> Synthèse   52
> Exercices   54

CHAPITRE 4 Comment produire et combien produire ?   55

1. De quoi l'entreprise a-t-elle besoin pour produire ?   56
2. Comment l'entreprise choisit-elle ses facteurs de production ?   58
3. Comment calculer les coûts de production dans l'entreprise ?   60
4. Comment créer et répartir les richesses ?   62
5. Qu'est-ce que la productivité ?   64
6. Quel est l'impact de la productivité sur l'emploi ?   66

> Synthèse   68
> Exercices   70

PARTIE 3 Marchés et prix

CHAPITRE 5 Comment se forment les prix sur un marché ?   71

1. Qu'est-ce que le marché ? L'exemple de l'immobilier   72
2. Qu'est-ce que la demande ? L'exemple des carottes bio   74
3. Comment les entreprises déterminent-elles leurs prix ?   76
4. Pourquoi les entreprises ne fixent-elles pas librement leurs prix ?   78
5. Comment schématiser le marché ?   80

> Synthèse   82
> Exercices   84

CHAPITRE 6 La pollution : comment remédier aux limites du marché ?   85

1. Comment le marché produit-il des pollutions ?   86
2. Les ressources naturelles peuvent-elles résister aux pressions du marché ?   88
3. Pourquoi le marché ne lutte-t-il pas spontanément contre la pollution ?   90
4. L'État peut-il influencer le marché ?   92
5. L'État peut-il contraindre le marché ?   94

> Synthèse   96
> Exercices   98

PARTIE 4 — Formation et emploi

CHAPITRE 7 — Le diplôme : un passeport pour l'emploi ? — 99

1. Qu'est-ce qu'un emploi ? — 100
2. Quelle qualification pour les emplois aujourd'hui ? — 102
3. Le diplôme est-il une protection efficace contre le chômage ? — 104
4. La poursuite d'études, un investissement en capital humain ? — 106
5. Quelle égalité des chances à l'école ? — 108
6. Des grandes écoles, pour qui ? — 110

> Synthèse — 112
> Exercices — 114

CHAPITRE 8 — Le chômage : des coûts salariaux trop élevés ou une insuffisance de la demande ? — 115

1. Comment évolue le chômage en France ? — 116
2. Comment évolue l'emploi en France ? — 118
3. L'insuffisance de la demande est-elle à l'origine du chômage ? — 120
4. Les salaires menacent-ils l'emploi ? — 122
5. Les salaires conduisent-ils à délocaliser ? — 124

> Synthèse — 126
> Exercices — 128

PARTIE 5 — Individus et cultures

CHAPITRE 9 — Comment devenons-nous des acteurs sociaux ? — 129

1. Qu'est-ce que la socialisation ? — 130
2. Quels sont les différents modes de socialisation ? — 132
3. Les filles et les garçons sont-ils socialisés de la même façon ? — 134
4. La famille favorise-t-elle la reproduction sociale ? — 136
5. École et famille : complémentarité ou opposition ? — 138

> Synthèse — 140
> Exercices — 142

CHAPITRE 10 — Comment expliquer les différences de pratiques culturelles ? — 143

1. Culture et pratiques culturelles : de quoi parle-t-on ? — 144
2. Les pratiques culturelles sont-elles uniformes ? — 146
3. Un média de masse peut-il favoriser l'accès à la culture savante ? — 148
4. Le numérique bouleverse-t-il les pratiques culturelles des Français ? — 150
5. Comment se choisissent les pratiques de loisirs ? L'exemple du sport — 152

> Synthèse — 154
> Exercices — 156

FLASH MÉTHODE

OUTILS

1. Calculer un pourcentage de répartition — 158
2. Calculer un taux de variation et un coefficient multiplicateur — 159
3. Calculer un indice simple — 160
4. Calculer une moyenne et une médiane — 161
5. Calculer une élasticité-prix et une élasticité-revenu — 162

SAVOIR-FAIRE

6. Interpréter un tableau statistique — 163
7. Interpréter un diagramme de répartition — 164
8. Interpréter une série chronologique — 165
9. Interpréter un texte en SES — 166
10. Prendre des notes en SES — 167
11. Analyser une image — 168

INFORMATIQUE

12. Construire des représentations graphiques avec les logiciels Excel et Calc — 169
13. Construire un sondage sur Internet — 171

- Lexique — 172
- Index — 176
- Corrigés des exercices d'auto-évaluation — 177

Programme de Sciences économiques et sociales 2de

Bulletin officiel spécial n° 4 du 29 avril 2010

Thèmes d'exploration et questionnements associés	Notions à découvrir	Indications complémentaires à l'usage des professeurs
I. Ménages et consommation		
Comment les revenus et les prix influencent-ils les choix des consommateurs ?*	Revenu disponible, consommation, épargne, pouvoir d'achat.	Après avoir constaté que le revenu disponible se répartit entre consommation et épargne et évoqué les différentes formes d'épargne, on montrera à partir de données chiffrées simples que la consommation des ménages dépend à la fois du niveau de leur revenu et du prix des biens. On mettra en évidence les effets dans le temps de l'évolution du pouvoir d'achat sur la structure de la consommation des ménages. On initiera les élèves à interpréter les valeurs significatives que peuvent prendre les élasticités (prix et revenu) pour quelques types de biens en mettant en évidence l'intérêt de cet outil pour l'économiste.
La consommation : un marqueur social ?	Consommation ostentatoire, effets de distinction et d'imitation.	On montrera que les choix de consommation sont socialement différenciés en fonction de la profession, du niveau d'éducation, de l'habitat, de l'âge. On s'interrogera sur l'influence de la mode et de la publicité sur les comportements de consommation.
II. Entreprises et production		
Qui produit des richesses ?*	Entreprise, production marchande et non marchande, valeur ajoutée.	En prenant appui sur quelques exemples significatifs, on sensibilisera les élèves à la diversité des entreprises selon la taille, la nature de leur production, leur mode d'organisation. On précisera en quoi le rôle économique spécifique des entreprises les distingue d'autres organisations productives (administrations, associations).
Comment produire et combien produire ?	Facteurs de production, coûts, productivité, progrès technique.	On montrera comment l'entreprise est amenée à combiner efficacement les facteurs de production en tenant compte de leurs coûts et de leur caractère plus ou moins substituable. On soulignera que cette combinaison peut évoluer au cours du temps, sous l'influence de différents facteurs. On mettra en évidence l'accroissement de la productivité dans le long terme (notamment sous l'action du progrès technique) et ses différents effets.
III. Marchés et prix		
Comment se forment les prix sur un marché ?*	Demande, offre, prix.	On montrera comment dans un modèle simple de marché se fixe et s'ajuste le prix en fonction des variations de l'offre et de la demande. En partant d'un exemple, on construira les courbes d'offre et de demande, on recherchera les facteurs susceptibles d'expliquer leur déplacement et on en analysera l'impact en termes d'augmentation ou de baisse des prix. Ce thème pourra être l'occasion de recourir à un jeu mettant en évidence de manière expérimentale le fonctionnement d'un marché.
La pollution : comment remédier aux limites du marché ?	Effet externe, incitation.	En prenant appui sur l'exemple de la pollution, on montrera que le fonctionnement du marché ne conduit pas nécessairement les producteurs à prendre en compte les coûts sociaux. On présentera les politiques incitatives (taxes, subventions) ou contraignantes (normes) que la puissance publique est conduite à mettre en place pour pallier cette défaillance du marché.
IV. Formation et emploi		
Le diplôme : un passeport pour l'emploi ?*	Emploi, qualification, capital humain.	À partir de données chiffrées, on analysera la relation entre le niveau et la nature des études poursuivies et l'accès à un emploi plus ou moins qualifié. On montrera que la poursuite d'études supérieures est un investissement en capital humain mais qu'elle est aussi influencée par le milieu social.
Le chômage : des coûts salariaux trop élevés ou une insuffisance de la demande ?	Salaire, coût salarial, chômage.	Après avoir sensibilisé les élèves à l'évolution de l'emploi et du chômage dans la période récente, on s'interrogera sur les effets contrastés de l'évolution des salaires sur le niveau de l'emploi en prenant en considération le fait qu'ils constituent à la fois un coût pour chaque entreprise mais aussi une composante du pouvoir d'achat des ménages.
V. Individus et cultures		
Comment devenons-nous des acteurs sociaux ?*	Socialisation, normes, valeurs.	On montrera que la famille et l'école jouent chacune un rôle spécifique dans le processus de socialisation des jeunes. On prendra en compte le caractère différencié de ce processus en fonction du genre et du milieu social.
Comment expliquer les différences de pratiques culturelles ?	Culture, culture de masse.	On mettra en évidence la répartition sociale des choix culturels et des pratiques de loisirs et on s'interrogera sur les facteurs qui l'expliquent. On pourra réinvestir des notions déjà étudiées à propos du thème de la consommation.

*Sur les 10 thèmes du programme, il faut en traiter 8. Les premiers chapitres de chaque partie sont obligatoires.

Savoir-faire applicables à des données quantitatives qui seront mobilisés dans le traitement du programme

- Proportion, pourcentage de répartition.
- Taux de variation, coefficient multiplicateur, indice simple.
- Moyenne arithmétique simple et pondérée, médiane.
- Élasticité prix et élasticité revenu.
- Lecture de tableaux à double entrée, de diagrammes de répartition, de séries chronologiques.

Savoir interpréter les consignes en SES

Afin de vous guider dans vos réponses aux questions posées sur les documents (texte, tableau, graphique, etc.), nous avons fait précéder chaque intitulé d'un verbe qui annonce l'objectif de la question.

Vous trouverez ci-dessous les attentes face aux différentes consignes.

Consignes	Attentes
Analyser	Décrire un phénomène, un mécanisme et l'expliquer.
Argumenter	Donner plusieurs éléments afin de répondre précisément à la question.
Calculer	Effectuer une ou plusieurs opérations permettant d'obtenir un résultat chiffré.
Comparer	Mettre en parallèle deux ou plusieurs faits, phénomènes, situations, mécanismes, etc., de façon à isoler des ressemblances et/ou des différences.
Décrire	Donner les éléments susceptibles de présenter un fait, un phénomène, une situation, un mécanisme, etc.
Déduire	Donner une ou des conséquences logiques d'une situation, d'un mécanisme, etc.
Définir	Rédiger une phrase présentant les caractères (ou caractéristiques ou attributs) d'un concept.
Distinguer	Mettre en parallèle deux ou plusieurs faits, phénomènes, situations, mécanismes, etc., de façon à isoler des différences.
Expliquer	Donner les éléments nécessaires pour faire comprendre un fait, un phénomène, une situation, un mécanisme, etc.
Illustrer	Donner un exemple.
Justifier	Donner les raisons qui permettent de conclure : « vrai » ou « faux ».
Lire	Rédiger une phrase contenant et donnant la signification du chiffre précisé. Retrouver une idée exprimée dans le texte.
Représenter	Traduire graphiquement des données chiffrées ou textuelles.
Résumer	Énoncer l'essentiel en condensant les idées.
Synthétiser	Rassembler des éléments divers en un tout cohérent.

Tableau établi à partir d'une réflexion conduite dans le cadre de la formation continue, à partir des *Objectifs de référence en classe de Seconde*.

1 INTRODUCTION
La démarche en SES à travers l'exemple des réseaux sociaux numériques

DÉCOUVRIR

Doc.1 L'émergence d'une nouvelle pratique sociale : les réseaux sociaux numériques

Pages d'accueil de plusieurs réseaux sociaux numériques.

POINT NOTION

Les réseaux sociaux numériques

Au sens large, un **réseau social** désigne un ensemble d'individus et les relations qu'ils entretiennent les uns avec les autres, directement ou indirectement par le biais de chaînes de relations.

Au sens strict, un **réseau social numérique** désigne un réseau social fondé sur les technologies de l'information et de la communication (TIC) et spécifiquement dédié à la constitution ou à la reconstitution de connexions sociales, à des fins personnelles ou professionnelles.

1. Décrire. Sur quel support s'appuient les réseaux sociaux numériques ?

2. Expliquer. Dans quel but devient-on membre d'un réseau social ?

Doc.2 Facebook, un nouveau lien social

Mark Zuckerberg, jeune président-directeur général, puisqu'il n'a que vingt-quatre ans, a toujours aimé bâtir. La première fois que j'ai eu l'occasion de m'entretenir avec lui, c'était à l'été 2005 ; à l'époque, [...] il parlait de Facebook comme d'un outil d'une véritable « utilité sociale » et expliquait qu'un jour tout le monde pourrait s'en servir et retrouver grâce à lui n'importe qui sur le Web – un annuaire numérique global, ni plus ni moins. Depuis cet après-midi d'été, le but de Mark Zuckerberg, toujours et plus que jamais, est de connecter le monde entier à Facebook – seule différence, il voit maintenant bien au-delà d'un annuaire numérique. Facebook devient l'équivalent du téléphone lui-même : l'outil de communication par excellence, que ce soit à des fins professionnelles ou personnelles. Il devient aussi le lieu où s'organisent les fêtes et les réunions entre amis, où l'on stocke ses photos, où l'on trouve du travail, où l'on regarde des vidéos et où l'on joue à toutes sortes de jeux. [...]

Facebook s'installe dans la vie numérique des gens, en toute tranquillité. Plus besoin d'être jeune et « accro » à l'informatique pour mettre sa page Facebook à jour, avec ferveur : les foules d'étudiants ou de jeunes diplômés (18-24 ans), qui constituaient originellement la cible du site, ne comptent plus que pour moins d'un quart de ses utilisateurs. Les membres les plus récents – à qui l'on doit l'accélération du taux de croissance – sont plutôt d'un certain âge ; Facebook a, en définitive, tout simplement rendu leur vie active un peu plus productive – et beaucoup plus amusante. Connectez-vous pour lire vos messages. Il y a de fortes chances que vous vous retrouviez en train de feuilleter les photos du petit dernier de ce type qui était à côté de vous au cours d'anglais de M. Peterson. Comment a-t-il fait pour vous retrouver ? Vous allez donc voir quels sont les amis que vous avez en commun...

Jessi Hempel, « Quel avenir pour Facebook ? », *Fortune*, 2 mars 2009 (traduit dans *Problèmes économiques*, 22 juillet 2009).

3. Lire. Pour son créateur, à quelle fonction devait initialement répondre Facebook ?

4. Expliquer. Pourquoi peut-on dire que Facebook s'est installé « dans la vie numérique des gens » ?

5. Lire. Quel public, à l'origine, a été la cible de Facebook ?

6. Expliquer. Pour quelle raison le public s'est-il élargi ?

7. Décrire. Selon quel principe Facebook contribue-t-il à accroître son nombre d'amis ?

Doc.3 Quels internautes dans le monde passent le plus de temps sur les réseaux sociaux numériques ?

Utilisation des réseaux sociaux numériques en décembre 2009	Nombre de visiteurs uniques (en millions)	Temps moyen par personne (en heures et minutes)
Australie	9,9	6 h 52 m
États-Unis	142	6 h 09 m
Royaume-Uni	29,1	6 h 08 m
Italie	18,2	6 h 00 m
Espagne	19,4	5 h 31 m
France	26,8	4 h 04 m
Total / Moyenne	245,4	5 h 35 m

Source : Nielsen, janvier 2010.

8. Calculer. Quelle part représentent les visiteurs américains dans le total des visiteurs mensuels des réseaux sociaux numériques ?

9. Lire. Dans quel pays les internautes passent-ils le plus de temps sur les réseaux sociaux numériques ?

Doc.4 Les réseaux sociaux numériques : les pratiques des internautes français en 2010

77 % des internautes français déclarent être membre d'au moins un des réseaux sociaux en ligne testés*.
25 % des internautes français sont membres d'un seul réseau social, 34 % de deux à trois réseaux sociaux et 18 % de quatre et plus.
- En moyenne, un internaute français est membre de 1,9 réseau social (2,9 pour les 18-24 ans).

* Bebo, BeBoomer, Boompa, Copains d'avant, Facebook, Flickr, FriendFeed, Hi5, LinkedIn, MySpace, Ning, Orkut, Skyrock, Trombi, Twitter, Viadeo, Windows Live.

Réseaux sociaux les plus connus des internautes français :
Copainsdavant.com **93 %** + 4 points (*)
facebook **97 %** + 4 points (*)
myspace.com **83 %** + 5 points (*)

(*) Évolution observée depuis juin 2009.

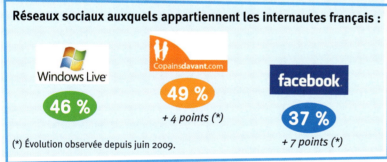

Réseaux sociaux auxquels appartiennent les internautes français :
Windows Live **46 %**
Copainsdavant.com **49 %** + 4 points (*)
facebook **37 %** + 7 points (*)

(*) Évolution observée depuis juin 2009.

Source : Enquête IFOP, janvier 2010.

10. Expliquer. En quoi les 18-24 ans se distinguent-ils des autres internautes français ?

11. Lire. Complétez la phrase suivante : « En janvier 2010, Facebook est connu de 97 % des internautes français, mais seulement … d'entre eux y appartiennent. »

12. Déduire. Quelle était la part des internautes français inscrits à Facebook en juin 2009 ?

BILAN

EXERCICE D'AUTOÉVALUATION → corrigés pp. 178-179.

Les affirmations suivantes sont-elles vraies ou fausses ? Justifiez vos réponses.

1. Les réseaux sociaux numériques constituent un moyen de se créer de nouveaux « amis ». V / F
2. Facebook est avant tout un site d'échange de livres. V / F
3. Les internautes français passent en moyenne 4 heures par mois sur les réseaux sociaux numériques. V / F
4. Majoritairement, les internautes français appartiennent à plusieurs réseaux. V / F
5. Facebook est le réseau social numérique le plus fréquenté par les internautes français. V / F

FAIRE LE POINT

Après avoir rappelé les principales caractéristiques des réseaux sociaux numériques, vous expliquerez comment ils se sont progressivement installés dans la vie sociale.

2 INTRODUCTION
La démarche en SES : regards croisés sur un fait social

DÉCOUVRIR

Doc. 1 L'influence des réseaux sociaux numériques

Les recruteurs se fient à Facebook
La Tribune, 25 août 2009.

La vie privée sacrifiée sur l'autel des réseaux sociaux
Libération, 20 novembre 2007.

Facebook, le nouveau terrain des politiques
Le Figaro, 22 janvier 2009.

Mes amis virtuels sont-ils de vrais amis ?
Psychologies magazine, février 2008.

La génération Facebook bouscule les règles de l'entreprise
Les Échos, 12 octobre 2009.

1. Décrire. Identifiez deux domaines dans lesquels les réseaux sociaux numériques jouent désormais un rôle.

2. Décrire. Citez deux titres de journaux qui pointent un risque lié aux réseaux sociaux numériques.

POINT NOTION
Qu'est-ce qu'un fait social ?
Un **fait social** désigne toute pratique et tout comportement régulier d'un groupe d'individus.

Doc. 2 Les réseaux sociaux numériques : un enjeu économique

La semaine dernière, Facebook a fait plus d'audience que Google aux États-Unis. Sa part de marché s'est établie à 7,07 % sur l'ensemble de la semaine, contre 7,03 % pour Google. C'est la première fois que le réseau social dépasse le moteur de recherche sur sept jours. L'événement est symbolique, mais il marque une vraie tendance sur la nouvelle puissance des réseaux sociaux.

À l'avenir, néanmoins, les zones de confrontation pourraient se multiplier. Et sur des sujets stratégiques : la recherche en temps réel, sur laquelle Facebook pourrait choisir de s'associer avec son actionnaire minoritaire Microsoft, le marché des applications et, surtout, la publicité géolocalisée.

Les annonceurs sont en tout cas de plus en plus séduits par les réseaux sociaux. Leur principal atout : le temps que leur consacrent les internautes. Les Américains passent en moyenne 6 h 30 par mois sur Facebook (les Français 4 h 30, selon Mediamétrie), contre 2 h 30 sur Google.

Les investisseurs, eux, commencent à miser sur Facebook. Si son fondateur, Mark Zuckerberg, a récemment repoussé l'idée d'une introduction en Bourse dans l'immédiat, plusieurs d'entre eux, cités par le *Wall Street Journal* il y a quelques jours, tablaient sur une capitalisation boursière (valeur en Bourse de la totalité des actions à un moment donné) supérieure à celle de Google, avançant des chiffres compris entre 35 et 40 milliards de dollars.

Nicolas Rauline, « Facebook : la star des réseaux sociaux vient défier Google », *Les Échos*, 18 mars 2010. www.lesechos.fr

3. Expliquer. Quelles sont les activités respectives de Google et de Facebook ?

4. Lire. Quel événement l'article décrit-il ? Que symbolise-t-il ?

5. Décrire. Quelle est la principale source de financement de Facebook et Google ? Pour quelle raison pourraient-ils être en concurrence ?

6. Expliquer. Quelle est la conséquence économique de l'audience croissante de Facebook ?

POINT NOTION
Qu'est-ce que l'économie ?
C'est la science qui étudie la production, la répartition et la circulation des richesses.

Doc. 3 — Les réseaux sociaux numériques : un incontournable en politique ?

La question n'est plus de savoir si les médias font l'élection mais quelles sont les technologies qui favorisent la victoire d'un candidat à l'investiture démocrate aux États-Unis. Si l'on suit la trajectoire de Barack Obama depuis le début de l'année, et celle de Hillary Clinton, sa concurrente à l'investiture démocrate, la réponse tombe d'elle-même : ce ne serait plus les grosses machineries médiatiques, CNN, Time Warner ou ABC, qui apporteraient un avantage décisif dans la course à la présidentielle démocrate, mais les réseaux sociaux sur Internet : Facebook, MySpace ainsi que tous les sites ou blogs participatifs. […]

Il suffit de comparer les impacts respectifs de M. Barack Obama et de Mme Hillary Clinton sur Facebook. Avec les 320 000 membres de son réseau, le sénateur de l'Illinois[1] y compte soixante fois plus d'« amis » que sa rivale, dotée de 5 300 affiliés à son groupe le plus étoffé. Avec 24 millions de visionnages en un jour, au mois de mars, les vidéos sur Obama sont trois fois plus regardées sur YouTube que celles d'Hillary Clinton. […]

Les médias audiovisuels sont aujourd'hui très largement concurrencés dans un domaine hautement sensible : le financement de la campagne électorale[2]. En janvier dernier, Barack Obama a réussi l'exploit de réunir 32 millions de dollars versés à 90 % par des dons de 100 dollars *via* Internet. En mars, il collecte encore 40 millions de dollars.

Marie Bénilde, « Barack Obama, candidat des réseaux sociaux sur Internet », *Le Monde diplomatique* (blog), 21 avril 2008. www.le monde-diplomatique.fr

1. Barack Obama était sénateur de l'Illinois de 1997 à 2004.
2. Aux États-Unis, les campagnes électorales sont majoritairement financées par des fonds privés (entreprises, particuliers).

7. Expliquer. Quel est l'avantage des réseaux sociaux sur Internet par rapport aux médias traditionnels ?

8. Expliquer. Quel a été l'intérêt pour Barack Obama de disposer d'un nombre de membres sur son réseau supérieur à celui de sa « rivale » ?

POINT NOTION
Qu'est-ce que la science politique ?
C'est la discipline qui a pour objet d'étude la sphère politique, c'est-à-dire l'organisation et les modes d'exercice du pouvoir politique, les comportements électoraux, les actions collectives et les idéologies.

Doc. 4 — Les réseaux sociaux numériques face aux règles juridiques

La liberté d'ouvrir ou non un profil sur un réseau social porte logiquement à considérer que la démarche d'« affichage » de la part de l'internaute vaut consentement à la divulgation des informations qu'il diffuse.

Mais ce consentement à l'exposition de données personnelles, voire de données relatives à la vie privée, est, à certains égards, « inconscient ». Il fonctionne principalement sur la fausse croyance en de la communication privée qui peut parfois s'avérer bien… publique ! [D'où la nécessité d'une] prise de conscience des dangers encourus – usurpation d'identité, malveillance – à la suite d'informations dévoilées et de propos tenus, allant de l'affichage d'états d'âme personnels à celui de rendez-vous. […]

Par ailleurs, la liberté offerte à l'internaute de s'exprimer sur le Web s'accompagne évidemment, au plan social, de la responsabilité des propos et des informations divulgués, dont il doit assumer, à plus ou moins long terme, les conséquences. Au plan juridique, cette responsabilité sera d'autant plus importante qu'il se livrera à une communication publique.

Nathalie Mallet-Pujol, « Les libertés face aux transformations de la société », *Cahiers français* n° 354, janvier-février 2010.

9. Expliquer. À quels types de risques les membres des réseaux sociaux numériques s'exposent-ils ?

10. Argumenter. Les réseaux sociaux numériques contribuent-ils à accroître la liberté d'expression ?

POINT NOTION
Qu'est-ce que le cadre juridique ?
C'est l'ensemble des règles légales qui délimitent les activités et les comportements des individus.

BILAN

EXERCICE D'AUTO-ÉVALUATION → corrigés pp. 178-179.

Recopiez et complétez le tableau ci-dessous sur les évolutions induites par le développement des réseaux sociaux numériques.

Domaines concernés	Possibilités offertes	Inconvénients
Social		
Économique		
Politique		
Juridique		

FAIRE LE POINT

Après avoir expliqué comment les réseaux sociaux numériques ouvrent de nouvelles perspectives dans de nombreux domaines, vous montrerez que ces évolutions ne sont pas sans risques.

SYNTHÈSE — La démarche en SES à travers l'exemple des réseaux sociaux numériques

L'ESSENTIEL

A. L'enseignement de Sciences économiques et sociales en Seconde

▶ L'objet de cet enseignement est de permettre à chacun de mieux comprendre l'environnement économique et social qui l'entoure. En d'autres termes, il s'agit non seulement de percevoir les questions essentielles qui alimentent la réalité économique et sociale, mais aussi de disposer des notions et mécanismes de base qui permettent d'y répondre.

▶ Le champ couvert est vaste, de sorte qu'il est impossible de prétendre en avoir une maîtrise exhaustive en classe de Seconde. L'enjeu, donc, de cette année est de découvrir les domaines dont traite cette discipline et d'acquérir une « boîte à outils » minimale. Pour cela, la démarche retenue consiste, pour chaque thème du programme, à partir de l'observation rigoureuse de faits concrets avant de procéder à leur analyse.

B. L'exemple des réseaux sociaux numériques

▶ Cette introduction illustre cette approche en s'appuyant sur l'exemple des réseaux sociaux numériques. Ce **fait social**, qui a émergé au début des années 2000, se diffuse, s'installe dans la vie des gens et modifie les comportements et les usages tant dans les domaines culturel, économique, politique que juridique.

▶ À l'évidence, il s'agit bien d'un phénomène qui intéresse le **sociologue**. La généralisation de la pratique, le temps passé en moyenne par les internautes tout comme la capacité à exposer des éléments de sa vie privée interrogent.

▶ Mais l'**économiste** n'est pas sans prendre en compte cette évolution. La consultation des réseaux pendant les heures de travail ne risque-t-elle pas de se traduire par une moindre efficacité du salarié ? A contrario, ne serait-ce pas un formidable outil pour développer une publicité ciblée grâce à une meilleure connaissance du profil des consommateurs ?

▶ Dans un autre registre, celui de la **science politique**, l'impact des réseaux sociaux numériques est également notable. Les responsables politiques ont d'ores et déjà perçu l'intérêt de ce support qui permet de fédérer des militants actifs lors de campagnes électorales. Le citoyen serait également gagnant, les possibilités d'exprimer son point de vue s'accroissant.

▶ Pour autant, cette plus grande liberté d'expression autorisée par le fait de se sentir entre « amis » rend moins visible la frontière entre sphère privée et espace public. Cela n'est pas sans risque ; et le **cadre juridique** est lui-même amené à évoluer, par exemple pour limiter les utilisations malveillantes des informations délivrées.

▶ Les bouleversements induits par les réseaux sociaux numériques traversent des domaines si variés de notre **société** qu'il importe de croiser les approches pour en prendre la mesure. C'est l'objet de l'enseignement de Sciences économiques et sociales.

LES NOTIONS À CONNAÎTRE

■ **Cadre juridique**
Ensemble des règles légales qui délimitent les activités et les comportements des individus.

■ **Économie**
Science qui étudie la production, la répartition et la circulation des richesses.

■ **Fait social**
Toute pratique et tout comportement régulier d'un groupe d'individus.

■ **Science politique**
Discipline qui a pour objet d'étude la sphère politique, c'est-à-dire l'organisation et les modes d'exercice du pouvoir politique, les comportements électoraux, les actions collectives et les idéologies.

■ **Société**
Collectivité organisée d'individus, régie par des règles et des institutions, structurée par des rapports sociaux et qui fonctionne comme une entité plus ou moins distincte.

■ **Sociologie**
Science qui a pour vocation de décrire, le plus fidèlement possible, la société et son fonctionnement.

Comment les revenus et les prix influencent-ils les choix des consommateurs ?

CHAPITRE 1

« Crise économique, hausse des prix alimentaires et baisse du pouvoir d'achat : les Français se sont davantage tournés vers les chaînes de distribution à bas prix. »

L'Expansion, 6 février 2009.

« LVMH ne connaît pas la crise : le numéro 1 mondial du luxe affiche des ventes au premier trimestre 2010 en hausse de 11 %, à 4,47 milliards d'euros. »

Magazine *Challenges*, 13 avril 2010.

PLAN DU CHAPITRE

1. Comment mesurer le revenu disponible et le pouvoir d'achat des ménages ? — 14
2. Consommer ou épargner : un choix difficile ? — 16
3. Quelles sont les différentes formes d'épargne ? — 18
4. Le crédit à la consommation : une ressource supplémentaire à utiliser avec précaution ? — 20
5. Comment les ménages consomment-ils en fonction de leur revenu ? — 22
6. Quels sont les effets du prix sur les choix des consommateurs ? — 24

> Synthèse — 26
> Exercices — 28

1. Comment mesurer le revenu disponible et le pouvoir d'achat des ménages ?

DÉCOUVRIR

Doc.1 Des revenus et des charges

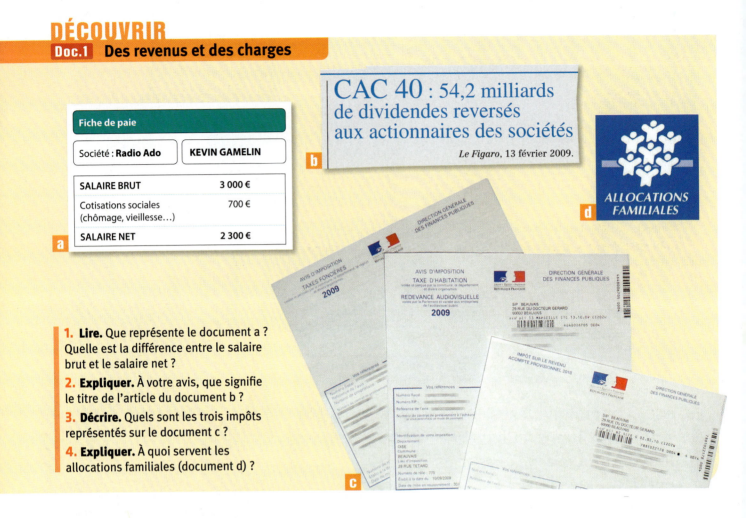

a Fiche de paie — Société : Radio Ado — KEVIN GAMELIN
- SALAIRE BRUT : 3 000 €
- Cotisations sociales (chômage, vieillesse…) : 700 €
- SALAIRE NET : 2 300 €

b CAC 40 : 54,2 milliards de dividendes reversés aux actionnaires des sociétés
Le Figaro, 13 février 2009.

c Avis d'imposition (taxes foncières, taxe d'habitation, redevance audiovisuelle, impôt sur le revenu)

d ALLOCATIONS FAMILIALES

1. **Lire.** Que représente le document a ? Quelle est la différence entre le salaire brut et le salaire net ?
2. **Expliquer.** À votre avis, que signifie le titre de l'article du document b ?
3. **Décrire.** Quels sont les trois impôts représentés sur le document c ?
4. **Expliquer.** À quoi servent les allocations familiales (document d) ?

Doc. 2 Les revenus primaires d'un ménage

Lucas vit, avec son grand frère, chez ses parents. Cette famille forme un ménage. Sa mère travaille dans une banque et perçoit un salaire de 2 400 € brut par mois. Son père est enseignant et touche un traitement mensuel de 2 200 € brut. Ces revenus constituent les revenus du travail du ménage.

Par ailleurs, les parents de Lucas possèdent un petit appartement qu'ils louent 600 € par mois. Lucas, quant à lui, possède un livret jeune qui lui rapporte 5 € par mois. Sa mère, en tant que salarié, possède des actions de l'entreprise où elle travaille qui lui rapportent mensuellement 10 € de dividendes. Ces ressources constituent les revenus du patrimoine.

Enfin, son frère a créé depuis deux ans son entreprise de concepteur de sites Web. En tant que travailleur indépendant, il perçoit environ 2 400 € mais cette somme varie en fonction de ses bénéfices. Ce revenu rétribue à la fois son travail mais aussi la possession d'un patrimoine (local, ordinateurs…). C'est le revenu des travailleurs indépendants, ou revenu mixte.

O. Leblanc, © Nathan, 2010.

> **POINT NOTION**
>
> **Qu'est-ce qu'un ménage ?**
>
> Un **ménage**, au sens statistique du terme, désigne l'ensemble des occupants d'un même logement sans que ces personnes soient nécessairement unies par des liens de parenté (cohabitation par exemple).
>
> **Qu'est-ce que le revenu primaire ?**
>
> Le **revenu primaire** est composé des revenus du travail, des revenus du patrimoine et des revenus mixtes.

5. **Calculer.** Quel est le montant total mensuel des revenus du travail de ce ménage ?
6. **Lire.** Quels sont les trois exemples de revenus du patrimoine évoqués dans le texte ?
7. **Expliquer.** Qu'appelle-t-on les revenus mixtes ? Cherchez trois exemples de professions qui perçoivent ce type de revenus.
8. **Calculer.** À combien s'élèvent les revenus primaires de ce ménage ?

Doc. 3 — Des revenus primaires au revenu disponible

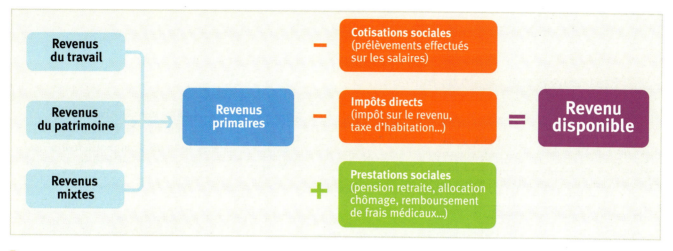

9. Expliquer. Comment calcule-t-on le revenu disponible d'un ménage ?

10. Distinguer. Associez chacun des termes suivants à la notion correspondante du schéma ci-dessus :
salaire – honoraires d'un médecin – taxe foncière – dividendes – allocations CAF – aide au logement – intérêts de livret A – cotisation vieillesse.

Doc. 4 — Qu'est-ce que le pouvoir d'achat ?

Le pouvoir d'achat est la quantité de biens et services qu'un individu peut se procurer avec son revenu disponible. Il varie entre deux périodes en fonction de l'évolution du revenu disponible, mais aussi de l'évolution des prix à la consommation. En effet, à revenu égal, une hausse des prix des denrées alimentaires, de l'énergie ou des loyers diminue le pouvoir d'achat des ménages.

O. Leblanc, © Nathan, 2010.

11. Décrire. Quels sont les deux éléments à prendre en compte pour mesurer l'évolution du pouvoir d'achat d'un ménage sur une période donnée ?

12. Justifier. Que signifie le slogan publicitaire choisi par la société E. Leclerc ?

13. Expliquer. Par quel moyen la société E. Leclerc peut-elle affirmer pouvoir « défendre votre pouvoir d'achat » ?

Affiche publicitaire pour les hypermarchés E. Leclerc, 2005.

BILAN

EXERCICE D'AUTO-ÉVALUATION → corrigés pp. 178-179.

Les affirmations suivantes sont-elles vraies ou fausses ? Justifiez vos réponses.

1. Le salaire est un revenu du travail.
2. Le loyer n'est pas un revenu du patrimoine.
3. Un plombier à son compte touche un revenu mixte.
4. Le revenu disponible ne prend pas en compte les prestations sociales.
5. Le pouvoir d'achat ne dépend pas de l'évolution des prix.

FAIRE LE POINT

Comment calcule-t-on le revenu disponible d'un ménage ? Quel lien peut-on établir entre revenu disponible et pouvoir d'achat ?

2. Consommer ou épargner : un choix difficile ?

DÉCOUVRIR

Doc.1 Êtes-vous plutôt cigale ou fourmi ?

Dans la célèbre fable « La Cigale et la Fourmi » de Jean de La Fontaine (1621-1695), la cigale, frivole et dépensière, s'est amusée tout l'été sans se soucier de mettre de côté un peu de nourriture pour l'hiver. À l'inverse, la fourmi, vertueuse, a eu la sagesse de se constituer une réserve pour affronter l'hiver. En remaniant cette fable avec un vocabulaire économique, on obtient :

> La Cigale, ayant consommé
> Tout l'été,
> Se trouva fort dépourvue
> Quand la bise fut venue.
> Pas un seul petit morceau
> De mouche ou de vermisseau.
> Elle alla crier famine
> Chez la Fourmi sa voisine,
> La priant de lui prêter
> Quelque grain pour subsister
> Jusqu'à la saison nouvelle.
> – Je vous paierai, lui dit-elle,
> Avant l'août, foi d'animal,
> Intérêt et principal.
> La Fourmi n'est pas prêteuse ;
> C'est là son moindre défaut.
> – Que faisiez-vous au temps chaud ?
> Dit-elle à cette emprunteuse.
> – <u>Nuit et jour à tout venant
> Je consommais, ne vous déplaise.
> – Vous consommiez, j'en suis fort aise.
> Et bien ! épargnez maintenant.</u>

Par-delà cette fable, toute personne peut être, à un moment de sa vie, confrontée à ce dilemme : profiter du temps présent comme la cigale en consommant autant que possible, ou préparer l'avenir comme la fourmi en se constituant une épargne.

O. Leblanc, © Nathan, 2010.

1. Expliquer. Quel est le sens du passage souligné de la fable ?

2. Décrire. Pourquoi la fourmi est-elle perçue comme plus vertueuse que la cigale ?

POINT NOTION
Consommer ou épargner ?

Le **revenu disponible** des ménages est utilisé pour **consommer** (des biens et des services) afin de satisfaire des besoins, mais aussi pour **épargner**. L'épargne permet de se constituer une réserve en cas de difficulté (maladie, perte d'emploi, etc.), de financer un projet coûteux comme l'achat d'un logement, ou de transmettre un patrimoine à ses proches.

Doc.2 Les taux d'intérêt influencent-ils l'épargne des ménages ?

L'épargne des ménages est la part du revenu disponible qui n'est pas consommée. En renonçant aujourd'hui à consommer, les ménages obtiennent dans le futur une « récompense » : le loyer de l'argent prêté, c'est-à-dire les intérêts.

Prenons le cas de Yasmine qui a perçu un revenu de 3 000 € en travaillant tout l'été dans un restaurant. Contrairement à son amie Leïla qui a préféré dépenser l'intégralité de son salaire, Yasmine a réussi à économiser pendant cette période 1 000 €. En plaçant ses économies sur un compte d'épargne rémunéré à 5 %, elle touchera un an plus tard 50 € d'intérêts en plus de son capital de 1 000 €. Pour Yasmine, ces 50 € représentent la « récompense » d'avoir renoncé pendant un an à utiliser ses 1 000 € pour consommer.

Cet exemple nous permet de comprendre pourquoi, quand le taux d'intérêt augmente, le taux d'épargne a aussi tendance à croître. En effet, plus le taux d'intérêt est fort, plus l'épargne va générer des revenus importants, ce qui va inciter Leïla à économiser. Inversement, si ce taux est proche de 0 %, les intérêts seront très faibles, et l'effort d'épargne ne sera pas récompensé. <u>Dans ce cas de figure, c'est Yasmine qui risque de s'inspirer de Leïla…</u>

O. Leblanc, © Nathan, 2010.

POINT NOTION
Combien rapporte l'épargne ?

Les **intérêts** représentent la rémunération offerte sur l'épargne et constituent un revenu du patrimoine. Le **taux d'intérêt** est le rapport en % entre les intérêts et le capital déposé sur un produit d'épargne comme le livret jeune. Ce taux est très souvent calculé sur une base annuelle. Une épargne en espèces qui est cachée sous le matelas (« les bas de laine ») ne rapporte bien sûr aucun intérêt.

Qu'est-ce que le taux d'épargne ?

Le **taux d'épargne** d'un ménage est le rapport en % entre son épargne et son revenu disponible :

$$\text{Taux d'épargne} = \frac{\text{épargne}}{\text{revenu disponible}} \times 100$$

3. Lire. Dans cet exemple, qui est la cigale et qui est la fourmi ?

4. Expliquer. Pourquoi les intérêts sont-ils parfois appelés « le loyer de l'argent prêté » ?

5. Analyser. Pourquoi le taux d'épargne augmente-t-il quand le taux d'intérêt croît ?

6. Expliquer. Que signifie la phrase soulignée ?

Doc. 3 — Le taux d'épargne des ménages, en France et dans d'autres pays, en 2011

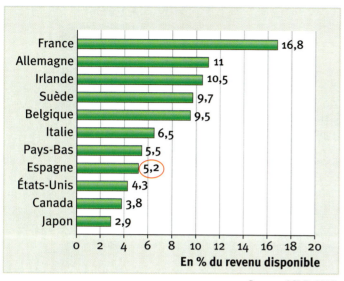

Source : OCDE, 2012.

7. Définir. Rappelez ce qu'est le revenu disponible.

8. Lire. Faites une phrase présentant l'information apportée par la donnée entourée en rouge.

9. Expliquer. Les ménages américains sont-ils plutôt « cigales » ou « fourmis » ?

10. Calculer. Quel est l'écart entre le taux d'épargne de la France et celui des États-Unis ?

> **POINT OUTIL**
>
> **Mesurer l'écart entre deux pourcentages**
>
> Il existe deux moyens pour **mesurer l'écart entre deux pourcentages** : soit en faisant une soustraction, soit en utilisant un coefficient multiplicateur (CM). Comparons par exemple la situation française avec celle des Espagnols : le taux d'épargne des ménages en France est supérieur de 9 points de % (12 − 3) à celui de l'Espagne, il est donc 4 fois supérieur (CM = 12/3).

Doc. 4 — Face à la crise, les ménages épargnent davantage

Comment les ménages font-ils face à la crise ? Dans bien des cas, ils ont revu leurs priorités, et les familles se serrent les coudes. La solidarité familiale joue un rôle de plus en plus important. [...] Cette préoccupation est très marquée chez les parents de jeunes enfants ou d'adolescents, mais aussi chez les seniors. Inquiets pour leurs enfants et l'avenir de leurs petits-enfants, ces derniers se sentent « investis d'une responsabilité » qui les incite en particulier à se constituer « une épargne de précaution à court terme » pour faire face aux coups durs.

Dans ce contexte d'incertitude, 60 % des Français disent « faire plus attention à leurs dépenses » aujourd'hui. Ils sont deux fois plus qu'au début des années 2000, lorsque la bulle Internet a éclaté et que l'économie s'est ponctuellement déréglée.

Leur priorité aujourd'hui ? Épargner davantage, « afin de se protéger face à l'avenir et de pouvoir faire face au quotidien ». Cette préoccupation est même prioritaire chez les plus jeunes. Ainsi, 38 % des 25-34 ans et 34 % des 35-44 ans disent vouloir se « constituer un patrimoine ». Le taux d'épargne des ménages pourrait passer de 15,7 % en 2008 à 16,3 % cette année. Un niveau jamais vu depuis dix ans.

Danièle Guinot, « Face à la crise, les ménages changent de priorités », *Le Figaro*, 20 février 2009.

11. Lire. Quel était le taux d'épargne des ménages français en 2009 ?

12. Expliquer. Pourquoi les ménages français décident-ils d'épargner plus ?

13. Déduire. Quelle conséquence ce choix entraîne-t-il sur la consommation ?

BILAN

EXERCICE D'AUTO-ÉVALUATION → corrigés pp. 178-179.

Recopiez et complétez le texte ci-contre avec les termes suivants : *consommer – épargne – taux – décourager – patrimoine – augmente – épargner – revenu disponible – intérêts*.

> Un ménage peut utiliser tout son ... pour consommer mais il peut en ... une partie. Cette épargne, si elle est placée, sera rémunérée sous forme d'... qui constituent un revenu du ... . Plus le taux d'intérêt ... , plus l'... sera récompensée. Inversement, un ... d'intérêt trop faible risque de ... l'épargnant et inciter ce dernier à ... .

FAIRE LE POINT

Après avoir rappelé ce que sont les notions de consommation et d'épargne, vous expliquerez quels éléments favorisent l'épargne.

3. Quelles sont les différentes formes d'épargne ?

DÉCOUVRIR

Doc.1 Quelques produits d'épargne

L'épargne permet aux ménages de se constituer un patrimoine et génère des revenus appelés revenus du patrimoine. On distingue deux types d'épargne :
- **L'épargne financière** comprend l'ensemble des placements financiers. Les principaux sont :
  – les **livrets d'épargne** qui distribuent des intérêts aux épargnants ;
  – les **actions** ou titres de propriété d'entreprises cotées en Bourse qui offrent aux actionnaires des dividendes ;
  – les **contrats d'assurance vie** qui permettent à l'épargnant de bénéficier d'un revenu supplémentaire pendant sa retraite (une rente) ou de transmettre son capital à ses héritiers en cas de décès ;
  – l'**épargne logement** qui rapporte des intérêts et permet à l'épargnant qui souhaite acquérir un logement d'emprunter à un taux préférentiel ;
  – l'**épargne retraite** qui permet à un individu ayant épargné pendant sa période d'activité de bénéficier d'une retraite supplémentaire, soit sous forme d'un revenu supplémentaire (une rente), soit en récupérant son capital épargné majoré d'intérêts ;
  – l'**épargne salariale** permet aux salariés de recevoir un intéressement sur les bénéfices de leur entreprise, ou des actions qu'ils pourront ensuite revendre.
- **L'épargne non financière** (ou investie) comprend l'acquisition des biens immobiliers et les investissements des entrepreneurs individuels (achat d'outils pour un artisan par exemple). Cette épargne génère aussi des revenus du patrimoine dont le plus important est le loyer des propriétés immobilières.

O. Leblanc, © Nathan, 2010.

1. Lire. Quelles sont les deux grandes familles d'épargne ?
2. Distinguer. À quelle photographie correspond chaque produit d'épargne présenté dans le texte ?
3. Décrire. À quel revenu du patrimoine (intérêts, rente, dividendes, intéressement et loyer) correspond chaque produit d'épargne présenté dans le texte ?

Doc.2 Quels sont les différents types d'épargne ?

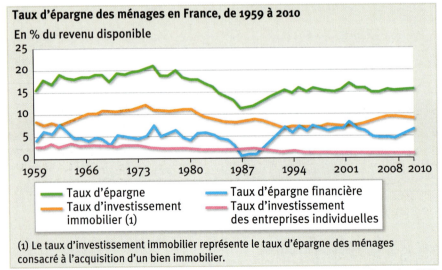

Taux d'épargne des ménages en France, de 1959 à 2010
En % du revenu disponible

— Taux d'épargne
— Taux d'investissement immobilier (1)
— Taux d'épargne financière
— Taux d'investissement des entreprises individuelles

(1) Le taux d'investissement immobilier représente le taux d'épargne des ménages consacré à l'acquisition d'un bien immobilier.

Source : Insee, Tableaux de l'économie française, 2012.

4. Lire. Quel était le taux d'épargne des ménages français en 2010 ?
5. Distinguer. Quelles courbes correspondent à l'épargne non financière ?
6. Expliquer. Qu'obtient-on si l'on additionne les données des courbes rose, bleue et orange ? Justifiez votre réponse.
7. Décrire. Quelle était, en 2010, la composante principale de l'épargne des ménages ? Quelle est celle qui a le plus augmenté entre 1987 et 2002 ?

Doc. 3 — Les produits d'épargne des Français selon l'âge et la CSP

Taux de détention de produits d'épargne selon l'âge et la CSP de la personne de référence du ménage

En % des ménages	Livrets d'épargne	Épargne logement	Actions	Assurance vie, épargne retraite	Épargne salariale	Patrimoine immobilier
Ensemble	83,2	41,3	24,2	43,7	16,7	60,5
Âge de la personne de référence						
Moins de 30 ans	85,4	42,7	13,8	25,5	16,4	17,3
De 50 à 59 ans	82,2	47,5	30,5	51,0	21,9	74,0
CSP de la personne de référence						
Cadres	90,6	65,7	50,3	58,2	39,2	73,8
Ouvriers	80,7	34,1	10	36,3	20,7	44,0

Source : Insee, Comptes nationaux, 2007.

8. Lire. Pour chaque donnée entourée en rouge, faites une phrase présentant l'information apportée.

9. Expliquer. Les livrets d'épargne comme le livret A sont-ils un produit d'épargne populaire en France ? En est-il de même des actions ?

10. Décrire. Sur quels produits d'épargne les inégalités sont-elles les plus importantes en fonction de l'âge ? en fonction de la CSP ?

11. Analyser. Comment expliquer ces inégalités ?

> **POINT NOTION**
>
> **Que sont les CSP ?**
>
> Les **catégories socioprofessionnelles** (CSP) sont des regroupements d'individus ayant le même statut professionnel et social, selon des principes de classement élaborés par l'Insee.

Doc. 4 — Les inégalités des Français face à l'épargne et au patrimoine

Le rapport sur l'évolution du patrimoine des ménages entre 1997 et 2007 montre que la résidence principale constitue l'essentiel du patrimoine des ménages français. L'épargne financière quant à elle est d'abord orientée vers l'épargne réglementée [livrets d'épargne réglementés par l'État, qui définit notamment le taux d'intérêt] : 80 % des Français possèdent un livret A ou un produit similaire. À l'opposé, ils ne sont que 20 % à acheter des actions. Ce sont les ménages les plus aisés qui investissent dans ce produit d'épargne.
Si le patrimoine des Français a augmenté, sa répartition est aussi devenue de plus en plus inégalitaire. Fin 2003, <u>10 % des Français les plus riches possédaient à eux seuls près de la moitié du patrimoine total des ménages. Dans le même temps, le patrimoine de la moitié des ménages les plus modestes représentait moins de 10 % du patrimoine total</u>. Tandis que les ménages les plus modestes épargnent moins de 5 % de leurs revenus annuels, ceux qui ont les revenus le plus élevés ont un taux d'épargne dépassant les 30 à 35 %.

Martine Orange, « Les inégalités patrimoniales se sont creusées en dix ans », *Médiapart*, 4 mars 2009. www.mediapart.fr

12. Lire. Quelle est la composante principale du patrimoine des Français ? Quel lien peut-on faire avec le document 2 ?

13. Expliquer. Que signifie le passage souligné ?

14. Analyser. Pourquoi, selon vous, les ménages à bas revenus ont-ils un taux d'épargne plus faible que les ménages aisés ?

BILAN

EXERCICE D'AUTO-ÉVALUATION → corrigés pp. 178-179.

Recopiez ces listes de termes et reliez-les avec des flèches.

Type d'épargne
A. Épargne non financière
B. Épargne financière

Produits d'épargne
1. Investissement immobilier
2. Épargne salariale
3. Assurance vie
4. Livret d'épargne
5. Plan d'épargne logement
6. Action
7. Retraite complémentaire

Revenus du patrimoine
a. Dividendes
b. Intérêts
c. Loyer
d. Rente
e. Intéressement

FAIRE LE POINT

Après avoir exposé les caractéristiques des différents types d'épargne, vous expliquerez comment les choix d'épargne varient selon l'âge et la CSP.

Chapitre 1. Comment les revenus et les prix influencent-ils les choix des consommateurs ?

4 Le crédit à la consommation : une ressource supplémentaire à utiliser avec précaution ?

DÉCOUVRIR

Doc.1 Qu'est-ce que le crédit à la consommation ?

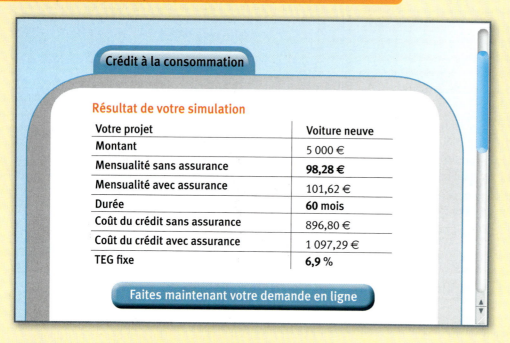

POINT NOTION

Qu'est-ce que le crédit ?

Le **crédit** est une somme d'argent prêtée par le créditeur (une banque par exemple) à l'emprunteur. Les intérêts représentent le coût que doit payer l'emprunteur en contrepartie de la somme mise à sa disposition ; ils s'ajoutent au montant emprunté. Le taux effectif global (TEG) est le taux d'intérêt annuel tous frais compris, qui correspond au coût réel du crédit.

1. Lire. Quel est le montant du crédit et celui des mensualités ? Pendant quelle durée l'emprunteur devra-t-il payer des mensualités ?

2. Expliquer. À votre avis, à quoi sert l'assurance qui est proposée en option ?

3. Calculer. Quelle est la somme totale que l'emprunteur devra rembourser, assurance comprise ?

4. Analyser. Au regard du coût de ce crédit, quel peut être le risque de cette ressource financière pour les ménages ?

Doc.2 L'importance des crédits à la consommation

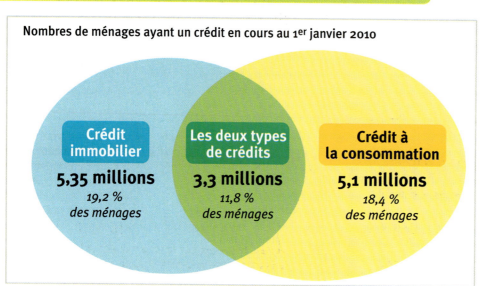

Source : Observatoire des crédits aux ménages, enquête réalisée en 2011.

5. Décrire. Quelles sont les deux grandes familles de crédits proposées aux ménages ?

6. Lire. Combien y a-t-il de ménages français ayant un crédit à la consommation en cours au 1er janvier 2010 ?

7. Expliquer. Que représente la zone verte ?

8. Calculer. Quel est le nombre total de ménages ayant un ou plusieurs crédits en cours en 2010 ?

Doc. 3 — Une loi pour limiter les abus du crédit revolving

Hier, la ministre de l'Économie présentait à l'Assemblée son projet de loi réformant le crédit à la consommation. Mais dans ce dossier épineux du surendettement des foyers, le crédit revolving est bien celui qui mériterait d'être le plus encadré. Avec un taux d'intérêt qui frôle les 20 %, c'est un vrai piège pour les foyers à faibles revenus qui ne peuvent retomber sur leurs pieds sans contracter de nouveaux prêts.

Pour Sylvain et son amie par exemple, tout a commencé bêtement : « Le programmateur du lave-linge a lâché. Il a fallu payer 150 € que je n'avais pas. J'ai commencé à puiser dans la réserve d'argent d'une des cartes de crédit ; après, ça s'est enchaîné », raconte-t-il. Au début, pour financer les « coups durs », la réserve d'argent a vite servi à payer les dépenses courantes comme les courses ou les pleins d'essence. Deux ans plus tard, la seule issue reste la Banque de France avec un dépôt de dossier de surendettement, car « on ne voit pas comment on va s'en sortir », confie Sylvain.

Comment mettre un terme à cette spirale ? En octobre déjà, la ministre avait marqué son hostilité de supprimer le crédit revolving. La raison ? 40 % des ventes par correspondance étant réglées avec des cartes de crédit revolving, retirer ce moyen, c'est supprimer des milliers d'emplois.

La Dépêche du Midi, 25 mars 2010.

POINT NOTION
Les crédits revolving

Les **crédits revolving** ou renouvelables sont proposés par des établissements de crédit spécialisés (Sofinco, Cofinoga...) et des grandes enseignes (Carrefour, Darty...). Ils permettent à l'emprunteur de disposer rapidement d'une somme d'argent qu'il peut utiliser à sa guise. À l'image du revolver, le volume de crédit disponible se recharge automatiquement quand des remboursements sont effectués.

9. Expliquer. En vous aidant du texte et du Point notion sur le crédit revolving, expliquez pourquoi cette ressource peut être « un vrai piège pour les foyers à faibles revenus ».

10. Décrire. Comment Sylvain s'est-il retrouvé dans cette « spirale » du surendettement ? Par quel moyen a-t-il pu en sortir ?

11. Expliquer. Pourquoi la ministre de l'Économie est-elle hostile à la suppression du crédit revolving ?

Doc. 4 — Le crédit revolving est-il favorable ou défavorable à l'emprunteur ?

Dessin d'Alex.

1. Le cholestérol est une substance grasse présente dans le corps humain et qui est issue de certains aliments.

12. Décrire. Qui sont les personnes représentées dans ce dessin humoristique ?

13. Expliquer. Quel est le lien entre le cholestérol et les taux d'intérêt ?

14. Analyser. Quel message a voulu faire passer l'auteur de ce dessin humoristique ?

15. Argumenter. Les établissements de crédit sont-ils entièrement responsables du surendettement des ménages ? Justifiez votre réponse.

BILAN

EXERCICE D'AUTO-ÉVALUATION
→ corrigés pp. 178-179.

Complétez cette grille de mots croisés.
1. Ressource supplémentaire proposée aux ménages.
2. Somme d'argent que l'emprunteur doit rembourser en plus du montant emprunté.
3. Type de crédit qui se recharge automatiquement quand des remboursements sont effectués.
4. Situation d'un ménage qui ne peut plus rembourser ses crédits.
5. Crédit utilisé pour acheter un logement.
6. Abréviation qui représente le taux d'intérêt correspondant au coût réel d'un crédit.

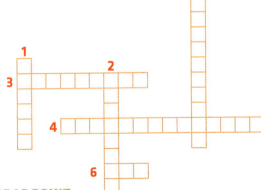

FAIRE LE POINT

Après avoir exposé le fonctionnement du crédit à la consommation, vous expliquerez les causes du surendettement de certains ménages.

5. Comment les ménages consomment-ils en fonction de leur revenu ?

DÉCOUVRIR

Doc. 1 Comment organiser son budget en fonction de ses revenus ?

Elsa, Anissa et Manon viennent de trouver leur premier emploi et s'installent chacune dans un studio. Elles perçoivent respectivement un salaire net mensuel de 1 100 €, 1 600 €, et 2 000 €. Au mois d'octobre, elles vont devoir faire des choix de consommation parmi la liste suivante :

Une entrée au cinéma	10 €
Loyer du studio	500 €
Lecteur MP3	50 €
Nourriture	300 €
Restaurant	20 €
Facture d'eau et d'électricité	100 €
Carte de transport en commun	50 €
Facture téléphone et Internet	40 €
Un pantalon	40 €
Une paire de chaussures	50 €
Un week-end à la mer	300 €
Écran plat	600 €

1. Expliquer. Quelles sont les quatre dépenses que vous jugez le plus indispensables ? Pourquoi ?

2. Expliquer. Quelles sont les quatre dépenses que vous jugez le moins nécessaires ? Pourquoi ?

3. Calculer. Élaborez un budget réaliste pour chacune de ces jeunes femmes en fonction de leur salaire. Elsa peut-elle se permettre d'épargner 100 €/mois ?

> **POINT NOTION**
>
> **Consommer des biens et des services**
>
> La consommation des ménages est l'utilisation, pour satisfaire un besoin, d'un bien ou d'un service. Un **bien** est un produit matériel (par exemple, un DVD), alors qu'un **service** est une prestation immatérielle entre un vendeur et un acheteur (par exemple, la location d'un DVD).

Doc. 2 Comment les Français consomment-ils ?

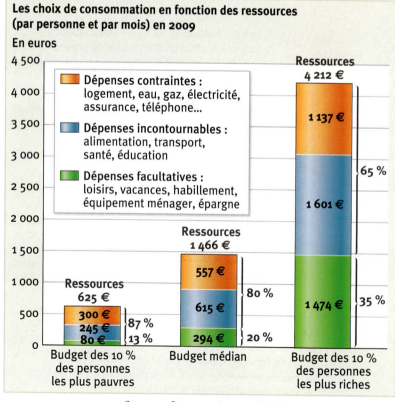

Les choix de consommation en fonction des ressources (par personne et par mois) en 2009

Source : « Consommation et modes de vie », Crédoc, mars 2009.

> **POINT NOTION**
>
> **Qu'est-ce qu'une médiane ?**
>
> La **médiane** est la valeur qui partage en deux parties égales une population (→ Flash Méthode 4 p. 161).
> Le **budget médian** (1 466 €) signifie qu'il y a autant de personnes qui ont un niveau de ressources supérieur à cette somme que de personnes qui ont un niveau de ressources inférieur.

4. Calculer. Quel est le montant en euros des dépenses contraintes et des dépenses incontournables pour les 10 % des personnes les plus riches ?

5. Lire. Quel est le pourcentage du budget qui est consacré aux dépenses contraintes et incontournables pour les 10 % des personnes les plus pauvres ?

6. Analyser. Comparez la part du budget consacrée aux dépenses contraintes et incontournables en fonction des ressources. Faites cette même comparaison pour les dépenses facultatives.

7. Analyser. À votre avis, comment expliquer ces différences ?

Doc.3 Les coefficients budgétaires de 1960 à 2010

Évolution de la consommation des ménages depuis 50 ans

En %	Coefficients budgétaires	
Postes budgétaires	1960	2010
Alimentation	38	26,6
Logement	16	25,6
Transports	11	14
Habillement	14	4,4
Santé	2	3,9
Loisirs, culture et communication	10	11,4
Autres	9	14,1
Total	100	100

Source : Insee, Comptes nationaux, 2012.

8. Lire. Pour chaque donnée entourée en rouge, faites une phrase présentant l'information apportée.

9. Décrire. Quels sont les coefficients budgétaires qui ont augmenté et ceux qui ont diminué entre 1960 et 2010 ?

10. Argumenter. À votre avis, pourquoi la part du budget consacrée à l'alimentation a-t-elle diminué durant ces cinquante dernières années ?

> **POINT NOTION** — Poste budgétaire et coefficient budgétaire
>
> Un **poste budgétaire** (ou poste de consommation) est un regroupement de dépenses de biens et services d'une même catégorie (produits alimentaires par exemple).
>
> Un **coefficient budgétaire** est la part (en %) que représente un poste de consommation par rapport au budget total.

Doc.4 Comprendre la notion d'élasticité-revenu

Au milieu du XIXᵉ siècle, le statisticien allemand Ernst Engel (1821-1896) a étudié le budget de nombreuses familles ouvrières. Il a constaté que plus le revenu augmentait, plus la part du budget consacrée à la satisfaction des besoins vitaux comme l'alimentation diminuait. À l'inverse, les dépenses qu'il qualifiait « de luxe » (transport, loisirs...) avaient tendance à augmenter plus rapidement que le revenu.

Aujourd'hui, pour étudier l'évolution de la demande d'un bien en fonction du revenu, les économistes utilisent la notion d'élasticité-revenu (e_R). L'élasticité-revenu permet de mesurer le degré de sensibilité de la demande d'un bien aux variations du revenu (→ Flash Méthode 5 p. 162). Par exemple, si les dépenses de loisirs augmentent de 13 % quand le revenu augmente de 10 %, alors l'élasticité-revenu est égale à (13 %/10 %) = 1,3. Un *bien supérieur* est un bien dont la dépense augmente plus rapidement que le revenu, l'élasticité-revenu est supérieure à 1. Un *bien normal* se caractérise par une élasticité-revenu comprise entre 0 et 1 : la dépense augmente moins rapidement que le revenu. Enfin, un *bien inférieur* se caractérise par une élasticité-revenu inférieure à 0 : les dépenses diminuent quand le revenu augmente. C'est le cas de certains produits alimentaires de première nécessité comme la pomme de terre que les consommateurs délaissent quand le revenu augmente.

O. Leblanc, © Nathan, 2010.

Élasticité-revenu de quelques postes de consommation des ménages

Poste	Élasticité-revenu (e_R)
Alimentation	0,44
dont : pommes de terre	– 0,71
Loisirs	1,3
Logement	0,45
Transport	1,51

Source : Insee, Économie et statistique, 2000.

11. Lire. Quelle est la différence entre un bien supérieur, un bien normal et un bien inférieur ? Donnez des exemples à l'aide du tableau ci-dessus.

12. Déduire. Les dépenses qualifiées de « luxe » par Engel sont-elles constituées de biens supérieurs, normaux ou inférieurs ?

BILAN

EXERCICE D'AUTO-ÉVALUATION → corrigés pp. 178-179.

Sélectionnez la bonne réponse pour chaque proposition. Justifiez vos choix.

1 La consommation est l'acte de :
 a. mettre de l'argent de côté pour préparer l'avenir.
 b. emprunter de l'argent auprès d'une banque.
 c. satisfaire un besoin par l'utilisation d'un bien ou d'un service.

2 Le poste de consommation dont la part est la plus faible dans le budget des ménages modestes est :
 a. les loisirs.
 b. le logement.
 c. l'alimentation.

3 Le poste de consommation qui a diminué entre 1960 et 2008 est :
 a. la santé.
 b. l'habillement.
 c. le logement.

4 Les dépenses de logement appartiennent à la catégorie :
 a. des biens inférieurs.
 b. des biens normaux.
 c. des biens supérieurs.

FAIRE LE POINT

Après avoir exposé les évolutions à long terme du budget de consommation des ménages, vous montrerez que l'organisation de ce budget reste très inégalitaire en fonction des revenus.

Chapitre 1. Comment les revenus et les prix influencent-ils les choix des consommateurs ?

6 Quels sont les effets du prix sur les choix des consommateurs ?

DÉCOUVRIR

Doc.1 Les effets du prix du tabac sur la consommation de cigarettes

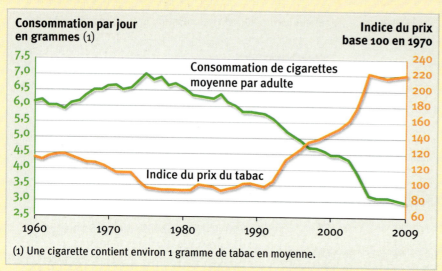

(1) Une cigarette contient environ 1 gramme de tabac en moyenne.

Source : Insee, Tableau de l'économie française, 2010.

POINT OUTIL

Qu'est-ce qu'un indice ?

L'**indice** est un outil statistique qui permet de mesurer facilement l'évolution du prix d'un bien.
→ Flash Méthode 3 p. 160.
Le prix du tabac en 1970 est pris comme référence, on lui donne arbitrairement la valeur 100 points. En 2000, l'indice est de 150 points, ce qui signifie qu'entre 1970 et 2000 le prix du tabac a augmenté de 50 points ou a été multiplié par 1,5.

1. Lire. Quels étaient l'indice du prix du tabac et la consommation moyenne de cigarettes par adulte pour l'année 1970 ? pour l'année 2009 ?

2. Décrire. Quelles sont les trois périodes qui se dégagent de la courbe de l'indice des prix du tabac ?

3. Décrire. Comment a évolué la consommation de tabac de 1960 à 2009 ?

4. Analyser. Globalement, quel est l'effet du prix du tabac sur la consommation de cigarettes ?

Doc.2 Comprendre la notion d'élasticité-prix

L'élasticité-prix (e_p) est un outil économique qui permet de mesurer le degré de sensibilité de la demande d'un bien aux variations de son prix (→ Flash Méthode 5 p. 162). Si la demande de chocolat augmente de 20 % quand son prix baisse de 10 %, alors l'élasticité-prix du chocolat se calcule en faisant le rapport entre ces deux taux de variation (20 % / − 10 % = − 2).

Ce rapport est généralement négatif car lorsque le prix augmente, la quantité demandée diminue et réciproquement. Si l'élasticité-prix est proche de 0, cela signifie que la variation du prix d'un bien ne modifie pas les quantités demandées par les consommateurs, on parle d'inélasticité. Si l'élasticité est très inférieure à − 1, cela signifie que la moindre augmentation du prix entraîne une diminution très importante de la demande. Une élasticité-prix positive représente un cas de figure plus paradoxal où l'augmentation du prix entraîne aussi une augmentation de la demande.

O. Leblanc, © Nathan, 2010.

5. Lire. Pourquoi l'élasticité-prix est-elle généralement négative ?

6. Déduire. L'élasticité-prix du tabac étudiée dans le document 1 est-elle positive ou négative ?

7. Calculer. Imaginez que la demande de lait diminue de 1 % quand le prix augmente de 10 %. À combien est égale l'élasticité-prix du lait ? Le lait est-il un bien élastique ou inélastique ?

Doc.3 L'élasticité-prix de l'essence

Le résultat principal [du rapport du laboratoire d'économie appliquée de Genève] montre que la consommation d'essence n'est pas très sensible aux variations de prix. Plus précisément, l'élasticité-prix de la demande est d'environ − 0,3 % à long terme, ce qui signifie qu'une augmentation du prix de l'essence de 10 % diminue sa quantité demandée d'environ − 3 %. À court terme, la demande est presque totalement inélastique (− 0,08 %).

Laboratoire d'économie appliquée de Genève, Rapport officiel du 14 juillet 2009.

8. Lire. Quelle est l'élasticité-prix de l'essence à long terme et à court terme ?

9. Analyser. À votre avis, pourquoi l'élasticité-prix à court terme de ce type de biens est-elle proche de 0 ?

10. Illustrer. Cherchez deux autres exemples de biens inélastiques.

Doc.4 Le paradoxe des biens de luxe

11. Décrire. Quel est le point commun entre ces produits ?

12. Expliquer. Pourquoi un produit de luxe doit-il se vendre à un prix élevé ? Trouvez deux arguments possibles.

13. Expliquer. Les marques de luxe ont-elles intérêt à baisser leurs prix et à produire en plus grande quantité ?

14. Déduire. À partir de vos réponses aux questions précédentes, expliquez quelle est la particularité de l'élasticité-prix des biens de luxe.

Doc.5 L'élasticité-prix des changes pour bébés

Les ventes de changes pour bébés sont très dépendantes du prix. Avec 5 à 7 changes par jour, les couches pour bébés représentent un budget conséquent pour les ménages avec enfants en bas âge. Autant dire que les parents sont très attentifs aux variations de prix et n'hésitent pas à stocker lors de promotions attractives.

D'ailleurs, après avoir donné dans la surenchère sur les caractéristiques techniques et le confort, certaines marques reviennent aux basiques. Pampers a ainsi lancé en 2009 des couches « Simply Dry », adaptées aux budgets de crise.

Le journal du Net, 2010. www.journaldunet.com

15. Lire. L'élasticité-prix des changes pour bébés est-elle forte ou faible ? Est-elle négative ou positive ?

16. Expliquer. Que signifie la phrase soulignée ?

17. Analyser. Expliquez le changement de stratégie de la société Pampers.

BILAN

EXERCICE D'AUTO-ÉVALUATION → corrigés pp. 178-179.

Les affirmations suivantes sont-elles vraies ou fausses ? Justifiez vos réponses.

1. L'élasticité-prix mesure l'effet de la consommation d'un bien suite à une variation du revenu. V F
2. Généralement, les biens normaux ont une élasticité-prix positive. V F
3. Un bien inélastique est un bien dont l'élasticité-prix est proche de 0. V F
4. Les biens de luxe ont une élasticité-prix négative. V F
5. L'essence est un bien où l'élasticité-prix est importante. V F

FAIRE LE POINT

Expliquez la notion d'élasticité-prix et les différentes valeurs qu'elle peut prendre à l'aide d'exemples.

Chapitre 1. Comment les revenus et les prix influencent-ils les choix des consommateurs ?

SYNTHÈSE : Comment les revenus et les prix influencent-ils les choix des consommateurs ?

L'ESSENTIEL

A. Les ressources des ménages : les revenus et le crédit

▶ La principale ressource d'un **ménage** est constituée de ses revenus : les revenus du travail (salaires), mais aussi les différents revenus du patrimoine (loyer, intérêts, dividendes…) et les revenus mixtes (pour les travailleurs indépendants). L'ensemble forme le revenu primaire d'un ménage.

▶ Le **revenu disponible** est le revenu restant après avoir ajouté au revenu primaire les prestations sociales et soustrait les impôts et les cotisations sociales.

▶ Le **pouvoir d'achat** est la quantité de biens et services qu'un individu peut se procurer avec son revenu disponible. Pour le mesurer, il faut tenir compte du revenu disponible mais aussi de l'évolution des prix à la consommation.

▶ Le crédit constitue la deuxième ressource financière des ménages. En empruntant de l'argent pour consommer ou investir dans l'immobilier, le ménage s'engage dans le futur à rembourser la somme empruntée (le capital) et à payer des **intérêts** (le loyer de l'argent prêté).

B. Les différentes formes d'épargne

▶ Un ménage a le choix d'utiliser ses ressources pour consommer ou épargner. L'**épargne** permet au ménage de se constituer un patrimoine.

▶ Parmi les multiples formes d'épargne, on peut distinguer l'épargne financière (livret A, actions, PEL, etc.), et l'épargne non financière (l'investissement immobilier).

▶ Le taux d'épargne est très inégal en fonction de l'âge et des revenus des ménages.

C. Les effets du revenu et du prix sur les choix des consommateurs

▶ Un ménage doit, en fonction de ses ressources, faire des choix entre différents postes de **consommation** : les dépenses contraintes (loyer, eau, énergie, etc.), les dépenses incontournables (transport, santé, etc.) et les dépenses facultatives (loisirs, vacances, etc.). Les **coefficients budgétaires** varient fortement en fonction du revenu des ménages.

▶ Sur une longue période, la part des dépenses liée à la nourriture baisse et celles des dépenses liées au logement, aux loisirs et à la santé augmentent fortement. Ce constat s'explique par l'augmentation sur le long terme du pouvoir d'achat.

▶ La demande d'un bien varie aussi en fonction du revenu. Selon les types de biens (inférieurs, normaux ou supérieurs), leur **élasticité-revenu** est inférieure, égale ou supérieure à 0.

▶ En général, la demande d'un bien diminue quand son prix augmente, on dit que l'**élasticité-prix** est négative. Un bien inélastique est un bien dont la demande est stable quand son prix varie.

LES NOTIONS À CONNAÎTRE

■ **Coefficients budgétaires**
Part (en %) que représente un poste de consommation par rapport au budget total d'un ménage.

■ **Consommation**
Utilisation, pour satisfaire un besoin, d'un bien ou d'un service.

■ **Élasticité**
Outil économique permettant de mesurer si la demande d'un bien est sensible aux variations du prix (élasticité-prix) ou des revenus (élasticité-revenu).

■ **Épargne**
Part du revenu disponible qui n'est pas consommée immédiatement.

■ **Intérêts**
C'est le « loyer de l'argent prêté », c'est-à-dire la rémunération de l'argent prêté.

■ **Ménage**
Ensemble des occupants d'un même logement, sans que ces personnes soient nécessairement unies par des liens de parenté.

■ **Pouvoir d'achat**
Quantité de biens et de services qu'un individu peut se procurer avec son revenu disponible. Il dépend donc de son revenu disponible mais aussi de l'évolution des prix à la consommation.

■ **Revenu disponible**
Revenu restant après avoir ajouté au revenu primaire les prestations sociales et soustrait les impôts et les cotisations sociales.

SCHÉMA DE SYNTHÈSE

Comment les revenus et les prix influencent-ils les choix des consommateurs ?

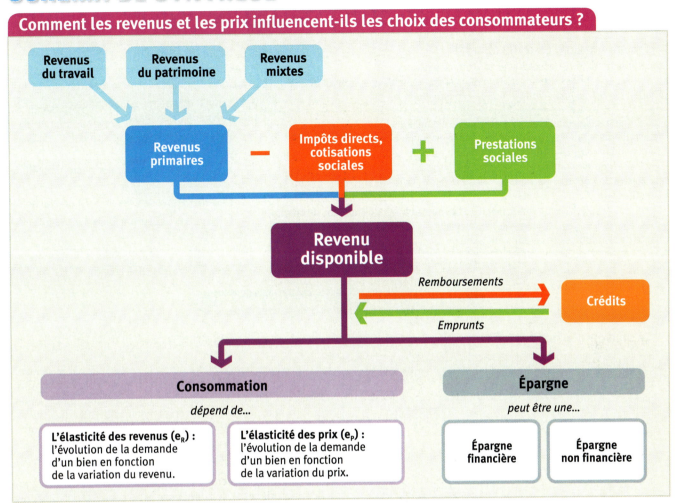

POUR ALLER PLUS LOIN

Sites Internet à consulter

▶ **www.adeic.asso.fr**
L'Adéic est une association nationale de consommateurs. Ce site pédagogique explique les droits du consommateur.

▶ **www.lafinancepourtous.com**
Ce site a pour vocation de contribuer à l'éducation financière de tous. Il propose entre autres des simulations pour organiser ses budgets de consommation ou de financement de crédit.

▶ **www.60millions-mag.com**
Ce site propose une multitude de conseils pour éviter certains pièges de la consommation.

▶ Nicolas Pécourt, **Un monde sans crédit ?**, éd. Eyrolles, 2010.
L'auteur expose les dangers du crédit revolving, tout en montrant qu'il reste un outils incontournable au bon fonctionnement de l'économie

▶ Raphaël Prunier, **Mieux connaître les produits d'épargne**, éd. SEFI (coll. ID reflex), 2010.
L'auteur explique avec pédagogie les avantages et les inconvénients de différents produits d'épargne.

À voir

▶ **Pouvoir d'achat : révélation sur la flambée des prix**, M6 CAPITAL, diffusé le 20 janvier 2008.
Ce documentaire explique, à partir de cas concrets, le mécanisme qui relie le pouvoir d'achat et les prix à la consommation.

▶ **Crédit : enquête sur ces cartes qui promettent de l'argent**, M6 CAPITAL, diffusé le 17 janvier 2010.
Ce documentaire présente le fonctionnement et les pièges potentiels du crédit revolving.

À lire

▶ Dominique Desjeux, **La Consommation**, éd. PUF (coll. Que sais-je ?), 2006.
Cet ouvrage dévoile les aspects économiques et sociaux de la consommation.

EXERCICES

VÉRIFIER SES CONNAISSANCES

1 Consommation, épargne et crédit

Complétez le texte ci-dessous avec les termes suivants :
patrimoine – ménages – revenus – surendettement – épargner – immobiliers – service – crédit – besoin – taux d'intérêt – consommation.

> Les ... disposent de deux types de ressources financières pour consommer ou ... : le revenu disponible et la possibilité d'emprunter grâce au ... .
> La consommation est l'utilisation d'un bien ou d'un ... en vue de satisfaire un ... . L'épargne au contraire est un renoncement à la ... immédiate qui permet de mettre de côté une partie des ... des ménages. Cette épargne permet de se constituer un ... .
> Le coût du crédit est étroitement lié au ... . Les deux principales familles de crédit sont les crédits à la consommation et les crédits ... . Quand le ménage est incapable de rembourser ses crédits, on parle de ... .

2 Vrai ou faux ?

Les affirmations suivantes sont-elles vraies ou fausses ? Justifiez vos réponses.

a. Le taux d'épargne est identique quel que soit le revenu des ménages.

b. L'élasticité-revenu d'un bien inférieur est supérieure à 1.

c. Le logement est le premier poste budgétaire des ménages.

d. L'élasticité-prix de l'essence est proche de 0.

e. Les produits de luxe ont une élasticité-prix inférieure à 0.

APPROFONDIR SES CONNAISSANCES

3 Le pouvoir d'achat des ménages

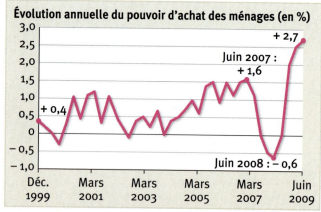

Source : Insee, calculs *Alternatives économiques*.

> De juin 2007 jusqu'à juin 2008, l'économie française a subi une véritable flambée des prix, notamment des produits alimentaires et du pétrole, qui a entraîné une perte de pouvoir d'achat des ménages dont les revenus ont stagné. Après cette date et jusqu'en juin 2009, le fort ralentissement économique a entraîné une baisse des prix à la consommation de 0,5 %. Conséquence : malgré une faible hausse des salaires sur cette période (2,2 %), les salariés ont vu leur pouvoir d'achat s'accroître de 2,7 %. <u>Un niveau qui n'a plus été atteint depuis bien longtemps.</u>
>
> Guillaume Duval, *Alternatives économiques*, n° 284, octobre 2009.

a. Quelle est l'évolution annuelle du pouvoir d'achat des ménages français, en juin 2007 et en juin 2008 ?

b. Comment expliquer la diminution de pouvoir d'achat entre juin 2007 et juin 2008 ?

c. Comment l'auteur du texte a-t-il calculé une augmentation annuelle du pouvoir d'achat de + 2,7 % entre juin 2008 et juin 2009 ?

d. La phrase soulignée vous semble-t-elle justifiée ? Aidez-vous du graphique pour répondre.

4 Qu'est-ce que le SMIC ?

> Le salaire interprofessionnel de croissance est le salaire minimum en dessous duquel un salarié travaillant sur le territoire français ne peut être rémunéré. Ce salaire a été mis en place en 1970 en remplacement du son ancêtre le SMIG (salaire minimum interprofessionnel garanti) instauré en 1950. Le SMIC est revalorisé tous les ans par les pouvoirs publics à la hauteur de l'inflation[1] afin d'éviter une baisse du pouvoir d'achat du salarié au SMIC.
>
> Au 1er janvier 2010, le SMIC brut était de 8,86 € par heure, soit pour un temps complet 1 343,77 € brut par mois, ce qui correspond à environ 1 056,24 € net. Il y a plus de 3 millions de salariés qui touchent le SMIC, soit environ un salarié sur sept.
>
> Le loyer pour un 30 m² à Paris est d'environ 600 € en moyenne, avec une augmentation de 5 % en 2009. <u>Sachant que la revalorisation du SMIC au 1er janvier 2010 n'a été que de 0,5 %, on comprend pourquoi certains économistes parlent de « perte de pouvoir d'achat » des salariés au SMIC.</u>
>
> O. Leblanc, © Nathan, 2010.

[1]. L'inflation est un indicateur qui mesure l'augmentation des prix à la consommation.

a. Quel est le montant mensuel net du SMIC en 2010 ? Quel est le nombre approximatif de salariés qui perçoivent le SMIC en 2010 ?

b. En vous aidant de l'exemple de l'évolution des prix des loyers parisiens, expliquez la phrase soulignée.

c. Sur l'ensemble de l'année 2009, les prix à la consommation n'ont augmenté en France que de 0,1 %. En quoi cette information permet-elle de relativiser votre réponse à la question b ?

d. À votre avis, la capacité d'épargne d'un salarié au SMIC est-elle importante ? Justifiez votre réponse.

La consommation : un marqueur social ?

CHAPITRE 2

Dis-moi ce que tu consommes, je te dirai qui tu es...
Rayon chaussures des Galeries Lafayette, Paris.

... ou qui tu aimerais être !
Affiche pour le parfum « Coco Mademoiselle » de Chanel, Grenoble.

PLAN DU CHAPITRE

1. Comment la consommation évolue-t-elle en France ? — 30
2. Pourquoi consomme-t-on différemment ? L'exemple de l'alimentation — 32
3. La consommation a-t-elle une signification sociale ? — 34
4. Une consommation sous influence ? — 36
> Synthèse — 38
> Exercices — 40

1. Comment la consommation évolue-t-elle en France ?

DÉCOUVRIR

Doc.1 Comment la France s'est transformée

Dans le fameux « prélude » de son ouvrage *Les Trente Glorieuses* (1979), l'économiste Jean Fourastié (1907-1990) décrit deux villages aux contrastes saisissants : Madère et Cessac. Madère est agricole avec de petites exploitations pas encore très mécanisées et de faibles rendements à l'hectare, ses habitants sont peu instruits, le confort dans les maisons y est rudimentaire ; Cessac est à majorité tertiaire, le commerce y est florissant, le « confort moderne » s'est installé dans les foyers (cuisine équipée, WC intérieurs, eau courante). En fait, Madère et Cessac ne font qu'un : c'est Douelle-en-Quercy que décrit Jean Fourastié à trente ans d'intervalle, en 1946 et 1975. À l'image de Douelle, la France a complètement changé de paysage (de paysanne, elle est devenue tertiaire) et les Français ont vu leur niveau de vie et leur pouvoir d'achat s'accroître considérablement. Fourastié, chiffres à l'appui, décrit tous ces bouleversements : allongement de la durée de vie, baisse de la durée du travail et développement des loisirs, hausse considérable du taux de scolarisation, etc.

Évelyne Jardin, *Sciences humaines*, hors-série n° 42, sept.-nov. 2003.

> **POINT NOTION**
>
> **Niveau de vie et société de consommation**
>
> Le **niveau de vie** correspond à la quantité de biens et de services dont dispose un ménage, une catégorie sociale, un pays en fonction de leurs revenus. En France, le niveau de vie a considérablement augmenté au cours des Trente Glorieuses (1945-1973), période marquée par une forte croissance économique et par l'avènement de la société dite de consommation.
>
> La **société de consommation** se caractérise par une consommation forte des ménages, sans cesse stimulée par les nouveautés et la publicité.

1. Expliquer. Quels sont les changements décrits par le texte ?
2. Lire. À quelle époque se produisent-ils ?
3. Déduire. Quelles en ont été les conséquences ?

Doc.2 Diffusion de quelques biens durables entre 1962 et 2006

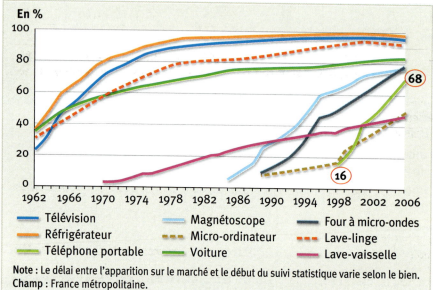

Télévision — Magnétoscope — Four à micro-ondes
Réfrigérateur — Micro-ordinateur — Lave-linge
Téléphone portable — Voiture — Lave-vaisselle

Note : Le délai entre l'apparition sur le marché et le début du suivi statistique varie selon le bien.
Champ : France métropolitaine.

Sources : Insee, Enquêtes Budget de famille 1963 à 2006 et Conditions de vie 1965 à 1973.

> **POINT NOTION**
>
> **L'équipement des ménages en biens durables**
>
> On peut distinguer trois principales phases dans l'**équipement des ménages en biens durables** :
>
> – 1re phase : le bien est rare, souvent onéreux et socialement distinctif ;
>
> – 2e phase : diffusion massive du bien avec baisse des prix ;
>
> – 3e phase : saturation, tout le monde ou presque est équipé du bien (la distinction suprême pouvant être de ne pas le posséder pour des raisons « intellectuelles », comme par exemple pour la télévision) ; des ménages vont se reporter sur d'autres biens plus distinctifs (on repart alors en phase 1).

4. Lire. Pour chaque donnée entourée en rouge, faites une phrase présentant l'information apportée.
5. Décrire. À quelle période le taux d'équipement en biens durables (réfrigérateur, lave-linge, télévision, voiture) a-t-il beaucoup augmenté ?
6. Décrire. Que peut-on dire pour les biens plus récents comme le micro-ordinateur ?
7. Illustrer. À l'aide du Point notion ci-dessus, donnez quelques exemples de biens aujourd'hui en phases 1, 2 et 3.

Doc. 3 Que consomment les Français aujourd'hui ?

Quelques grandes dépenses annuelles moyennes par ménage selon la CSP de la personne de référence

En euros par an En 2006	Exploitants agricoles	Artisans, commerçants, chefs d'ent.	Cadres (et prof. intell. sup.)	Professions intermédiaires	Employés	Ouvriers	Retraités	Ensemble
Alimentation (1)	5 800	7 665	(9 188)	7 145	5 221	(5 680)	4 926	5 910
Logement (2)	2 627	4 391	5 444	4 708	5 019	4 807	3 619	4 428
Santé	956	1 082	1 482	1 127	859	656	1 033	981
Transport	4 534	6 552	7 433	6 106	4 049	4 446	2 619	4 285
Loisirs et culture	2 297	3 325	4 816	3 108	2 065	1 965	1 948	2 460
Total des dépenses (3)	26 396	35 809	44 424	33 671	26 021	26 002	20 880	27 267

Source : D'après Vanessa Bellamy, Laurent Léveillé, Insee, Enquête Budget de famille 2006.

(1) L'alimentation inclut aussi le restaurant.
(2) Les dépenses de logement incluent le gaz, l'électricité et l'eau.
(3) Certains postes de dépenses ne figurent pas dans ce tableau.

8. Lire. Pour chaque donnée entourée en rouge, faites une phrase présentant l'information apportée.

9. Calculer. Quels sont les coefficients budgétaires de chaque poste de consommation pour les ouvriers et les cadres ? → Voir Point notion p. 23 et Flash Méthode 1 p. 158.

10. Déduire. Que peut-on en conclure ? Rappelez ce qu'est la loi d'Engel (voir doc. 4 p. 23).

Doc. 4 Quelques taux d'équipement et d'abonnement par CSP

Taux d'équipement/ d'abonnement (en %) En 2006	Exploitants agricoles	Artisans, commerçants, chefs d'ent.	Cadres (et prof. intell. sup.)	Professions intermédiaires	Employés	Ouvriers	Retraités	Ensemble
Ordinateur portable	7	15	(31,9)	15,3	10,3	(5,4)	3,8	10,5
Tél. port. multimédia	6,4	21,9	29,2	23,8	20,4	20,6	3,8	16
Internet haut débit	7,4	31,1	55,4	43	31,8	22,3	8	25,3
Cotis. club de sport	26,7	37,2	52,3	46,3	30,4	29,7	14,3	29,2
Théâtre ou cinéma	2,4	3,3	(9)	4,7	2,8	(1,9)	2,2	3,4
Journaux, revues	61,3	28,2	44,4	36,2	25,7	23	45,1	35,7
Bibliothèque	2,9	4,9	11,2	9	5,7	3,6	4,3	5,8

Source : D'après Vanessa Bellamy, Laurent Léveillé, Insee, Enquête Budget de famille 2006.

11. Lire. Pour chaque donnée entourée en rouge, faites une phrase présentant l'information apportée.

12. Comparer. Quels sont les taux d'équipement et d'abonnement qui varient peu ou au contraire beaucoup en fonction de la catégorie socioprofessionnelle ? Que peut-on en conclure ?

BILAN

EXERCICE D'AUTO-ÉVALUATION → corrigés pp. 178-179.

Recopiez et complétez le texte ci-dessous avec les mots suivants :
saturation – culturelles – téléphone portable – consommation – taux d'équipement – diffusion massive – télévision – inégalités.

À partir des années 1950 et surtout des années 1960, apparaît la société dite de … . De nombreux biens se diffusent, comme le réfrigérateur, la … et l'automobile. Plus récemment, de nouveaux biens comme le micro-ordinateur et le … ont fait leur apparition. La majorité de ces biens concerne d'abord une minorité de ménages puis le … augmente beaucoup : c'est la démocratisation ou … de ce bien. Puis on arrive à la phase de … . Néanmoins, des … continuent d'exister comme on peut le voir pour certains biens comme le lave-vaisselle ou certaines pratiques … .

FAIRE LE POINT

Comment la consommation en France a-t-elle évolué depuis les Trente Glorieuses ?
La diffusion massive de certains biens d'équipement et services signifie-t-elle la fin des inégalités ?

2. Pourquoi consomme-t-on différemment ? L'exemple de l'alimentation

DÉCOUVRIR

Doc. 1 — Bio ou McDo ?

1. **Décrire.** Quels sont les aliments présents sur chacune de ces photographies ?
2. **Expliquer.** Qu'est-ce qui oppose ces deux types d'alimentation ?

Doc. 2 — La consommation alimentaire varie en fonction du milieu social

Les écarts de dépenses alimentaires entre les différentes catégories de ménages reflètent, au moins en partie, des disparités de consommation selon le milieu social. [...] Chez les ménages modestes et les moins diplômés, les produits de dépenses alimentaires surreprésentées sont les féculents (produits céréaliers et pommes de terre), les sucres, les corps gras et les viandes alors que cette dernière consommation était autrefois signe de distinction sociale.

Les postes de dépenses d'alimentation traditionnellement sous-représentés chez les ménages les plus pauvres sont les poissons et produits de la mer, [...] les fruits frais et transformés. Ces catégories de produits sont précisément celles dont la consommation est recommandée par les nutritionnistes. [...] Ce sont des marqueurs sociaux de la consommation puisque les ménages à faibles revenus n'en consomment pas suffisamment par rapport aux recommandations nutritionnelles.

France Caillavet, Cédric Lecogne et Véronique Nichèle, « La consommation alimentaire : des inégalités persistantes mais qui se réduisent », Insee, septembre 2009.

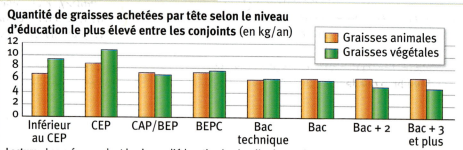

Lecture : Les ménages dont le niveau d'éducation le plus élevé entre les conjoints est inférieur au certificat d'études primaires consomment en moyenne 6,9 kilos de graisses animales (lait, viande) et 9,4 kilos de graisses végétales (huiles) par personne et par an.
Champ : France métropolitaine.

Source : Insee, Enquête Budget de famille, 2006.

3. **Expliquer.** Quelles sont les principales différences de consommation alimentaire entre les ménages selon le milieu social ?
4. **Argumenter.** Ces différences sont-elles uniquement liées au niveau de revenus ? Aidez-vous du texte ci-contre et du graphique ci-dessus pour répondre.
5. **Déduire.** Quels impacts ces différences ont-elles sur la santé ?

Doc.3 Des comportements distincts selon l'âge des consommateurs

L'âge des consommateurs influe d'abord la part de la consommation alimentaire à domicile. Celle-ci croît en effet avec l'âge de la personne de référence du ménage jusqu'à plus de 70 ans, les plus jeunes mangent plus fréquemment à l'extérieur du domicile.

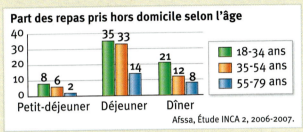

Part des repas pris hors domicile selon l'âge

Afssa, Étude INCA 2, 2006-2007.

L'âge – et l'augmentation du revenu qui y est liée – conditionne également les aspects « volume » et « qualité » des dépenses alimentaires. Le consommateur se tourne d'autant plus vers des produits onéreux et son budget alimentaire s'accroît d'autant plus vite que son âge augmente. Après 60 ans, le revenu diminue mais les ménages, beaucoup plus souvent à domicile, dépensent davantage pour l'alimentation.

Préférant les produits transformés aux produits bruts, les ménages les plus jeunes consomment plus de produits « santé forme » que la moyenne, mais également de confiseries, pâtisseries et boissons sucrées. Les ménages de plus de 65 ans, attentifs à leur santé et disposant de temps libre pour faire leurs courses et la cuisine, sont les plus gros consommateurs de fruits et légumes, viandes blanches et poissons ; ils restent par ailleurs attachés à des produits bruts tels que le sucre, l'huile et le beurre.

Sénat, Projet de loi de finances pour 2005 : Industries agroalimentaires, nutrition et équilibre alimentaire. www.senat.fr

6. Expliquer. Quelles sont les différences essentielles entre les jeunes et les plus âgés en matière d'alimentation ?

7. Lire. Avec quel critère croise-t-on la variable âge dans le texte ? Pourquoi ?

8. Déduire. Les jeunes ont-ils une alimentation plus équilibrée que les plus âgés ?

Doc.4 L'histoire de la pizza et de ses variantes locales

Cette petite galette, venue d'on ne sait où, mais que de pauvres émigrés napolitains ont emmenée dans leurs bagages à New York, est devenue l'un des totems de la mondialisation. [...]

En France, les pizzas ont leur géographie. Dans le Nord, la pizza entre en résonance avec la galette bretonne qui a préparé un peu le terrain, avec la tarte à l'oignon lorraine ou la *flamekueche* alsacienne. Les types de pizzas appréciés au Nord sont plutôt « américains ». Alors qu'au Sud la taille, l'épaisseur, le statut (un plat de partage) et les ingrédients déroutent les industriels ; les pizzaïolos sont en embuscade dans leurs camions, offrant la fraîcheur et les codes du goût méditerranéen. Ces résistants ont même compris, avec la clientèle des vacanciers qui modifient la demande, qu'ils ont intérêt à étendre leur gamme avec des variétés au fromage, par exemple. À Marseille, les pizzas sont telles qu'à Naples – au levain, fromage et graisse de cochon avec un peu de basilic –, et consommées uniquement par des Italiens. La pizza y est « francisée » par l'habitude de la demander fraîchement réalisée, chaude, « au camion ». En Provence, les Piémontais ont leur pizza à eux, la pissaladière niçoise, et à Marseille, elle entre dans la grammaire culinaire locale, prend la place d'une « entrée » de repas, se confondant parfois avec l'anchoïade pour le goût, et constitue un plat central pour les familles au revenu moyen.

Gilles Fumey (Université Paris-Sorbonne) sur www.cafe-geo.net, d'après Sylvie Sanchez, *Pizza connexion, Une séduction transculturelle*, éditions du CNRS, 2007.

9. Expliquer. Pourquoi la pizza peut-elle être considérée comme un des symboles de la mondialisation ?

10. Expliquer. Que signifie la phrase soulignée ?

11. Distinguer. Comment mange-t-on la pizza dans le nord et dans le sud de la France ? Donnez d'autres exemples d'adaptations locales de la pizza.

12. Illustrer. Recherchez sur Internet les origines historiques de la pizza et notamment celles de la pizza « Margarita » (types d'ingrédients).

BILAN

EXERCICE D'AUTO-ÉVALUATION → corrigés pp. 178-179.

Les affirmations suivantes sont-elles vraies ou fausses ? Justifiez vos réponses.

1. L'alimentation est le premier poste de dépenses de l'ensemble des ménages.
2. La consommation de graisses est moins importante pour les personnes faiblement diplômées.
3. Le type d'alimentation dépend de l'âge des individus.
4. Le revenu est le seul critère qui différencie les pratiques alimentaires.
5. Les pratiques alimentaires varient d'une région (ou d'un pays) à l'autre.

FAIRE LE POINT

Pourquoi peut-on dire que l'alimentation, consommation apparemment primaire, est un marqueur social ?
En prenant d'autres exemples, vous montrerez comment le milieu social, le niveau de diplôme, l'âge, et le lieu de résidence influencent la consommation.

3 La consommation a-t-elle une signification sociale ?

DÉCOUVRIR

Doc. 1 La consommation comme signe social

Jeune femme au « Prix de Diane Hermès » à Chantilly, 2008.

Jeune punk à New York, 2002.

1. **Expliquer.** D'après vous, que cherchent à exprimer ces deux personnes à travers leurs coiffures respectives ?
2. **Argumenter.** N'est-ce qu'une affaire de goût personnel ou est-ce un signe social ?

Doc. 2 Le consommateur est-il libre de ses choix ?

La consommation de biens et de services n'est pas uniquement matérielle. Elle est « signe » et n'est porteuse de sens que parce qu'elle obéit à une logique de différenciation sociale ou statutaire donc de classification : « On ne consomme jamais l'objet en soi, on manipule toujours les objets comme signes qui vous distinguent soit en vous affiliant à votre groupe pris comme référence idéale, soit en vous démarquant de votre groupe par référence à un groupe de statut supérieur. »

Se différencier, c'est s'affilier à la dynamique de la société de consommation qui multiplie artificiellement les marques de lessives à l'aide de la publicité. Ces petites différences qui font la différence doivent être industrialisables et commercialisables. Les inégalités se maintiennent, entraînant une course sans fin, bonne pour le système économique sans doute mais gaspilleuse, et où nos goûts sont influencés par les entreprises et les publicitaires. La consommation, signe de bonheur, devient un devoir civique.

Il faut être dans le coup y compris en matière culturelle, ce qui est l'opposé de la culture. Aujourd'hui, c'est le règne de l'éphémère, comme par exemple dans l'information (avec des pseudo-évènements).

D'après Jean Baudrillard, *La Société de consommation*, éd. Denoël, 1970.

3. **Définir.** Qu'est-ce qu'une consommation matérielle ou utilitaire ?
4. **Déduire.** Pourquoi, en fait, ne consomme-t-on jamais « l'objet en soi » ?
5. **Expliquer.** Que signifie la dernière phrase du texte ? Donnez des exemples.

POINT NOTION

Qu'est-ce que l'effet de signe ?

L'**effet de signe** veut dire que les objets consommés sont porteurs de signes et permettent à un individu de montrer sa position sociale, son appartenance à un groupe social spécifique, ou la position sociale qu'il souhaiterait atteindre.

(Annotations manuscrites en haut de page :)
6. Chacune de nos pratiques sociales et/ou culturelles varient selon notre catégorie sociale (niveau de revenu, diplôme, âge, mode de vie)
7. Un groupe social privilégié d'une façon ou d'une autre a une pratique sociale et/ou culturelle dite distinctive, réservée à une minorité. D'autres groupes cherchent à imiter cette pratique sans atteindre le niveau de maîtrise du groupe supérieur. Cette pratique devient alors vulgaire aux yeux du groupe initiateur et ce groupe cherche alors d'autres signes distinctifs.

Doc.3 — Consommer pour se distinguer ou pour imiter

Au-delà des simples effets de revenu, toutes les pratiques révèlent des systèmes de représentations propres à des groupes sociaux, et de leur position relative les uns par rapport aux autres dans l'espace social.

L'accès à certaines pratiques culturelles (théâtre, musée, galerie) est inégal selon les classes sociales. […] Il existe des domaines culturels nobles ou « légitimes » (musique classique, peinture, sculpture, littérature, théâtre) et des pratiques en voie de légitimation (cinéma, photo, chanson, etc.).

Les classes moyennes cherchent à se distinguer des catégories inférieures et aspirent aux pratiques des classes supérieures. Ne possédant pas tous les codes, elles vont « singer » les pratiques nobles ou se livrer à des pratiques de substitution. Les classes moyennes essaient d'acquérir la culture légitime, notamment par l'école. Elles ont une bonne volonté culturelle mais finissent par se trahir en confondant Opéra et Opérette.

Ces aspirations induisent une dynamique : certaines pratiques et œuvres se divulguent, passant du « distingué » au « vulgaire », poussant les classes supérieures à trouver d'autres signes distinctifs. Les occasions de mettre en scène la distinction sont inépuisables, même dans les pratiques les plus banales : vêtements, décoration, tourisme, loisirs, sport, cuisine, etc.

D'après Pierre Bourdieu, *La Distinction. Critique sociale du jugement*, éd. de Minuit, 1979.

6. Expliquer. Pourquoi peut-on dire que la consommation reflète une position sociale ?

7. Décrire. Comment se mettent en place les processus d'imitation et de distinction ? Donnez quelques exemples.

8. Expliquer. Quels sont les comportements des « classes moyennes » ? Quelles en sont les conséquences sur les différentes « consommations » des classes supérieures ?

POINT NOTION — Les classes sociales

Une **classe sociale** est le regroupement de grande dimension d'individus ayant des conditions matérielles d'existence et un style de vie très proches. On distingue généralement les classes supérieures, moyennes et populaires.

(Annotation :)
8. inférieur → imitation
moyen → einfachen model
supérieur → extra

Doc.4 — Le bling-bling ostentatoire de certains rappeurs

Né dans les années 1980, mis en sommeil temporaire au profit d'un rap plus politique, le bling-bling est revenu en force à l'aube de l'an 2000. Grosses bagnoles, filles dénudées, tatouages ont souvent fait partie de la panoplie du rap. La propension à l'ostentatoire a parfois abouti à des créations monstrueuses : chronomètres géants à pendre au cou, bracelets longs comme des bras, colliers aux maillons lourds, dentitions en or… « Le bling-bling est le symbole de la fierté du "Nigga[1]" qui a réussi sans cesser d'être celui qu'il est […] ; des chaînes d'esclave transformées en or[2]. » En 1999, c'est le rappeur BG qui officialise l'expression dans son acception contemporaine, avec un titre, « Bling-Bling », interprété avec ses copains très diamantés du collectif au titre explicite Cash Money Millionnaires. […] Certains artistes rappeurs n'apprécient guère ces pratiques ostentatoires. Chuck D., leader du groupe historique du rap politique Public Enemy, est un opposant frontal du rap bling-bling, à son sens sans conscience sociale, pollué par la prédominance de l'argent.

Véronique Mortaigne, « N'est pas bling-bling qui veut », *Le Monde*, 17 février 2008.

1. Noir, dans un sens péjoratif. — 2. David O'Neil, auteur de *Explicit Lyrics : toute la culture rap ou presque*, Les Éditeurs libres, 2007.

9. Expliquer. Quelle est la signification des démonstrations ostentatoires de quelques rappeurs américains ? Dans quel(s) but(s) ?

10. Décrire. Tous les rappeurs se reconnaissent-ils dans ce côté « bling-bling » ? Pourquoi ?

(Réponses manuscrites :)
9. Cette pratique ostentatoire peut montrer la réussite sociale de ces rappeurs, membres de la communauté noire parce que mieux vaut une identité négative que pas d'identité du tout.

10. Parce que le rap donne une image qui risque d'être commerciale alors que le rap est pour certains une expression politique parfois même (anti-système)

BILAN

EXERCICE D'AUTO-ÉVALUATION → corrigés pp. 178-179.

Recopiez et complétez le texte ci-dessous avec les mots suivants :
augmenter – matériel – imiter – sociale – distinctives – catégorie sociale – liberté de choix – économie – ostentatoires.

Dans notre société, la consommation va au-delà de l'aspect strictement …, elle a une signification …. L'existence de multiples marques nous fait croire que chaque consommateur a une grande … mais c'est une façon de faire … la consommation et donc plus généralement de faire prospérer l'…. Le fait que presque tout le monde adhère à la logique consumériste ne signifie pas que nous consommons tous les mêmes choses. Nous ne consommons pas de la même manière suivant notre âge, notre sexe, nos diplômes, l'endroit où nous habitons, et plus généralement notre …. Dans la dynamique de la consommation, les classes moyennes cherchent à … les classes supérieures qui ont souvent des pratiques socialement …. Certaines consommations ont un objectif socialement démonstratif : elles sont ….

FAIRE LE POINT

Pourquoi peut-on dire que la consommation est aujourd'hui socialement marquée ?

4 Une consommation sous influence ?

DÉCOUVRIR

Doc.1 Comment l'image du corps des femmes a-t-elle évolué avec la publicité ?

Pierre Paul Rubens, *La Toilette de Vénus*, vers 1613.

Publicité pour la lingerie Lejaby, 1956.

Affiche de la campagne publicitaire de l'agence Avenir, 1981.

Les canons de la beauté varient selon les époques et les cultures. Les femmes à la peau blanche et au corps potelé que peignait Rubens au XVIIe siècle ne ressemblent pas aux mannequins bronzés et filiformes des magazines de mode d'aujourd'hui.

Dans les publicités, les films, à la télévision, le corps des femmes attendit longtemps pour se dénuder. Une publicité fit beaucoup de bruit à la rentrée 1981 : celle de l'agence Avenir, qui pour se faire connaître a monté une grande campagne d'affichage. On y voit s'exhiber une superbe fille, de face, en bikini, sur une plage... Myriam nous promet : « Le 2 septembre j'enlève le haut. » Effectivement, sur de nouvelles affiches, Myriam apparaît, les seins nus déclarant : « Le 4 septembre, j'enlève le bas. » Promesse tenue... à un détail près, elle tourne le dos !

Depuis, les films ou les publicités avec des femmes dénudées se sont multipliés : la libération du corps des femmes s'est accompagnée d'une « marchandisation ».

É. Taïeb, © Nathan, 2010.

1. Décrire. Quel moyen l'agence de publicité Avenir a-t-elle utilisé pour se faire connaître ?

2. Déduire. Comment la publicité a-t-elle fait évoluer l'image du corps des femmes ?

Doc.2 Devancer ou suivre la mode

« La vie est l'unité d'une tendance à l'universel et d'une tendance à la particularisation. » On suit la mode pour être différent et pour échapper à l'identification qui nous menace toujours avec la foule. Mais, au fur et à mesure que la mode se répand, cela devient la mode de la foule ; il faut alors toujours se distinguer. Il y a donc un paradoxe : à la fois une distinction, mais en même temps qu'on se distingue, il y a plus de gens qui s'habillent de la même façon. On ne se distingue plus par rapport à ce groupe-là. « La généralisation totale de la mode serait sa disparition. L'essence de la mode consiste en ce que toujours seule une partie du groupe en use, tandis que la totalité se trouve seulement en marche vers elle. »

D'après Georg Simmel, « La mode », in *La Tragédie de la culture et autres essais*, éd. Payot & Rivages, 1993.

3. Analyser. Pourquoi beaucoup d'individus veulent-ils être à la mode ?

4. Déduire. Que faut-il faire pour être à la mode ?

5. Expliquer. Que signifie la phrase soulignée ?

Doc.3 La publicité dans la société de consommation

« Donner envie à des gens qui n'en ont pas les moyens d'acheter une nouvelle chose dont ils n'avaient pas besoin dix minutes auparavant » [Frédéric Beigbeder, *99 francs*] : telle est la fonction perverse et en même temps toute la « magie » de la publicité.

La publicité fait complètement partie de notre quotidien. Chaque Français est soumis à plusieurs centaines de messages publicitaires chaque jour.

Le sociologue Jean Baudrillard (1929-2007) a montré que le rôle de la publicité est de suggérer que « l'on ne peut pas vivre sans acheter ». Elle crée autour de l'objet un univers symbolique fort et immédiatement reconnaissable ; le consommateur doit vouloir et pouvoir s'identifier à cet univers et à ses valeurs.

Nous devenons ainsi conditionnés par des codes dominants : l'alimentaire, par exemple, utilise la couleur rouge, et un environnement souvent familial ; le secteur hygiène-soins utilise les courbes féminines, les couleurs blanche, bleue ou vert pâle évoquant la pureté et la caution médicale, les nettoyants ménagers opteront classiquement pour une grande maison aux couleurs gaies (jaune soleil, vert), tenue par une belle femme « mère de famille » de 30-40 ans.

La publicité vise à faire croire à chacun qu'elle répond à son désir le plus profond et à la limite que le produit est spécialement créé pour lui. Elle vise l'homme dans sa dimension différentielle.

D'après Laurence Barrère, « Représentation et communication publicitaire ». www.philophil.com

6. Décrire. Quelle est la place de la publicité dans notre vie quotidienne ? Donnez des exemples.

7. Expliquer. Quel est le but de la publicité ? Que cherche-t-elle à nous faire croire ?

8. Analyser. Comment s'inscrit-elle dans le cadre de la société de consommation ?

Doc.4 Avoir plutôt qu'être ?

a

Autrefois pour faire sa cour
On parlait d'amour [...]
Maintenant c'est plus pareil
Ça change ça change
Pour séduire le cher ange
On lui glisse à l'oreille
Ah, Gudule, viens m'embrasser, et je te donnerai...
Un frigidaire, un joli scooter, un atomixer
Et du Dunlopillo
Une cuisinière, avec un four en verre
Des tas de couverts et des pelles à gâteau ! [...]
Un avion pour deux...
Et nous serons heureux [...]

Boris Vian, « La complainte du progrès » (extraits), 1956. © Warner Chappell Music France.

b

Oh là là la vie en rose
Le rose qu'on nous propose
D'avoir les quantités d'choses
Qui donnent envie d'autre chose
Aïe, on nous fait croire
Que le bonheur c'est d'avoir
De l'avoir plein nos armoires
Dérisions de nous dérisoires
Car foule sentimentale
On a soif d'idéal
Attiré par les étoiles, les voiles
Que des choses pas commerciales
[...]

Alain Souchon, « Foule sentimentale » (extraits), 1993. © BMG Music.

9. Comparer. Quel lien ces deux extraits de chansons font-ils entre bonheur et consommation ?

10. Analyser. Pensez-vous que les observations de Boris Vian (1956) et d'Alain Souchon (1993) sont toujours d'actualité ? Justifiez votre réponse.

BILAN

EXERCICE D'AUTO-ÉVALUATION → corrigés pp. 178-179.

Les affirmations suivantes sont-elles vraies ou fausses ? Justifiez vos réponses.

1. L'image de la femme a toujours été la même dans les publicités. V F
2. Tout le monde peut être à la mode en même temps. V F
3. La publicité ne cherche pas à influencer nos choix de consommation. V F
4. Aujourd'hui, la publicité est très présente dans le quotidien des Français. V F
5. La société de consommation nous pousse à accumuler des biens matériels. V F

FAIRE LE POINT

Le sociologue Jean Baudrillard (1929-2007) explique que la société de consommation nous impose une sorte de bonheur obligatoire. Commentez cette affirmation.

Chapitre 2. La consommation : un marqueur social ?

SYNTHÈSE : La consommation : un marqueur social ?

L'ESSENTIEL

A L'évolution de la consommation française

▶ La consommation est essentielle dans nos économies comme dans la vie de chacun. Elle a considérablement augmenté depuis les Trente Glorieuses (1945-1973) où a commencé à se développer une **société de consommation**. Certains biens (télévision, automobile) se sont généralisés, mais d'autres (lave-vaisselle) restent très distinctifs, se diffusent de façon inégale selon les milieux sociaux, ou pas à la même vitesse. Aussi des inégalités demeurent, d'autant que lorsque certaines consommations se répandent, de nouvelles consommations apparaissent et sont distinctives.

B Les facteurs sociaux de la consommation

▶ La consommation est certes déterminée par nos revenus, mais elle est aussi très influencée par des facteurs sociaux et démographiques comme le sexe, l'âge, la catégorie socioprofessionnelle, l'endroit où l'on habite (villes/campagnes, taille de l'agglomération), le niveau d'études, la taille et le type de famille.

▶ L'appartenance sociale et la position des groupes sociaux les uns par rapport aux autres influencent grandement le **mode de vie** et la façon de consommer de chacun. Les processus de **distinction** et d'**imitation** montrent que certains groupes ou « **classes sociales** », notamment les plus aisées, ont des pratiques distinctives alors que d'autres les imitent.

▶ La consommation est aussi un **effet de signe** démonstratif ou **ostentatoire**, une façon d'afficher son appartenance sociale qui va bien au-delà du côté matériel et montre bien la valeur souvent symbolique de ce que nous consommons.

C La consommation est aussi sous influence

▶ La **mode** et la **publicité** influencent nos comportements de consommateurs et jouent donc un rôle économique (en encourageant la consommation) et social (par exemple à travers nos codes vestimentaires).

▶ Certains critiquent cette **société de consommation** qui nous incite à consommer toujours plus et affirment que nous sommes asservis (obligés de respecter certaines normes de beauté par exemple) par une logique qui nous fait privilégier l'avoir (l'accumulation des produits) plutôt que l'être (le sens de la consommation et plus généralement celui de notre existence).

▶ Nous sommes parfois pris entre plusieurs envies contradictoires : consommer souvent le moins cher et le plus possible (parfois jusqu'au gaspillage) et en même temps être un citoyen qui entend respecter (à travers ses choix) des normes sociales et environnementales (avec le commerce équitable par exemple).

LES NOTIONS À CONNAÎTRE

■ **Classes sociales**
Regroupement de grande dimension d'individus ayant des conditions matérielles d'existence et un style de vie très proches. On distingue généralement les classes supérieures, moyennes et populaires.

■ **Consommation ostentatoire**
Définie par l'économiste Thorstein Veblen (1857-1929), la consommation ostentatoire correspond à une consommation dont la motivation principale est d'émettre des signes, de faire apparaître le statut social d'un individu ou d'exprimer son appartenance à un groupe.

■ **Effet de distinction**
Recherche d'éléments de vie qui permettent de ne pas agir comme les autres, de se distinguer des autres.

■ **Effet d'imitation**
Propagation dans une société de comportements à partir d'un modèle : par exemple, imitation des types de consommation d'un groupe social par un autre.

■ **Effet de signe**
Les objets consommés sont porteurs de signes et permettent à un individu d'indiquer aux autres sa position sociale, son appartenance à un groupe social spécifique, ou la position sociale qu'il souhaiterait atteindre.

■ **Mode**
Diffusion plus ou moins rapide et durable d'une manière de parler, de s'habiller, etc.

■ **Mode de vie**
Ensemble des manières de vivre d'un groupe humain.

■ **Publicité**
Ensemble des techniques employées par les entreprises afin de promouvoir leurs produits et d'inciter à l'achat.

■ **Société de consommation**
Société dont le mécanisme principal est la consommation des ménages sans cesse stimulée par les nouveautés et la publicité.

SCHÉMA DE SYNTHÈSE

La consommation : un marqueur social ?

Société de consommation
- Généralisation de l'équipement en biens et services.
- Certains biens et services restent très distinctifs.

Pourquoi consomme-t-on ?

La consommation a un rôle social

- **Distinction** des groupes sociaux dominants à travers des pratiques valorisées (dites « légitimes »).
- **Imitation** par d'autres groupes sociaux qui veulent « copier » ou « rattraper » les groupes sociaux dominants.
- **Intégration** par le fait d'appartenir à un groupe.

La consommation est porteuse de symboles

- **Effet de signe** Les objets consommés sont porteurs de symboles et permettent de signifier son appartenance sociale.

Comment consomme-t-on ?

La consommation dépend de facteurs sociodémographiques

- Sexe
- Âge
- Catégorie socioprofessionnelle (CSP)
- Lieu de résidence
- Niveau d'études
- Taille et type de famille

La consommation est-elle sous influence ?

- Le consommateur est influencé dans ses choix par la **mode** et la **publicité**.
- La **société de consommation est critiquée** car elle privilégie l'avoir plutôt que l'être.
- Le consommateur cherche aussi à être en accord avec ses **valeurs** (normes sociales et environnementales).

POUR ALLER PLUS LOIN

Site Internet à consulter

▶ **www.insee.fr**
Vous y trouverez de nombreuses études sur la consommation (rubrique « Conditions de vie – Société »).

▶ **http://socio.ens-lsh.fr**
Le portail de sciences sociales de l'École normale supérieure de Lyon avec des cours, des conférences (vidéos), etc.

▶ **www.homme-moderne.org/societe/socio/bourdieu**
Pour découvrir d'autres textes du sociologue Pierre Bourdieu, et des textes traitant de son travail.

À lire

▶ Jean Baudrillard, **La Société de consommation : ses mythes, ses structures**, éd. Gallimard (coll. Folio Essais), 1996 (1re éd. 1970).

▶ Pierre Bourdieu, **La Distinction : critique sociale du jugement**, éd. de Minuit, 1979.

▶ Nicolas Herpin, Daniel Verger, **Consommation et modes de vie en France. Une approche économique et sociologique sur un demi-siècle**, La Découverte (coll. Grands Repères), 2008.

▶ Thorstein Veblen, **Théorie de la classe de loisir**, Gallimard, 1979 (1re éd. 1899).

À voir

▶ **Les dieux sont tombés sur la tête**, de Jamie Uys, 1980.
Comment une bouteille de *Coca-Cola* lâchée d'un avion sème la zizanie au sein d'une tribu en plein désert du Kalahari et comment un de ses membres, voulant se débarrasser de la bouteille, quitte son village et est alors confronté à une grande ville moderne.

▶ **Le goût des autres**, d'Agnès Jaoui, 1999.
Ce film illustre à sa façon une réflexion de Bourdieu selon laquelle les goûts des uns sont souvent les dégoûts des autres.

EXERCICES

VÉRIFIER SES CONNAISSANCES

1 La consommation : un marqueur social ?

Pour chaque proposition, choisissez la bonne réponse. Justifiez vos choix.

1. Depuis les années 1950-1960, la consommation a :
a. stagné.
b. un peu augmenté.
c. beaucoup augmenté.

2. La consommation est déterminée par :
a. les revenus uniquement.
b. la publicité uniquement.
c. les revenus, mais aussi des facteurs sociaux et démographiques.

3. La consommation est :
a. uniquement matérielle.
b. fonction de la seule psychologie des individus.
c. un signe d'appartenance sociale.

4. La publicité a pour fonction première :
a. d'informer le client.
b. de permettre aux entreprises de réduire leurs coûts de production.
c. d'influencer les choix des consommateurs.

APPROFONDIR SES CONNAISSANCES

2 L'obésité, un phénomène social

a
En France, la proportion d'obèses est passée de 8,5 % en 1997 à 14,5 % à 2006 (soit 600 000 personnes de plus) et de 12 à 18 % chez les enfants. Ces chiffres ne sont toutefois pas comparables avec ceux rencontrés chez nos voisins britanniques (environ 27 % d'obèses) et américains (environ 30 %). En France, la fréquence des obésités sévères a bondi de 1,5 % en 1997 à 3,9 % en 2009. Et la part des personnes en surpoids reste élevée, à 31,9 %, contre 29,8 % en 1997.

Pascale Santi, « Les Français n'arrêtent pas de grossir », *Le Monde*, 11 novembre 2009.

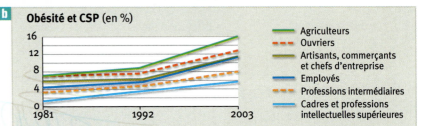

b Obésité et CSP (en %)

Lecture : En 1981, 7 % des agriculteurs étaient d'une corpulence supérieure au seuil de l'obésité défini par l'OMS.
Champ : Individus actifs de 18 à 65 ans, résidant en France métropolitaine.

Source : Enquêtes Santé, Insee Première, février 2007.

a. Comment a évolué la proportion d'obèses dans la population française entre 1997 et 2009 ? Comment se situe-t-elle par rapport à d'autres pays ?

b. Observez les taux d'obésité des cadres et ceux des ouvriers. Qu'en concluez-vous ?

c. Pourquoi peut-on dire que l'obésité est un phénomène social ? Quel lieu pouvez-vous faire avec le doc. 2 p. 32 ?

3 La publicité vue par les Français

Enquête réalisée les 26 et 27 octobre 2005 par le département Stratégies d'opinion de TNS Sofres auprès d'un échantillon national de 1 000 personnes représentatif de l'ensemble de la population.

Question : D'une manière générale, diriez-vous que les films publicitaires vous incitent à acheter les produits qu'ils présentent ou qu'au contraire ils vous poussent à ne pas les acheter, ou encore qu'ils n'ont aucune influence ? Et diriez-vous que les films publicitaires incitent les consommateurs à acheter les produits qu'ils présentent ou qu'au contraire ils poussent les consommateurs à ne pas les acheter, ou encore qu'ils n'ont aucune influence ?

En %	Vous	Les consommateurs
Incitent à acheter	27	73
Poussent à ne pas acheter	10	5
Ni l'un, ni l'autre, ça n'a aucune influence	63	20
Sans opinion	0	2

a. Pour chaque donnée entourée, rédigez une phrase présentant l'information apportée.

b. Comment le consommateur juge-t-il son comportement ? Que pense-t-il de celui des autres ?

4 Le consommateur écartelé entre utilitarisme et citoyenneté

Nous vivons une double schizophrénie : un dédoublement de la personnalité. Tout d'abord, celui du consommateur face au travailleur. [...] Presque plus un vêtement, une paire de chaussures, un téléphone portable, un ordinateur, un jouet ne sont fabriqués en France, voire en Europe. À force de tout vouloir acheter au plus bas prix – pour consommer toujours plus –, on achète à l'étranger et on accélère les délocalisations. Ensuite, évidemment, on s'en émeut. On peut même participer à une manifestation, signer une pétition, « exiger une intervention des pouvoirs publics », lorsque l'usine qui ferme est proche de chez nous, tout en continuant à consommer sans égard au patriotisme économique. [...] Un autre dédoublement de la personnalité oppose nos comportements de consommateur et de citoyen. En quelques années, ces tensions se sont cristallisées sur certains sujets qui s'articulent autour de l'écologie, de la santé publique et du « vivre ensemble ». Certains exemples sont largement médiatisés : le tabac dans les lieux publics, l'usage intempestif du téléphone portable et surtout la voiture. Jadis produit emblématique de la société de consommation, l'automobile est désormais le principal accusé du mal de vivre en ville, de l'émission de CO_2 dans l'atmosphère et des milliers de morts sur la route.

D'après Robert Rochefort, *Le Bon Consommateur et le Mauvais Citoyen*, éd. Odile Jacob, 2007.

a. Quelles sont les contradictions auxquelles le consommateur est confronté ?

b. Êtes-vous prêt à payer plus cher un produit et pourquoi ?

Qui produit des richesses ?

CHAPITRE 3

Les entreprises produisent des richesses...
Usine Perrier à Vergèze.

... ainsi que les administrations publiques...
Cour d'appel de Rennes.

... et les associations.
Collecte de dons dans un supermarché pour les Restos du cœur.

PLAN DU CHAPITRE

1. Tous les biens et services produits sont-ils identiques ? 42
2. Comment différencier les entreprises ? 44
3. À qui appartiennent les entreprises ? 46
4. Quel rôle ont les administrations publiques dans notre vie ? 48
5. Des associations, pour quoi faire ? 50
- Synthèse 52
- Exercices 54

1. Tous les biens et services produits sont-ils identiques ?

DÉCOUVRIR

Doc.1 Toute production est-elle créatrice de richesses ?

Activités	Cette production permet-elle de satisfaire des besoins ?	Cette production est-elle créatrice de richesses ?
a. Fabriquer des voitures	Oui	...
b. Passer l'aspirateur chez soi	Oui	...
c. Assurer l'éclairage des rues de la ville	Oui	...
d. Vendre de la drogue	Oui	...
e. Réparer sa voiture	Oui	...
f. Préparer un gâteau pour le goûter de ses enfants	Oui	...
g. Donner un cours de SES au lycée	Oui	...
h. Faire réparer sa voiture par un garagiste	Oui	...

1. Distinguer. Recopiez le tableau ci-dessus et complétez, à l'aide du Point notion ci-contre, la colonne de droite par oui ou par non.

2. Justifier. Pourquoi préparer un gâteau pour ses enfants n'est pas considéré comme une production créatrice de richesses ?

3. Illustrer. Dans quel cas le travail d'un plombier réparant une fuite d'eau n'est-il pas considéré comme une production créatrice de richesses ?

4. Illustrer. Qui peut créer des richesses en passant l'aspirateur ?

> **POINT NOTION**
>
> **Qu'est-ce qu'une production créatrice de richesses ?**
>
> La **production** est une création de biens et de services destinés à satisfaire des besoins individuels ou collectifs. Pour être considérée comme **créatrice de richesses**, une production doit être le fruit d'un travail rémunéré et déclaré. Ce n'est pas le cas de la production domestique (passer l'aspirateur chez soi...) et de la production souterraine (travail au noir ou illégal).

Doc.2 La production : une création de biens et de services

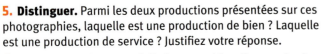

> **POINT NOTION**
>
> **Les biens et les services**
>
> Un **bien** est concret, matériel. Il est le résultat de la transformation de matières premières ou de la transformation de biens déjà existants.
>
> Un **service** est dit immatériel dans la mesure où il n'y a pas transformation de matière. On ne peut voir un service, on ne peut voir que son résultat.

5. Distinguer. Parmi les deux productions présentées sur ces photographies, laquelle est une production de bien ? Laquelle est une production de service ? Justifiez votre réponse.

6. Comparer. Qu'est-ce qui distingue un bien d'un service ?

7. Illustrer. Les produits suivants sont-ils des biens ou des services ? *Une coupe de cheveux – un jean – un magazine – un concert – un trajet en train – un ordinateur – un cours de SES – un manuel scolaire.*

Doc. 3 — Production marchande et non marchande

La plupart des biens et une partie des services peuvent se vendre, c'est-à-dire être échangés sur un marché contre un prix : ce sont des biens ou services marchands. Les autres sont fournis gratuitement, ou semi-gratuitement quand leur prix est inférieur à la moitié du coût de leur production : ce sont des services non marchands. C'est ainsi qu'une consultation médicale, un envoi par la poste ou un appel téléphonique sont des services marchands parce qu'ils sont fournis en échange d'un prix couvrant leurs coûts de fabrication. Par contre, un cours dans un lycée, les services rendus par la justice ou la police sont des services non marchands : aucun prix n'est facturé au bénéficiaire. Le coût de ces productions est en fait financé indirectement par des impôts ou des subventions.

Par convention, tous les biens sont considérés comme marchands. En revanche, certains services sont toujours marchands telle la publicité, d'autres ne le sont jamais telles la police et la justice, enfin des services sont parfois marchands, parfois non marchands comme les services médicaux.

D'après Bernard Brunhes, *Présentation de la comptabilité nationale française*, D.R.

8. Définir. Qu'est-ce qui distingue une production marchande d'une production non marchande ?

9. Illustrer. Les productions suivantes sont-elles des productions marchandes ou non marchandes ? Attention, certaines productions peuvent être à la fois marchandes et non marchandes. *Une baguette de pain – un transport en autobus – un acte de naissance – un ordinateur portable – un cours de SES dans un lycée – l'extinction d'un incendie par les pompiers – un nettoyage au pressing.*

10. Expliquer. Une production non marchande est-elle réellement proposée « gratuitement » ?

Doc. 4 — À quoi servent les biens et services créés ?

11. Illustrer. Donnez trois exemples de biens et de services de consommation.

12. Illustrer. Donnez trois exemples de biens et de services de production.

13. Expliquer. Pourquoi peut-on dire que les biens de production permettent de satisfaire « indirectement » les besoins des consommateurs ?

Doc. 5 — Des biens durables ou non durables

Les cendres du nuage volcanique islandais perturbent le trafic aérien européen...
« Une journée noire ! » : touchés de plein fouet par la paralysie du transport aérien en Europe, les horticulteurs du Kenya ont dû se résoudre lundi à détruire des centaines de milliers de fleurs, destinées à l'exportation et dont les stocks s'accumulent à perte.

Dépêche de l'AFP, 19 avril 2010.

Le blocage [aérien] pèse aussi sur les importations de matières premières (pièces de laiton, de cuivre, semi-conducteurs, etc.) dont beaucoup viennent d'Asie.

Libération, 20 avril 2010. www.liberation.fr

14. Distinguer. Relevez dans les deux textes les biens qu'on peut qualifier de « durables » et ceux qu'on peut qualifier de « non durables ».

15. Expliquer. Les conséquences de l'arrêt du transport aérien sont-elles les mêmes pour les producteurs de roses et ceux de matières premières ? Si non, pourquoi ?

BILAN

EXERCICE D'AUTO-ÉVALUATION → corrigés pp. 178-179.

Complétez les phrases ci-dessous avec les mots suivants :
bien – marchand – durable – consommation – non durable – domestique – non marchand – service – production.

1. La production .... d'un bricoleur occasionnel ne crée pas de richesses.
2. Un téléphone est un .... alors qu'un abonnement téléphonique est un ....
3. Un coiffeur produit un service .... Un policier produit un service ....
4. Une voiture achetée par une famille est un bien de .... Une voiture achetée par un chauffeur de taxi est un bien de ....
5. Un réfrigérateur est un bien .... Une baguette de pain est un bien ....

FAIRE LE POINT

Après avoir rappelé dans quel cas une production est créatrice de richesses, vous présenterez les différents types de biens et de services créés.

Chapitre 3. Qui produit des richesses ?

2 Comment différencier les entreprises ?

DÉCOUVRIR

Doc.1 La diversité des entreprises

L'Oréal
- Groupe spécialisé dans les produits cosmétiques
- Société anonyme, 64 600 salariés
- 23 marques mondiales
- CA en 2009 : 17,5 milliards d'euros

Chez Jeff
- Salon de coiffure
- 1 seul propriétaire, 2 salariés
- CA en 2009 : 160 000 euros

1. Décrire. Quels sont les points communs entre ces deux entreprises ? Quelles sont les différences ?

2. Définir. À partir de votre réponse à la question 1, rédigez une définition de l'entreprise, en précisant son rôle et son objectif.

> **POINT NOTION**
>
> **Qu'est-ce qu'une entreprise ?**
>
> Une **entreprise** est une unité productive qui produit des biens et/ou des services dans le but de les vendre sur un marché et d'en retirer des profits.

Doc.2 Les entreprises françaises diffèrent par leur taille

Nombre de salariés	Nombre d'entreprises en 2010
0 salarié	2 238 522
1 à 9 salariés	987 093
10 à 49 salariés	163 900
50 à 249 salariés	27 093
250 à 1 999 salariés	5 154
2 000 salariés ou plus	480
Total	**3 422 242**

Champ : Activités marchandes hors agriculture.
Source : Insee, REE (Répertoire des entreprises et des établissements), 2011.

3. Lire. Rédigez une phrase présentant l'information apportée par la donnée entourée en rouge.

4. Calculer. Combien y a-t-il de PME (petites et moyennes entreprises) en France en 2010 ?

5. Calculer. Calculez la répartition en pourcentage des entreprises françaises en fonction de leur taille.
→ Voir Flash Méthode 1 p. 158.

6. Rédiger. À l'aide de votre réponse à la question précédente, rédigez un court texte présentant le panorama des entreprises françaises en 2010.

> **POINT NOTION**
>
> **Comment mesure-t-on la taille d'une entreprise ?**
>
> La **taille d'une entreprise** se mesure le plus souvent par le nombre de salariés :
> - 0 salarié : micro-entreprise.
> - De 1 à 9 salariés : très petite entreprise.
> - De 10 à 49 salariés : petite entreprise.
> - De 50 à 249 salariés : moyenne entreprise.
> - Plus de 250 salariés : grande entreprise.

Doc. 3 — Les entreprises en France selon le secteur d'activité

Nature de l'activité	Nombre d'entreprises en 2010
Activités agricoles	490 900
Activités industrielles	706 542
Activités tertiaires	**2 715 700**
Total	3 913 142

Source : D'après l'Insee, REE (Répertoire des entreprises et des établissements), 2011.

7. Lire. Rédigez une phrase présentant la donnée entourée en rouge.

8. Calculer. Calculez la répartition en pourcentage des entreprises françaises en fonction de la nature principale de leur activité en 2010.
→ Voir Flash Méthode 1 p. 158.

9. Définir. Qu'appelle-t-on « activités tertiaires » ?

Doc. 4 — Les entreprises en France selon leur statut juridique

Au niveau juridique, les **entreprises privées** sont essentiellement des entreprises individuelles ou des sociétés.

- Une **entreprise individuelle** a un propriétaire unique. Celui-ci est le seul décisionnaire, en cas de faillite, il est responsable des dettes de son entreprise : « **sa responsabilité est illimitée** ». Cette caractéristique explique la création d'un nouveau statut d'entrepreneur individuel : celui de l'auto-entrepreneur (voir p. 46).
- Une **société** appartient à plusieurs personnes. Les formes de société les plus courantes sont les SA (sociétés anonymes) et les SARL (sociétés à responsabilité limitée). « **Leur responsabilité est limitée à leurs apports** ». En cas de faillite, leurs biens personnels ne sont donc pas menacés.

Les différences essentielles entre les sociétés sont liées :
– au nombre d'associés (2 à 7 pour les SARL et au moins 7 pour les SA) ;
– à la dénomination du capital possédé par l'apporteur de capitaux. Les associés d'une SARL possèdent des **parts** de l'entreprise. Le capital d'une SA, quant à lui, est divisé en **actions**. Les détenteurs de ce capital s'appellent donc des actionnaires ;
– à la détention du pouvoir dans l'entreprise. Il est détenu par **le gérant** (associé ou salarié) dans une SARL et **le P-DG** dans une SA classique. Ce dernier est élu par le conseil d'administration lui-même élu par les actionnaires.

I. Drahy-Ranzieri, © Nathan, 2010.

Les **entreprises publiques** du secteur marchand sont des entreprises contrôlées par l'État qui peut détenir tout ou partie du capital social.
– Elles peuvent être des **sociétés anonymes**.
– L'État exerce une **tutelle** plus ou moins forte sur leur gestion.
– Une entreprise publique peut être **créée** entreprise d'État, **nationalisée** ou **privatisée**.

I. Drahy-Ranzieri, © Nathan, 2010.

POINT NOTION — Nationalisation et privatisation

Une **nationalisation** est un transfert de la propriété d'une entreprise privée à l'État, avec ou sans compensation financière. Ce fut le cas de EDF-GDF, entreprise nationalisée en 1946.

Une **privatisation** est la vente par l'État d'une entreprise publique. Le vendeur est donc l'État et les acheteurs, des personnes privées. C'est ainsi que la Société générale est (re)devenue propriété privée en 1987.

10. Décrire. À l'aide du document 4, recopiez et complétez le tableau ci-dessous.

Statut juridique	Nombre de propriétaire(s)	Nature de la responsabilité	Le pouvoir appartient à…
Entreprise individuelle			
SARL			
SA			
Entreprise publique			

BILAN

EXERCICE D'AUTO-ÉVALUATION → corrigés pp. 178-179.

Les affirmations suivantes sont-elles vraies ou fausses ? Justifiez vos réponses.

1. Les entreprises françaises sont essentiellement des grandes entreprises. — V / F
2. Il y a environ 39 millions d'entreprises en France. — V / F
3. Environ 70 % des entreprises françaises sont des entreprises du secteur tertiaire. — V / F
4. La responsabilité d'un entrepreneur individuel est limitée aux sommes apportées. — V / F
5. Les détenteurs de capitaux d'une société anonyme s'appellent des actionnaires. — V / F

FAIRE LE POINT

Après avoir montré que toutes les entreprises ont un rôle et un objectif communs, vous présenterez leurs principales différences.

Chapitre 3. Qui produit des richesses ?

3 À qui appartiennent les entreprises ?

DÉCOUVRIR

Doc.1 Une matinée bien chargée...

Sophie est très pressée ce matin. Trois heures pour tout faire avant de regagner son poste de travail à 13 heures.
Elle doit accompagner à la gare SNCF son fils Théo qui doit prendre le train de 8 h 45 pour disputer une compétition de basket. Puis déposer Fanny à son cours de danse. Pas question d'être en retard, sa fille adore le cours de danse de Mme Petitpas qui a créé et dirige « Petits rats et petites souris ». Penser ensuite au repas de ce soir et acheter les excellents fromages de la coopérative laitière « Lait and Co », entreprise appartenant à ses salariés. Téléphoner à Christophe, son conjoint, pour savoir si la banque CreditPlus a accordé le prêt nécessaire pour rénover la salle de bains. M. Berck, de l'entreprise Berck SA, attend le feu vert pour démarrer les travaux.
Le tout avant midi...

I. Drahy-Ranzieri, © Nathan, 2010.

1. Lire. Retrouvez les cinq entreprises citées dans le texte.

2. Distinguer. Recopiez et complétez le tableau ci-dessous.

Nom des entreprises	À qui appartiennent-elles ?
–	–
–	–
–	–
–	–
–	–

Doc.2 Le succès du statut d'auto-entrepreneur

La crise encourage l'esprit d'entreprise. Les Français ont créé l'an dernier 580 193 entreprises contre 327 000 en 2008. Ce chiffre record s'explique par le succès du statut d'auto-entrepreneur mis en place [...] le 1er janvier 2009. 320 000 personnes ont choisi cette formule très souple pour compléter leur revenu ou créer leur emploi.

Yann Le Galès, « La création d'entreprises atteint un record », *Le Figaro*, 18 janvier 2010.

Ce dispositif est révolutionnaire par sa simplicité. Les étudiants, les salariés, les retraités, les jeunes peuvent désormais se lancer dans l'aventure entrepreneuriale grâce à une simple déclaration d'activité. Les formalités et les coûts liés à la création d'entreprise sont réduits à l'extrême. La relation avec l'administration est considérablement facilitée. Les charges sociales et fiscales sont calculées en fonction du chiffre d'affaires[1] réalisé. [...] Pour bénéficier du régime de l'auto-entrepreneur, une condition préalable doit être satisfaite : ne pas dépasser un chiffre d'affaires annuel de 80 300 euros pour les activités de vente de marchandises et de 32 100 euros pour les activités de prestations de services.

Hervé Novelli, secrétaire d'État chargé du Commerce, de l'Artisanat, des PME, du Tourisme et des Services, mars 2009.

1. Le chiffre d'affaires correspond à la valeur de la production vendue.

3. Calculer. Quel est le taux de croissance des entreprises créées entre 2008 et 2009 ? → Voir Flash Méthode 2 p. 159.

4. Calculer. Quelle est en 2009 la part des entreprises créées par des auto-entrepreneurs ? Qu'en concluez-vous ?

5. Expliquer. Quelle est, selon vous, la raison essentielle qui pousse aujourd'hui les auto-entrepreneurs à créer leur entreprise ?

POINT NOTION

Le statut d'auto-entrepreneur

Il permet à toute personne qui désire créer une entreprise individuelle de bénéficier d'un certain nombre d'avantages. Deux d'entre eux sont très attractifs :

• les modalités administratives sont très simples : création de l'entreprise en ligne ;

• le statut juridique est très protecteur : la responsabilité est limitée aux apports et ne met plus en péril les biens personnels du créateur si son entreprise a des problèmes financiers.

Doc.3 Les SCOP, sociétés coopératives et participatives

Les sociétés coopératives [et participatives] […], sociétés dans lesquelles les salariés détiennent au moins la moitié du capital et dans lesquelles ils participent aux décisions du conseil d'administration avec chacun une voix, quelles que soient leur position dans l'entreprise et l'importance de leur participation financière, n'étaient pas dans l'air du temps des années « fric ». Mais la crise met en lumière les vertus de ce statut. […]

Les SCOP obtiennent des résultats économiques supérieurs à la moyenne des entreprises. Et elles auraient moins souffert de la crise. Des performances qui se mesuraient déjà avant le ralentissement : dans l'industrie, ces sociétés ont ainsi accru leurs effectifs de 11 % entre 1997 et 2007, quand l'ensemble des entreprises du secteur perdait plus de 10 % de ses emplois. De même, leur chiffre d'affaires a augmenté de près de 68 % sur la même période, 11 points de plus que la moyenne nationale du secteur.

D'après Annie Kahn, « La crise met en lumière les vertus des coopératives », *Le Monde*, 2 février 2010.

POINT NOTION — Qu'est-ce qu'une coopérative ?

Les **coopératives** sont des groupements de personnes poursuivant des buts économiques, sociaux ou éducatifs communs. Elles sont gérées par leurs propres membres, à leurs risques et sur la base de l'égalité des droits et obligations entre chaque sociétaire. Elles reposent sur un principe de solidarité.

6. Décrire. Présentez les particularités des SCOP.

7. Expliquer. Pourquoi la crise a-t-elle donné un regain d'intérêt aux SCOP ?

8. Justifier. Quelles informations illustrent « les résultats économiques supérieurs à la moyenne » des SCOP ?

Doc.4 Les entreprises publiques

	Nombre d'entreprises contrôlées par l'État	Effectif salarié des entreprises publiques (en milliers)
1985	3 275	2 354
1990	2 779	1 748
1995	2 636	1 446
2000	1 594	1 124
2010	1 217	(792)

Source : Insee.

POINT NOTION — Qu'est-ce qu'une entreprise publique ?

Une **entreprise publique** est une entreprise qui appartient majoritairement ou totalement à l'État. Comme toute entreprise, son rôle est la production de biens et de services marchands. Faire du profit est également indispensable pour assurer son développement. Le nombre d'entreprises publiques en France a varié au rythme des nationalisations et des privatisations.

9. Lire. Rédigez une phrase pour présenter l'information apportée par la donnée entourée en rouge.

10. Calculer. Quel est le taux de croissance du nombre d'entreprises publiques entre 1985 et 2010 ? Rédigez une phrase pour présenter le résultat.
→ Voir Flash Méthode 2 p. 159.

11. Expliquer. En vous aidant des Point notion ci-dessus et p. 45, expliquez l'évolution du nombre d'entreprises publiques entre 1985 et 2010.

BILAN

EXERCICE D'AUTO-ÉVALUATION → corrigés pp. 178-179.

Remplissez la grille suivante à l'aide des définitions ci-dessous.

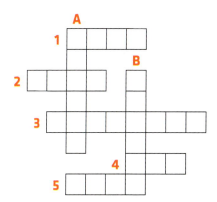

Horizontalement
1. Appartient en majorité à ses salariés.
2. C'est le propriétaire principal des entreprises publiques.
3. Entreprise appartenant majoritairement à l'État.
4. Entreprise publique qui nous fournit l'électricité.
5. Celui de toutes les entreprises est de produire.

Verticalement
A. Celui de l'auto-entrepreneur est nouveau.
B. Entreprise qui n'appartient pas à l'État.

FAIRE LE POINT

Après avoir présenté les différents propriétaires possibles des entreprises, vous montrerez que leur production présente des points communs.

4 Quel rôle ont les administrations publiques dans notre vie ?

DÉCOUVRIR

Doc.1 Qui fait quoi ?

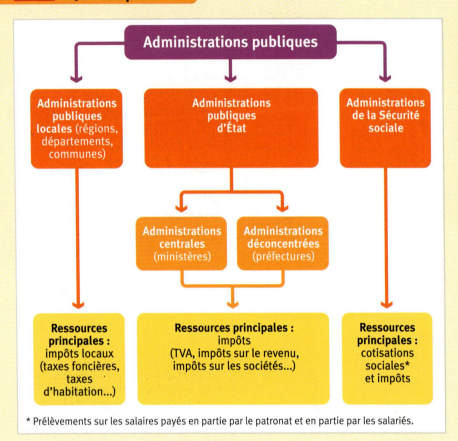

1. **Illustrer.** Pour illustrer le rôle des différentes administrations publiques dans notre vie, associez chaque proposition à un type d'administrations publiques présentées dans le schéma ci-contre (pour vous aider, faites des recherches sur Internet).
   – Rembourse les frais médicaux.
   – Fait construire les lycées.
   – Délivre les cartes d'identité.
   – Gère la police.
   – Fait construire les collèges.
   – Verse les allocations familiales.
   – Délivre les cartes de séjour.
   – S'occupe de la justice.
   – Paie les retraites.
   – Fait construire les écoles primaires.
   – Prend les décisions concernant l'éducation.

2. **Définir.** Quel est le type de richesses créées par les administrations publiques ?

* Prélèvements sur les salaires payés en partie par le patronat et en partie par les salariés.

Doc.2 Pourquoi des administrations publiques ?

Certains services que nous consommons quotidiennement sont produits par des administrations publiques. C'est le cas de l'enseignement public, de la protection des citoyens, de la mise en place de certaines infrastructures.

Ces services ne peuvent pas être fournis par des entreprises parce qu'ils ne sont pas rentables. L'objectif des entreprises étant de faire du profit, ces dernières ne produisent pas de services non marchands. Ces derniers ne peuvent être produits que par des unités de production qui financent leur production par les impôts et les cotisations sociales, c'est-à-dire par les administrations publiques.

Les administrations publiques ont donc pour fonction première de réaliser la production de services qui n'auraient pas été proposés par des entreprises, mais ce n'est pas tout. Elles ont aussi pour fonction de réduire les inégalités en permettant aux plus démunis, par un système de redistribution des revenus (allocations chômage, RSA, aide au logement, bourses), de disposer d'un niveau de vie jugé décent.

I. Drahy-Ranzieri, © Nathan, 2010.

> **POINT NOTION**
>
> **Les administrations publiques, 1er employeur en France**
>
> Avec 5,4 millions d'emplois (sur un total de 26 millions) en 2009, les **administrations publiques** sont le premier employeur de France.
>
> La **fonction publique** regroupe les salariés des administrations publiques. À ne pas confondre avec le **secteur public** qui regroupe les salariés de la fonction publique et ceux des entreprises publiques.

3. **Distinguer.** Qu'est-ce qu'une administration publique ? Qu'est-ce qui la différencie d'une entreprise publique ou privée ?

4. **Décrire.** Présentez les deux fonctions essentielles des administrations publiques.

5. **Expliquer.** Comment les administrations publiques peuvent-elles réduire les inégalités de revenus ?

Doc.3 Des exemples d'action des administrations publiques

A L'éducation

En 2010, la dépense annuelle moyenne par élève ou étudiant, tous niveaux confondus, est de 8 150 euros. Mais elle varie fortement suivant le niveau d'enseignement.

En euros	Pré-élémentaire	Premier degré	Second degré	Enseignement supérieur
Dépense annuelle moyenne par élève ou étudiant	5 530	5 730	9 670	11 430

Trois quarts des dépenses sont des dépenses de personnels (et pour la moitié, des dépenses de personnels enseignants). D'autres facteurs interviennent aussi, tels les besoins en matériel nécessaire à la formation ou l'importance relative des investissements réalisés.

Source : ministère de l'Éducation nationale, Repères et références statistiques, 2012.

B Des interventions sociales

Répartition des prestations sociales en 2010	En %
Maladie	27,52
Invalidité et accidents du travail	6,81
Vieillesse-survie	44,88
Famille	8,94
Emploi	6,86
Logement	2,61
Pauvreté, exclusion sociale	2,38
Total des prestations sociales	100
Total des prestations sociales en milliards d'euros	620,8

Source : Insee ; Direction de la recherche, des études, de l'évaluation et des statistiques (Drees).

6. Calculer. Quel serait le coût annuel pour une famille de l'éducation de deux enfants dont l'un est dans le second degré et l'autre dans l'enseignement supérieur ?

7. Déduire. Pourquoi peut-on dire que le rôle de l'État est essentiel dans l'accès à l'école ?

8. Expliquer. Quelles sont les différentes dépenses auxquelles doit faire face le ministère de l'Éducation nationale ?

9. Illustrer. Associez chaque ligne du tableau à un exemple de prestation sociale que vous connaissez.

Doc.4 Les domaines d'intervention de l'État

Les 5 principaux postes de dépense du budget général

2012		En milliards d'euros
Total		376,15
Dont	Enseignement scolaire	62,21
	Remboursement annuel de la dette de l'État	49,92
	Défense	38,00
	Recherche et enseignement supérieur	25,41
	Sécurité	17,05

Source : D'après le ministère de l'Économie et des Finances, 2012.

POINT NOTION

Qu'est-ce que le budget général de l'État ?

Le **budget général** de l'État est un document qui présente le montant des dépenses et des recettes de l'État. Lorsque les dépenses sont supérieures aux recettes, l'État doit emprunter pour pouvoir financer toutes ses dépenses, et doit alors payer des intérêts à ses prêteurs.

10. Calculer. Calculer la part en pourcentage de chaque dépense présentée par rapport au total des dépenses.
→ Voir Flash Méthode 1 p. 158.

11. Expliquer. Comment expliquer que le principal poste de dépense soit consacrée à l'enseignement scolaire ?

12. Expliquer. Pourquoi l'État est-il endetté ?

BILAN

EXERCICE D'AUTO-ÉVALUATION → corrigés pp. 178-179.

Complétez le texte ci-dessous à l'aide des termes suivants :
dépenses – patron – sécurité – impôts – fonction publique – justice – éducation – 5, 4 millions – cotisations sociales – nombreuses – prestations sociales.

> Les interventions des administrations publiques sont ... dans la vie économique et sociale. Elles ont, entre autres, la charge de la ... des citoyens, de l' ... et de la ... . Elles allouent également de nombreuses ... . Elles peuvent être considérées comme un ... important dans la mesure où elles emploient ... de salariés dans la ... . Elles financent leurs ... grâce aux prélèvements obligatoires constitués des ... et des ... .

FAIRE LE POINT

Après avoir rappelé les différents types d'administrations publiques, vous expliquerez en quoi elles se distinguent des entreprises publiques.

5 Des associations, pour quoi faire ?

DÉCOUVRIR

Doc.1 Les associations en France

Nombre d'associations en France	2007
Associations sans salariés	928 000
Associations employant des salariés	172 000
Total	1 100 000

Source : Ministère de la Santé, de la Jeunesse et des Sports, Stat-info, novembre 2007.

Les activités des associations

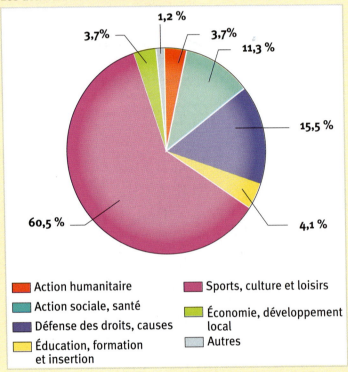

- Action humanitaire
- Action sociale, santé
- Défense des droits, causes
- Éducation, formation et insertion
- Sports, culture et loisirs
- Économie, développement local
- Autres

Source : Ministère de la Santé, de la Jeunesse et des Sports, Stat-info, novembre 2007.

1. Calculer. Quelle est la part en pourcentage des associations employant des salariés ?
→ Voir Flash Méthode 1 p. 158.

2. Définir. Comment appelle-t-on les personnes non salariées participant à l'activité des associations ?

POINT NOTION

Qu'est-ce qu'une association ?

La loi de 1901 définit une **association** comme étant « une convention par laquelle deux ou plusieurs personnes mettent en commun de façon permanente leurs connaissances ou leurs activités dans un but autre que de partager des bénéfices ». Elle n'a donc **aucun but lucratif**. Une association peut générer des bénéfices, mais ces derniers sont utilisés dans le cadre de ses activités. Les associations peuvent être **culturelles et sportives**, **caritatives ou humanitaires**, ou relever de la **défense d'une cause** (profession, santé, liberté d'expression, environnement, cause animale...).

3. Distinguer. Qu'est-ce qui différencie les associations des entreprises ?

4. Lire. Quels sont les trois types d'activités qui mobilisent le plus les associations ?

5. Illustrer. Citez, pour chacun de ces trois types d'activités, deux noms d'associations que vous connaissez. Faites une recherche sur Internet, si besoin.

Doc.2 Le financement des associations

Ressources des associations (en 2007)	En milliards d'euros
Cotisations	7,13
Dons et mécénat	2,97
Recettes d'activité publiques ou privées	29,11
Subventions publiques	20,20
Total en milliards d'euros	(59,41)

Source : *Le Paysage associatif français*, ministère de la Santé de la Jeunesse et des Sports, Stat-info, novembre 2007.

6. Lire. Rédigez une phrase présentant l'information apportée par la donnée entourée en rouge.

7. Définir. Qu'appelle-t-on « mécénat » ?

8. Calculer. Calculez la répartition en pourcentage des ressources des associations.

9. Lire. Rédigez une phrase pour présenter la part des subventions publiques dans le total des ressources des associations.

10. Illustrer. En utilisant l'exemple des Restos du cœur, donnez un exemple de recette d'activités privées.

Doc. 3 — La mission nationale d'une association

Créée en 1958 par des malades et parents de malades, reconnue d'utilité publique en 1976, l'AFM – Association française contre les myopathies – vise un objectif clair : vaincre les maladies neuromusculaires, des maladies qui tuent muscle après muscle.

L'AFM s'est fixé deux missions : guérir les maladies neuromusculaires et réduire le handicap qu'elles provoquent. Au-delà des maladies rares, les résultats obtenus par ces chercheurs et médecins engagés aux côtés de l'AFM pourront servir au plus grand nombre en bénéficiant à d'autres maladies plus fréquentes. Parallèlement, l'AFM continue à aider les familles dans leur vie quotidienne et œuvre pour que les malades soient reconnus comme des citoyens à part entière.

Pour remplir ces missions, l'AFM organise, depuis 1987, chaque premier week-end du mois de décembre, le Téléthon, opération de collecte de fonds et de sensibilisation du grand public.

D'après le site de l'AFM, 13 janvier 2010.
www.afm-france.org

11. Lire. Quelles sont les deux missions que s'est fixée l'AFM ?

12. Décrire. Donnez des exemples d'actions menées par l'AFM grâce aux fonds collectés.

Doc. 4 — La mission internationale d'une association

Action contre la faim (ACF) se mobilise en urgence suite au séisme dévastateur qui a frappé Port-au-Prince hier. ACF est présente en Haïti depuis 1985 et compte actuellement une centaine de salariés dans le pays, dont une trentaine de personnes à Port-au-Prince. L'équipe d'urgence d'ACF ainsi qu'un premier envoi de matériel partent aujourd'hui de Paris pour venir renforcer les équipes sur place. [...]

Après avoir, dès 1985, mené des actions d'urgence dans les domaines de la santé et de la nutrition, Action contre la faim a mis en place des programmes dans les secteurs social et médical. Depuis 2001, Action contre la faim met l'accent sur l'approvisionnement en eau potable, avec ses programmes de sécurité alimentaire et d'eau, hygiène et d'assainissement. Depuis trois ans, les équipes d'Action contre la faim sont intervenues en urgence ou dans une optique de développement.

www.actioncontrelafaim.org

13. Caractériser. Dans quel type d'activités se range le combat d'Action contre la faim ?

14. Distinguer. Quelles sont les deux formes d'intervention d'Action contre la faim en Haïti ? En quoi sont-elles différentes ?

15. Expliquer. Pourquoi peut-on dire que l'intervention d'Action contre la faim en Haïti peut permettre le développement du pays ?

BILAN

EXERCICE D'AUTO-ÉVALUATION → corrigés pp. 178-179.

Les affirmations suivantes sont-elles vraies ou fausses ? Justifiez vos réponses.

1. Les associations n'emploient pas de salariés. V F
2. La plus grande partie des associations françaises sont des associations caritatives ou humanitaires. V F
3. Les associations interviennent dans des domaines très différents. V F
4. Les associations n'interviennent que sur le territoire national. V F
5. L'essentiel des ressources des associations provient de dons. V F

FAIRE LE POINT

Après avoir rappelé ce qui distingue les associations des entreprises, vous expliquerez pourquoi elles ont un rôle important dans la société.

SYNTHÈSE : Qui produit des richesses ?

L'ESSENTIEL

A. La production de richesses

▶ La **production** est la création de **biens** et de **services** destinés à satisfaire des besoins individuels ou collectifs. Cependant, pour qu'une production soit considérée comme créatrice de richesses, elle doit être le résultat d'un travail rémunéré et déclaré.

▶ De ce fait, sont exclus de la sphère économique des productions qui ne peuvent être comptabilisées. C'est le cas de la production domestique (ménage, cuisine, jardinage, bricolage…), des productions illégales (trafic de stupéfiants…) et des productions légales mais non déclarées (travail « au noir »).

B. Les richesses créées

▶ Les richesses créées se différencient par le moyen de les obtenir. Un bien ou un service est dit marchand lorsqu'il ne peut être obtenu qu'après paiement. Il est dit non marchand s'il est obtenu de façon gratuite ou quasi gratuite.

▶ Les richesses créées se différencient également par l'utilisation qui en est faite. Les biens de consommation sont destinés à une consommation immédiate. Les biens de production sont utilisés pour produire d'autres biens.

▶ Enfin, les richesses créées se distinguent par leur durabilité. Les biens non durables (ou périssables) ne peuvent être utilisés qu'une seule fois ou sur une période très courte. Les biens durables peuvent être utilisés plusieurs fois voire sur des périodes très longues par des consommateurs ou des producteurs.

C. Les organisations productives

▶ La production s'effectue au sein d'unités de production dont le rôle et les objectifs sont différents.

▶ Les **entreprises** ont pour vocation la **production marchande** de biens et services. Leur objectif est le profit. Elles sont cependant très différentes au regard de leur taille, leur activité, leur statut juridique. La propriété du capital de l'entreprise permet de distinguer les entreprises privées des **entreprises publiques**.

▶ Les **administrations publiques** se distinguent des entreprises dans la mesure où elles produisent des services non marchands **(production non marchande)**. Très présentes dans la vie des citoyens, elles leur permettent d'avoir accès à des services onéreux dans le privé (éducation, sécurité…) ; elles les protègent de certains risques de l'existence (santé, chômage…) par le biais des prestations sociales. Elles contribuent également à réduire les inégalités par la redistribution des revenus.

▶ Les **associations**, très nombreuses en France, n'ont aucun but lucratif. Leur rôle est de promouvoir des activités culturelles ou sportives, de défendre une cause, d'aider les plus démunis au niveau national ou international.

LES NOTIONS À CONNAÎTRE

■ **Administrations publiques**
Unités de production dont le rôle est de mettre à la disposition de la population des services non marchands et d'effectuer des opérations de redistribution des revenus.

■ **Associations**
Unités de production dont l'objectif n'est pas le profit. Leurs activités sont diverses. Certaines ne sont présentes que sur le territoire national, d'autres étendent leurs activités à l'échelle internationale.

■ **Biens**
Créations concrètes et matérielles du travail humain. Ils sont durables s'ils peuvent être utilisés plusieurs fois et non durables (ou périssables) s'ils sont détruits après leur première utilisation ou si leur durée de vie est très courte.

■ **Entreprises**
Unités de production donc le rôle est de créer une production marchande et dont l'objectif est le profit.

■ **Entreprises publiques**
Entreprises appartenant majoritairement ou en totalité à l'État.

■ **Production**
Création de biens et de services destinés à satisfaire des besoins individuels ou collectifs.

■ **Production marchande**
Production de biens et de services destinés à être vendus sur le marché afin de faire du profit.

■ **Production non marchande**
Production fournie à titre gratuit ou quasi gratuit.

■ **Services**
Créations immatérielles du travail humain sans transformation de matière, à l'inverse de la production de biens.

SCHÉMA DE SYNTHÈSE

Qui produit des richesses ?

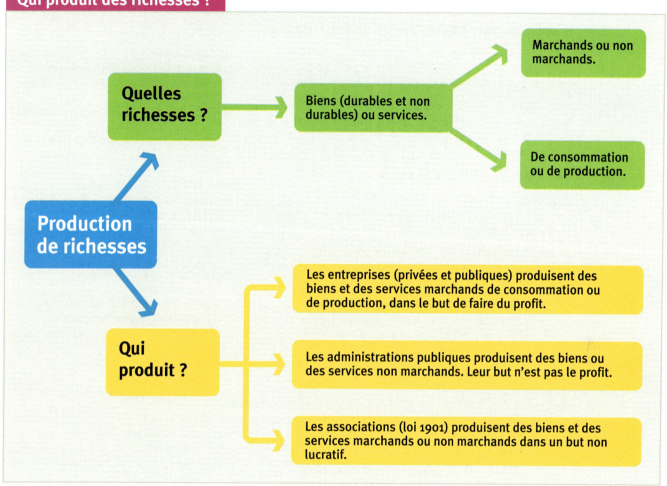

POUR ALLER PLUS LOIN

 ### Sites internet à consulter

▶ **www.insee.fr**
Pour avoir accès aux données détaillées sur les entreprises françaises.

▶ **www.lautoentrepreneur.fr**
Pour connaître les caractéristiques de ce statut et visualiser le mode de création en ligne.

▶ **www.scop.coop**
Pour s'informer sur la création, le fonctionnement des SCOP.

▶ **www.service-public.fr**
Pour avoir accès à de nombreuses informations administratives et obtenir des documents administratifs en ligne.

▶ **www.associations.gouv.fr**
Pour s'informer sur la création, le fonctionnement et les principales associations.

À lire

▶ Amélie Nothomb, **Stupeurs et tremblements**, éd. Denoël, 1999.
Une jeune diplômée européenne est confrontée au fonctionnement d'une grande entreprise japonaise. Elle passe du poste de traductrice à celui de... responsable des toilettes.

▶ Émile Zola, **Au bonheur des dames**, 1883.
L'histoire de la naissance « des grands magasins ». De la petite boutique spécialisée en faillite au vaste magasin luxueux, de quoi faire le bonheur des dames !

À voir

▶ **Hiver 54, l'Abbé Pierre**, de Denis Amar, 1989.
Ce film retrace le combat de l'Abbé Pierre, lors de l'hiver rigoureux de 1954, pour des milliers de personnes vivant dans des bidonvilles. Un combat à l'origine d'une grande association : « Les Compagnons d'Emmaüs ».

▶ **Les LIP, l'imagination au pouvoir**, de Christian Rouaud, 2007.
L'histoire des ouvriers de LIP, entreprise horlogère réputée de Besançon, qui se battent dans les années 1970 pour la survie de leur entreprise en dépôt de bilan. Leur solution : la mise en place d'une nouvelle forme d'unité de production, la coopérative.

EXERCICES

VÉRIFIER SES CONNAISSANCES

1 Remplissez la grille suivante à l'aide des définitions ci-dessous.

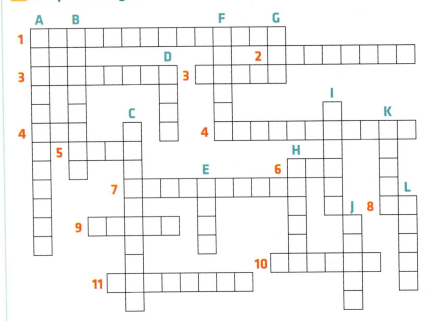

Horizontalement
1. Produit des services non marchands.
2. Toutes les unités de production n'ont pas le même.
3. Peuvent être marchands ou non marchands. – Ils sont durables ou non durables.
4. Abréviation de « industries agricoles et alimentaires » – La France en compte environ 3 millions.
5. Ce dit d'un travail non déclaré.
6. Celui que distribue cette entreprise n'est pas à effet de serre.
7. Production non rémunérée et quotidienne.
8. Appartient à des actionnaires.
9. Vous y êtes grâce à votre région.
10. Définit la situation juridique d'une entreprise.
11. Droit fondamental défendu par l'association les Don Quichotte.

Verticalement
A. On en compte 1 100 000 en France.
B. Nécessite de mettre la main à la poche.
C. N'est pas toujours créatrice de richesses.
D. Entreprise publique qui doit entretenir de très nombreuses voies.
E. Comprend de 2 à 7 associés.
F. Celle de la majorité des entreprises françaises est très petite.
G. À nous.
H. Dirige une SARL.
I. Objectif des entreprises.
J. Est construite par une administration.
K. Utilisés pour régler ses achats.
L. Il est obligatoire de le faire pour posséder un bien marchand.

APPROFONDIR SES CONNAISSANCES

2 Les groupes sur le territoire français en 2008

	Nombre de groupes[1]	Nombre de groupes en %	Effectif salarié en milliers	Effectif salarié en %	CA et produits financiers en milliards d'euros	CA et produits financiers en %
Microgroupes : 40 à 499 salariés	38 755	...	2 256	...	626	...
Petits groupes : 500 à 1 999 salariés	1 415	...	1 299	...	424	...
Moyens groupes : 2 000 à 9 999 salariés	412	...	1 620	...	570	...
Grands groupes : 10 000 salariés ou plus	91	...	3 223	...	1 115	...
Total	40 673	100	8 398	100	2 735	100

1. Groupes français et étrangers dont les salariés travaillent effectivement en France.

Source : Insee, TEF, 2011.

a. Les groupes présentés dans ce tableau sont-ils des groupes français ?
b. Rédigez une phrase présentant l'information apportée par la donnée entourée en rouge.
c. Complétez le tableau en calculant pour chacune des informations la répartition en pourcentage des groupes en fonction de leur taille.
d. Pourquoi les groupes les plus nombreux ne sont-ils pas les plus créateurs de richesses ?
e. Présentez un panorama des microgroupes en France en utilisant les résultats de la question c.

Comment produire et combien produire ?

CHAPITRE 4

Pour produire, des hommes…
Atelier de peinture des 4CV à l'usine Renault de Boulogne-Billancourt, vers 1946-1948.

… et des machines
Atelier de peinture robotisé à l'usine BMW de Leipzig (Allemagne) en 2006.

PLAN DU CHAPITRE

1 De quoi l'entreprise a-t-elle besoin pour produire ?	56
2 Comment l'entreprise choisit-elle ses facteurs de production ?	58
3 Comment calculer les coûts de production dans l'entreprise ?	60
4 Comment créer et répartir les richesses ?	62
5 Qu'est-ce que la productivité ?	64
6 Quel est l'impact de la productivité sur l'emploi ?	66
> Synthèse	68
> Exercices	70

1 De quoi l'entreprise a-t-elle besoin pour produire ?

DÉCOUVRIR

Doc.1 Avec quoi produit-on ?

Industrie textile, usine à Tirupur, Inde.

1. Observer. Quelle est la production présentée sur cette photographie ?
2. Décrire. De quoi l'entreprise a-t-elle besoin pour réaliser cette production ?

Doc.2 Quels sont les principaux facteurs de production ?

Les facteurs de production correspondent aux ressources utilisées par une unité productive pour produire des biens et des services. On parle de facteurs de production pour faire référence à une ressource qui n'est pas détruite au cours de la production. Par exemple, les travailleurs utilisent des machines à coudre pour faire des chemises à partir de tissu ; les travailleurs et les machines à coudre sont des facteurs de production, mais pas le tissu. Une fois que la chemise est fabriquée, un travailleur et une machine à coudre peuvent être utilisés pour faire une autre chemise ; mais le tissu utilisé pour faire une chemise ne peut pas être utilisé pour en faire une autre.

Les principaux facteurs de production sont le travail et le capital. Le travail est l'ensemble des travailleurs de l'économie et le capital fait référence à des ressources « créées » telles que des machines et des bâtiments.

Paul Krugman et Robin Wells, *Microéconomie*, éd. De Boeck, 2009.

3. Définir. Qu'est-ce qu'un facteur de production ?
4. Distinguer. Quels sont les deux facteurs de production présentés dans le texte ? Définissez-les.
5. Expliquer. Pourquoi le tissu n'est-il pas considéré comme un facteur de production ?

Doc. 3 — Tout capital est-il facteur de production ?

Capital productif
├── **Capital fixe**
│   - Le capital fixe comprend les **moyens de production relativement durables (dépassant la durée du cycle de production)** et participant directement à la fabrication des biens ou à la réalisation de la prestation de services.
│   - C'est le cas en particulier des biens d'équipement : machines, outils, bâtiments, matériels de transport...
└── **Capital circulant**
    - Le capital circulant se définit comme **l'ensemble des biens et services utilisés par l'entreprise pendant moins d'un cycle de production.**
    - C'est le cas des matières premières (coton, acier...), de l'énergie (électricité, gaz...), des fournitures et des services nécessaires à chaque stade de la production. C'est ce que l'on appelle les consommations intermédiaires.

Source : Site Internet de l'Insee. www.insee.fr

6. Expliquer. Qu'est-ce qui distingue le capital fixe du capital circulant ?

7. Déduire. Pourquoi le capital circulant n'est-il pas considéré comme un facteur de production ?

8. Illustrer. Parmi les éléments nécessaires à la production présentés dans le document 1, lesquels correspondent à du capital fixe ? à du capital circulant ?

Doc. 4 — Que serait la planète sans le travail de l'homme ?

Toutes les choses que nous consommons sont [...] des créations du travail humain, et même ceux que nous jugeons en général les plus « naturels » comme le blé, les pommes de terre ou les fruits. Le blé a été créé par une lente sélection de certaines graminées ; il est si peu « naturel » que si nous le livrons à la concurrence des vraies plantes naturelles il est immédiatement battu et chassé. Si l'humanité disparaissait de la surface du sol, le blé disparaîtrait moins d'un quart de siècle après elle et il en serait de même de toutes nos plantes « cultivées », de nos arbres fruitiers et de nos bêtes de boucherie : toutes ces créations de l'homme ne subsistent que parce que nous les défendons contre la nature ; elles ne valent que par l'homme.

À plus fortes raisons, les objets manufacturés, des textiles au papier et des montres aux postes de radio, sont des produits artificiels, créés par le seul travail de l'homme. [...]

En réalité, notre planète [...] est assez peu adaptée à nos besoins. L'oxygène est le seul produit naturel qui satisfasse entièrement et parfaitement l'un des besoins de l'homme.

Nous travaillons pour produire. Cela étant, nous voyons bien pourquoi nous travaillons : nous travaillons pour transformer la nature « naturelle » qui satisfait mal ou pas du tous les besoins humains en éléments artificiels qui satisfassent ces besoins.

Jean Fourastié, *Pourquoi nous travaillons ?*, PUF (coll. Que sais-je ?), 1984 (1re éd. 1959).

9. Expliquer. Pour quelle raison le travail de l'homme est-il à l'origine de toutes les productions, y compris les plus naturelles ?

10. Illustrer. Pourquoi l'oxygène pourrait-il bientôt cesser d'être un produit naturel ?

11. Expliquer. Quelle réponse peut-on apporter à la question posée par le titre du document ?

BILAN

EXERCICE D'AUTO-ÉVALUATION → corrigés pp. 178-179.

Les éléments de la liste suivante correspondent-ils à un facteur de production ? Si oui, précisez lequel.
a. Du bois acheté par une entreprise fabriquant des meubles.
b. Un travailleur embauché par une entreprise informatique.
c. Un ordinateur acheté par une entreprise fabriquant des DVD.
d. Un bâtiment construit pour une entreprise agricole.
e. Un comptable engagé par une maison d'édition.
f. La facture d'électricité payée par un boulanger.

FAIRE LE POINT

Une entreprise n'a-t-elle besoin que des facteurs de production travail et capital pour pouvoir produire ?
Justifiez votre réponse à l'aide d'exemples.

2. Comment l'entreprise choisit-elle ses facteurs de production ?

DÉCOUVRIR

Doc. 1 Comment vendre des places de spectacle ?

WEBTICKET

Créée en 1997, l'entreprise Web Ticket est spécialisée dans la vente de places pour des spectacles : concerts, théâtre, matchs de football…

À la fin des années 1990, elle a ouvert des points de vente partout en France où les clients pouvaient venir acheter et retirer leurs billets. Sur chaque point de vente, il lui fallait 5 vendeurs, et à chaque vendeur était associé un ordinateur. Il y avait donc une unité de travail pour une unité de capital.

Avec l'essor d'Internet, les réservations peuvent maintenant être réalisées automatiquement en ligne grâce à un logiciel de paiement. L'entreprise a donc fermé certains de ses points de vente et a remplacé nombre de ses vendeurs par du capital informatique (serveurs, logiciels automatiques de traitement des demandes…). Au total, il y a dorénavant une unité de travail pour 5 unités de capital.

R. Chartoire, © Nathan, 2010.

1. Expliquer. Qu'est-ce que l'essor d'Internet a changé pour l'activité de cette entreprise ?

2. Décrire. Quelle est la combinaison productive de Web Ticket avant et après l'essor d'Internet ?

3. Déduire. Quelles conséquences cela a-t-il eues sur sa combinaison productive ?

POINT NOTION — Qu'est-ce que la combinaison productive ?

On appelle **combinaison productive** la quantité de travail et de capital qu'une entreprise utilise pour produire une certaine quantité de produits. Une combinaison productive associe donc une certaine quantité de travail et une certaine quantité de capital.

Doc. 2 Des facteurs de production substituables ou complémentaires ?

La production de biens ou de services passe donc par la combinaison de facteurs. Ces facteurs peuvent souvent être combinés dans des proportions variables pour obtenir une production donnée et dans ce cas on dit qu'ils sont substituables. Plus précisément on dira que *deux facteurs sont substituables lorsqu'il est possible de remplacer une quantité donnée de l'un des facteurs par une quantité supplémentaire de l'autre facteur, tout en maintenant à l'identique le volume de la production*. Ainsi […] de nombreuses industries manufacturières peuvent être plus ou moins mécanisées. Travail et capital apparaissent alors comme des facteurs substituables.

Dans d'autres situations, les facteurs de production ne peuvent être combinés que dans des proportions fixées et dans ce cas on dit qu'ils sont complémentaires. Ainsi, le bon fonctionnement des machines dans de nombreuses industries nécessite souvent un nombre bien déterminé de postes de travail. Dans ce cas, toute augmentation du nombre de machines entraîne impérativement une augmentation proportionnelle du volume de la main-d'œuvre employée dans l'entreprise : travail et capital apparaissent alors comme des facteurs complémentaires.

P. Picard, *Éléments de microéconomie : théorie et application*, éd. Montchrestien, 2002 (1ʳᵉ éd. 1994).

4. Illustrer. Parmi les activités suivantes, déterminez lesquelles ont des facteurs de production complémentaires, et lesquelles ont des facteurs de production substituables : un cours de SES dans un lycée – la production de voitures – le transport de produits vers les magasins de distribution – une banque permettant à ses clients de retirer de l'argent – une consultation donnée par un médecin généraliste – une coupe de cheveux dans un salon de coiffure.

5. Expliquer. Des facteurs de production complémentaires à un certain moment peuvent-ils devenir ensuite substituables ? Sous l'influence de quelle évolution ?

6. Déduire. Quand les facteurs de production sont complémentaires, a-t-on le choix dans l'entreprise entre plusieurs combinaisons productives ? Pourquoi ?

Doc.3 Au prochain métro, tous les conducteurs descendent…

Depuis le 4 avril, les usagers de l'aéroport Roissy-Charles-de-Gaulle disposent d'un nouveau moyen pour rallier ses trois terminaux : un métro sans conducteur Val (Véhicule automatique léger) […].
Prévu pour transporter 1 900 passagers par heure et par sens, 24 heures sur 24, le CDG-Val, qui aura coûté 145 millions d'euros, constitue le troisième exemple parisien de l'automatisation intégrale. […]
« Les trois quarts des nouvelles lignes et 40 % des lignes rénovées dans le monde seront à l'avenir entièrement automatiques », indique Laurent Dauby, le responsable des activités transport ferré à l'UITP (Union internationale des transports publics). Tant et si bien que le nombre de lignes de ce type – une quarantaine sur 300 à 350 dans le monde – pourrait doubler d'ici à 2020. Mais si les métros sans conducteur font aujourd'hui partie du paysage, le concept s'est imposé difficilement.
Outre l'impact sur l'emploi en raison de l'absence de « machinistes », le souci des exploitants est surtout la sécurité. […] Pour l'exploitant, une fois amorti un surcoût initial d'environ 10 %, le bénéfice est évident en termes de coûts salariaux et de consommation. En optimisant le pilotage, en faisant en sorte que certains trains accélèrent au moment où d'autres freinent… l'économie d'énergie peut atteindre 25 %.

Jean-Charles Guézel, *L'Usine nouvelle*, 5 avril 2007.

7. Décrire. Quelle est la particularité du métro Val ?
8. Expliquer. Quelles sont les conséquences de l'évolution de la combinaison productive ?

Doc.4 Comment choisir la meilleure combinaison productive ?

L'entreprise FOOT'BALLON produit des ballons de football. Pour répondre à la demande qui lui est adressée, elle doit produire mensuellement 10 000 ballons. Pour cela, elle peut mettre en œuvre plusieurs combinaisons productives, qui lui permettent toutes d'atteindre ce même niveau de production. Ces combinaisons sont les suivantes :

Choix possibles de combinaison productive	Nombre de travailleurs	Nombre de machines
Combinaison productive 1	110	20
Combinaison productive 2	100	20
Combinaison productive 3	80	30
Combinaison productive 4	50	40

9. Distinguer. Les facteurs de production sont-ils ici complémentaires ou substituables ?
10. Expliquer. Avant même de faire un calcul, quelle combinaison productive est-on sûr que l'entreprise ne va pas retenir ? Pourquoi ?
11. Calculer. Sachant que chaque travailleur coûte mensuellement 2 000 euros à l'entreprise et chaque machine (entretien et usure) 1 000 euros, calculez le coût de chaque combinaison productive. Laquelle l'entreprise a-t-elle intérêt à choisir ?
12. Comparer. Imaginons que, pour promouvoir l'emploi, l'État décide de réduire les cotisations sociales et de créer une taxe sur l'utilisation des machines. Chaque travailleur coûte alors mensuellement 1 500 euros à l'entreprise, et chaque machine coûte mensuellement 1 600 euros. La combinaison retenue sera-t-elle alors la même ? Pourquoi ?

BILAN

EXERCICE D'AUTO-ÉVALUATION → corrigés pp. 178-179.

Les affirmations suivantes sont-elles vraies ou fausses ? Justifiez vos réponses.

1. Une combinaison productive donne la quantité de travail et de capital qu'une entreprise utilise pour produire une certaine quantité de produits. ☐ V ☐ F
2. Deux facteurs de production sont substituables lorsqu'il est possible de remplacer une quantité donnée de l'un des facteurs par une quantité supplémentaire de l'autre facteur, tout en maintenant à l'identique le volume de la production. ☐ V ☐ F
3. L'activité agricole utilise des facteurs de production complémentaires. ☐ V ☐ F
4. On ne peut pas remplacer un travailleur par une machine quand les facteurs de production sont substituables. ☐ V ☐ F
5. Les services sont des activités utilisant des facteurs de production complémentaires. ☐ V ☐ F

FAIRE LE POINT

Une entreprise peut-elle toujours choisir sa combinaison productive ?
Dans quel cas va-t-elle substituer du capital au travail ? Quel peut être l'impact sur l'emploi ?

3 Comment calculer les coûts de production dans l'entreprise ?

DÉCOUVRIR

Doc. 1 — Le coût de l'iPad

On sait que les produits d'Apple génèrent des marges confortables. Mais avec son iPad, la Pomme pourrait bien battre des records. Selon les estimations d'iSuppli, le coût de fabrication de la tablette serait en moyenne plus de deux fois inférieur au prix de vente. L'iPad 16 Go Wi-Fi (le modèle d'entrée de gamme) coûterait 229,35 dollars à fabriquer pour un prix de vente de 499 dollars…

L'écran tactile est évidemment la pièce la plus chère : 80 dollars. Suivent ensuite les pièces mécaniques et électromécaniques (35,30 dollars) et de la mémoire NAND (de 29,50 à 118 dollars). Le processeur A4, fabriqué par la filiale PA Semi appartenant à Apple, coûterait 17 dollars.

Reste à savoir si ces marges en or perdureront dans le temps pour Apple. Car si la Pomme applique des tarifs de vente aussi élevés, c'est aussi pour se laisser la possibilité de les baisser rapidement en cas de ventes difficiles ou inférieures aux attentes.

« L'iPad serait très rentable pour Apple »,
L'Expansion.com, 12 février 2010.
www.lexpansion.com
Source : ZDNet.fr

1. Décrire. Quels sont les coûts de production présentés dans le texte ?

2. Déduire. Quels sont les autres coûts possibles auxquels Apple doit faire face dans la production de son iPad ?

3. Expliquer. Quel est l'intérêt pour une entreprise de vendre son produit à un prix supérieur à celui de son coût de production ?

4. Expliquer. Quel est le risque pour une entreprise de proposer un prix élevé ?

Doc. 2 — Différents types de coûts

Une entreprise doit faire face à des coûts. Pour que son activité soit rentable, elle doit faire en sorte que le montant total de ses ventes (qu'on appelle aussi le chiffre d'affaires, et qui est égal au prix de vente multiplié par la quantité vendue) soit au moins égal à ses coûts, sans quoi elle perdrait de l'argent à produire, situation qui ne peut être durable sans remettre en cause la pérennité de l'entreprise.

L'entreprise doit faire face à deux types de coûts : les coûts fixes, indépendants du volume de production, et les coûts variables, qui eux sont dépendants du volume de production.

Le total des coûts d'une entreprise est donc égal à la somme de ses coûts fixes et de ses coûts variables. Les coûts totaux sont donc différents en fonction du volume de production.

De même, l'entreprise doit calculer ses coûts moyens, qui sont égaux au rapport entre le coût total et la quantité produite.

D'après le *Dictionnaire de sciences économiques et sociales*, © Nathan, 2010.

Coûts totaux = coûts fixes + coûts variables

- Les **coûts fixes** sont les coûts que l'entreprise doit supporter, quel que soit son volume d'activité. C'est le cas par exemple du loyer qu'elle doit verser pour son local, du remboursement de prêts, ou encore des salaires qu'elle doit verser à ses employés (hors heures supplémentaires).

- Les **coûts variables** dépendent de l'importance de l'activité : ils varient proportionnellement à la production, ou par palier. Les matières premières utilisées font partie des coûts variables, ainsi que les primes versées aux salariés.

5. Définir. Quels sont les deux types de coûts auxquels l'entreprise doit faire face ?

6. Illustrer. Déterminez à quel type de coûts est associée chacune des dépenses suivantes :
impôt représentant un pourcentage du chiffre d'affaires – salaires fixes – acier utilisé par une entreprise de construction automobile – paiement à la course effectuée par un transporteur routier apportant les produits dans le magasin distributeur – heures supplémentaires payées du fait d'une augmentation de l'activité – facture de chauffage du local.

7. Expliquer. Que se passe-t-il si le prix de vente est inférieur au coût moyen ?

Doc.3 Un exemple de calcul de coûts

Une entreprise artisanale produit des meubles, qu'elle vend ensuite à un magasin spécialisé. Chaque meuble est vendu au magasin 500 euros. Ses coûts de production mensuels sont les suivants :
– remboursement d'un prêt bancaire : 2 000 euros ;
– coût en matières premières utilisées : 150 euros par meuble ;
– salaires : 5 000 euros ;
– prime donnée aux salariés : 5 % de la valeur de chaque meuble produit ;
– impôt sur la production : 10 % de la valeur de chaque meuble produit.

Nombre de meubles produits mensuellement	10	20	30	40	50	60
Coûts fixes	...	...	...	...	...	...
Coûts variables	...	...	...	...	...	...
Coût total (coûts fixes + coûts variables)	...	...	...	...	...	...
Chiffre d'affaires (prix × quantités vendues)	...	...	...	...	...	...
Profits	...	...	...	...	...	...

8. Calculer. Quel est le coût fixe mensuel de cette entreprise ?

9. Comparer. Recopiez et complétez le tableau ci-dessus, selon le nombre de meubles produits mensuellement.

10. Expliquer. L'entreprise peut-elle se permettre de ne produire que 10 meubles par mois ? Pourquoi ?

11. Déduire. Si l'entreprise est assurée de vendre sa production, quelle quantité va-t-elle choisir de produire ? Pourquoi ?

Doc.4 La concurrence induit-elle forcément une baisse des coûts ?

Alors que le transport aérien a connu en 2009 sa plus grave crise depuis la Seconde Guerre mondiale et que 2010 devrait être marquée par des pertes globales à hauteur de 3,9 milliards d'euros, les grandes compagnies low cost [qui sont les compagnies proposant des vols à des tarifs très bas en échange d'un service moindre apporté aux clients] affichent une santé pour le moins insolente.

Les grandes compagnies low cost ont conforté leurs positions ; loin de se cantonner à de nouveaux clients et à des destinations secondaires, elles sont venues chasser sur les terres des grandes compagnies aériennes traditionnelles, partant à la conquête de leur clientèle affaires.

Face à la déferlante low cost, quelles ripostes les majors ont-elles mis en œuvre ? Le rapprochement tarifaire a constitué une première réponse. Une étude sur les États-Unis montre que les opérateurs installés ont baissé leurs prix en moyenne de 46 % lorsqu'ils se trouvaient en concurrence frontale avec un low cost. [Pour cela, ils ont dû] baisser leurs coûts en réduisant par exemple le personnel navigant commercial par avion.

Les baisses de coûts n'étant pas suffisantes pour aligner les prix sur ceux des lows cost, les majors tentent de justifier l'écart de prix en misant sur la différenciation de leur produit : image de marque, fréquence des vols, etc.

Emmanuel Combe, « Aérien : les grandes majors confrontées au défi du low cost », *Les Échos*, 26 février 2010.

12. Expliquer. Face à des entreprises concurrentes proposant des prix plus faibles, que doivent faire les autres entreprises si elles ne veulent pas disparaître ?

13. Expliquer. Comment, malgré tout, une entreprise peut-elle garder sa clientèle tout en maintenant des prix plus élevés que ceux de ses concurrents ?

BILAN

EXERCICE D'AUTO-ÉVALUATION → corrigés pp. 178-179.

Indiquez si les affirmations ci-dessous sont vraies ou fausses. Justifiez vos réponses.

1. Les salaires ne sont pas intégrés dans les coûts de production.
2. Les coûts totaux sont calculés en ajoutant aux coûts fixes les coûts moyens.
3. Les coûts variables dépendent du volume de production.
4. Les coûts fixes sont identiques quel que soit le volume de production.
5. Si le prix de vente est inférieur au coût moyen, alors l'entreprise perd de l'argent.

FAIRE LE POINT

Une entreprise a-t-elle toujours intérêt à réduire ses coûts de production ?

4 Comment créer et répartir les richesses ?

DÉCOUVRIR

Doc.1 Une petite entreprise de micro-informatique

microsolo est un magasin informatique qui confectionne et vend des **ordinateurs « sur mesure »**. Vous choisissez les pièces que vous voulez (disque dur, microprocesseur, barrette de mémoire vive…) dans les catalogues de grands fabricants, et Microsolo s'engage à commander les pièces et à les assembler pour en faire un ordinateur immédiatement utilisable.

1. Expliquer. Un client commande pour 800 euros de pièces, et l'ordinateur une fois monté lui est facturé 1 200 euros par Microsolo. Peut-on dire que Microsolo, par son activité, a créé une richesse de 1 200 euros ? Pourquoi ?

2. Calculer. Quel est le montant de la richesse créée par Microsolo ?

3. Expliquer. Selon vous, comment peut-on justifier que le prix de vente de l'ordinateur soit supérieur au prix des pièces qui le composent ?

Doc.2 Qu'est-ce que la valeur ajoutée ?

La valeur ajoutée mesure les richesses créées par l'activité d'une unité productive. Elle correspond à la différence existant entre la valeur de son produit final et celle des biens et des services que l'entreprise a utilisés dans son activité, mais qu'elle n'a pas elle-même produits. Par son propre travail, elle a « ajouté une valeur » à son produit final, qu'on appelle la « valeur ajoutée ».

Par conséquent, la richesse produite par les entreprises se mesure sur leur valeur ajoutée (VA), qui se calcule ainsi : VA = Production – Consommations intermédiaires.

Les consommations intermédiaires sont l'ensemble des achats réalisés par les entreprises pour se procurer des biens et des services qui vont être détruits ou transformés dans le processus de production. La valeur ajoutée est alors ce qui reste à l'entreprise sur les recettes de ses ventes pour rémunérer les agents économiques qui ont participé directement ou indirectement à la production de cette valeur ajoutée : salariés, actionnaires… Principalement, elle se répartit entre salaires et profits, rémunérant ainsi le facteur travail et le facteur capital à l'origine de la production.

R. Chartoire, © Nathan, 2010.

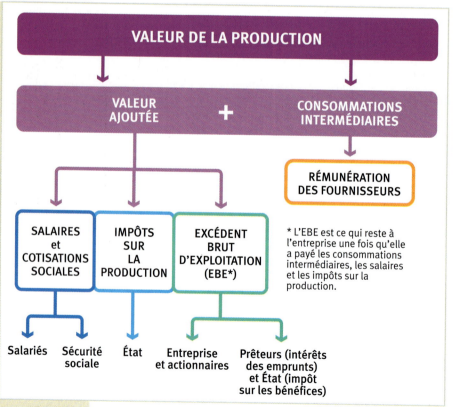

* L'EBE est ce qui reste à l'entreprise une fois qu'elle a payé les consommations intermédiaires, les salaires et les impôts sur la production.

4. Expliquer. Pourquoi peut-on dire que la valeur ajoutée permet de mesurer les richesses produites par une entreprise ?

5. Expliquer. Qui se partage cette valeur ajoutée ? Pourquoi ?

Doc.3 Qui crée de la valeur ajoutée en France ?

A Valeur ajoutée brute par région et par branche d'activité en 2011

En milliards d'euros	Agriculture, sylviculture, pêche	Industrie	Construction	Services principalement marchands	Services principalement non marchands	Valeur ajoutée totale
France	32,8	224,6	110,1	1 017,2	404,3	1 789

Source : Insee, Comptes régionaux – en base 2005.

B Valeur ajoutée par type d'organisation productive (en 2011)

	Valeur ajoutée (en milliards d'euros)	En % du total
Entreprises (hors entreprises individuelles)	1 092,2	
Administrations publiques	327,9	
Entreprises individuelles	338	
Associations	30,8	
Total	1 789	100

Source : Insee, Comptes nationaux base 2005.

6. Lire. Pour chaque donnée entourée en rouge, rédigez une phrase présentant l'information apportée.

7. Calculer. Quelle est la part de chaque secteur d'activité dans la richesse totale créée en France en 2011 ?

8. Calculer. Remplissez la dernière colonne du tableau B.

9. Expliquer. À partir du tableau A, peut-on dire que l'économie française est une économie essentiellement de services ? Pourquoi ?

Doc.4 L'évolution du partage de la valeur ajoutée en France

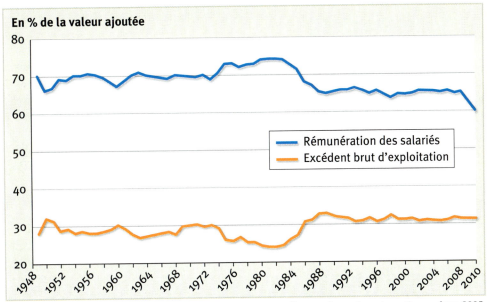

Source : Insee, Comptes nationaux base 2005.

10. Lire. Présentez l'évolution des deux courbes depuis les années 1950.

11. Expliquer. Peut-on déduire de ce graphique que la rémunération des salariés a diminué en France depuis 1984 ?

12. Déduire. Y a-t-il un lien entre l'évolution des deux courbes ? Si oui, lequel ?

13. Analyser. Comment peut-on l'expliquer ?

BILAN

EXERCICE D'AUTO-ÉVALUATION → corrigés pp. 178-179.

À l'aide des documents présentés dans cette double page, répondez aux questions suivantes :
1. Que mesure la valeur ajoutée ?
2. Quel est le secteur d'activité le plus créateur de valeur ajoutée en France ?
3. Les entreprises sont-elles les unités productives les plus créatrices de richesses ?
4. Qui se partage principalement la valeur ajoutée ?
5. Comment a évolué depuis une cinquantaine d'années le partage de la valeur ajoutée en France ?

FAIRE LE POINT

Après avoir expliqué comment est calculée la valeur ajoutée des entreprises, vous montrerez comment son partage a évolué ces trente dernières années.

5 Qu'est-ce que la productivité ?

DÉCOUVRIR

Doc.1 L'évolution de la production de blé en France

En 1800, on produisait 8,5 quintaux de blé à l'hectare.
(Léon Augustin Lhermite, *Moisson*, 1874. Musée des Beaux-Arts, Carcassonne.)

En 1910, ce chiffre passe à 13,2 quintaux de blé à l'hectare.

Depuis une dizaine d'années, on produit autour de 70 quintaux de blé à l'hectare.

1. Calculer. Par combien la production de quintaux de blé à l'hectare a-t-elle été multipliée depuis le début du XIXe siècle ? → Voir Flash Méthode 2 p. 159.

2. Déduire. En sachant que le nombre d'agriculteurs a diminué en France depuis le début du XIXe siècle, que peut-on en déduire concernant l'évolution de la production de blé par agriculteur ?

3. Expliquer. En vous appuyant sur ces trois images, expliquez cette évolution.

Doc.2 Comment mesure-t-on la productivité ?

La productivité est une mesure de l'efficacité de la combinaison productive. Elle permet de connaître la production réalisée par unité de facteur de production utilisée. Quand elle augmente, cela signifie soit que l'entreprise a utilisé une quantité de facteurs de production moindre pour produire la même quantité, soit qu'elle produit en plus grande quantité avec la même quantité de facteurs de production utilisée.

Le plus souvent, pour mesurer la productivité on calcule la productivité du travail. Il y a deux manières de la mesurer :
– soit la productivité par tête du travail, qui se calcule en divisant la valeur ajoutée par le nombre de travailleurs utilisés ; c'est la manière la plus utilisée ;
– soit la productivité horaire du travail, qui se calcule en divisant la valeur ajoutée par le nombre total d'heures de travail utilisées par l'entreprise pour réaliser sa production.

On parle de gains de productivité lorsque la productivité augmente, c'est-à-dire lorsqu'il faut relativement moins de travail par unité productive qu'au cours des périodes précédentes.

D'après *Dictionnaire d'économie et de sciences sociales*, © Nathan, 2009.

4. Illustrer. À partir d'un exemple chiffré de votre choix, illustrez la phrase soulignée.

5. Définir. Rappelez ce qu'est la valeur ajoutée et comment on la calcule.

6. Calculer. En 2010, une entreprise utilise 45 travailleurs qui travaillent tous 35 heures par semaine. La valeur ajoutée créée par l'entreprise est de 200 000 euros par semaine. Calculez la productivité par tête du travail et la productivité horaire du travail.

Doc. 3 — L'évolution de la productivité sur le long terme

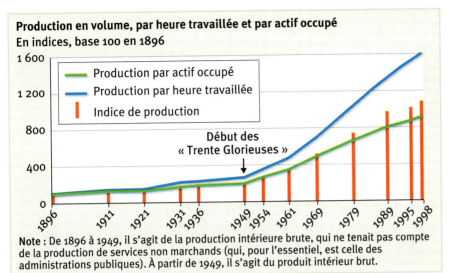

Note : De 1896 à 1949, il s'agit de la production intérieure brute, qui ne tenait pas compte de la production de services non marchands (qui, pour l'essentiel, est celle des administrations publiques). À partir de 1949, il s'agit du produit intérieur brut.

Source : Denis Clerc, « La grande aventure de la productivité », *Alternatives économiques*, hors série n° 42, oct. 1999.

7. Distinguer. Quelle courbe correspond à la productivité par tête du travail ? à la productivité horaire du travail ?

8. Expliquer. Quelle différence y a-t-il entre ces deux types de productivité ?

9. Décrire. Comment ont évolué la productivité par tête et la productivité horaire depuis la fin du XIXe siècle ?

10. Déduire. Quel lien peut-on établir entre l'évolution de la production et celle de la productivité ?

Doc. 4 — L'impact du progrès technique sur la productivité

Jusque vers 1690, les vitres étaient fabriquées par soufflage. À partir de la fin du XVIIIe siècle, on sut couler le verre, mais c'est seulement en 1902 que le Français Fourcault mit en usage un procédé vraiment industriel pour fabriquer le verre à vitre par étirage.

Les conditions de température, d'homogénéité, de transparence, étant rigoureuses, on comprend combien, avant la mise en œuvre des techniques modernes, les échecs devaient être nombreux, dès qu'il s'agissait d'une pièce de grande surface. [...]

En 1702, une seule glace de 4 mètres carrés exigeait en moyenne 35 000 à 40 000 heures de travail.

La vitre était si chère jusque vers 1600 que même dans les maisons les plus riches on ne pouvait garnir de vitraux que la partie haute des fenêtres, le bas fermant seulement par un volet de bois plein.

Mais l'accroissement continu de la productivité abaisse sans cesse les prix de vente. Mesuré en glaces de 4 mètres carrés, le pouvoir d'achat du manœuvre s'est amélioré dans la proportion de 1 à plus de 200.

Jean Fourastié, *Machinisme et bien-être. Niveau de vie et genre de vie en France de 1700 à nos jours*, éd. de Minuit, 1962.

POINT NOTION

Qu'est-ce que le progrès technique ?

Le **progrès technique** désigne l'ensemble des changements techniques améliorant les produits finaux ou les méthodes de production, en rendant ces dernières plus efficaces.

11. Expliquer. Comment le progrès technique peut-il permettre une augmentation de la productivité ?

12. Expliquer. Pourquoi une hausse de la productivité va-t-elle permettre une diminution du prix de vente d'un produit ?

BILAN

EXERCICE D'AUTO-ÉVALUATION → corrigés pp. 178-179.

Les affirmations suivantes sont-elles vraies ou fausses ? Justifiez vos réponses.

1. Productivité et production sont des termes identiques. V F
2. On calcule la productivité horaire du travail en divisant la valeur ajoutée par le nombre total d'heures de travail utilisées pour la production. V F
3. La productivité a fortement augmenté depuis la fin du XIXe siècle. V F
4. Toute hausse de la productivité se traduit par une hausse de la production. V F
5. Le progrès technique est l'un des facteurs à l'origine des gains de productivité. V F

FAIRE LE POINT

Pourquoi les entreprises cherchent-elles à améliorer leur productivité ?

Chapitre 4. Comment produire et combien produire ?

6. Quel est l'impact de la productivité sur l'emploi ?

DÉCOUVRIR

Doc.1 L'évolution comparée de la productivité et de l'emploi

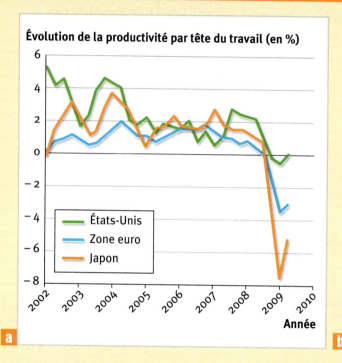

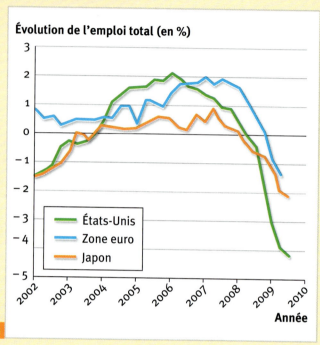

Source : Natixis, *Éco hebdo*, n° 36, septembre 2009.

1. Définir. Rappelez comment se calcule la productivité par tête du travail.

2. Décrire. Quel commentaire général pouvez-vous faire sur l'évolution de la productivité aux États-Unis entre 2002 et 2009 ? À quelles périodes l'emploi a-t-il diminué aux États-Unis ?

3. Comparer. Globalement, peut-on faire un lien au sein de chaque pays ou groupe de pays entre l'évolution de la productivité et celle de l'emploi ?

Doc.2 Vers une France sans usine ?

On est encore loin d'une France sans usine... mais on s'en rapproche. [...] Entre 1980 et 2007, la contribution de l'industrie à la richesse nationale est passée de 24 % à 14 %. L'Hexagone est ainsi passé d'une économie héritière d'une tradition industrielle à une économie principalement de services.

Sur cette période, l'industrie a perdu 1 913 500 emplois (tombant à 3 414 000). Soit une baisse de 36 % de ses effectifs. Et s'il y a eu des périodes où les destructions ont ralenti, cela n'a « pas suffi à inverser la tendance ». Les services marchands ont suivi une évolution inverse. Leur poids dans le PIB est passé de 45 % à 56 % en valeur et l'emploi au sein de ce secteur a augmenté de 53 %.

Pourquoi ce déclin de l'industrie et surtout de son emploi ? [...] Cela est en partie due au progrès technique qui a réduit les besoins de main-d'œuvre. Et les gains de productivité réalisés dans l'ensemble de l'économie ont entraîné une augmentation du revenu qui se traduit par « une hausse de dépenses des ménages au profit des services et au détriment des biens industriels ». Les forts gains de productivité seraient à l'origine de près de 30 % des pertes d'emplois sur la période 1980-2007 et de 65 % depuis 2000.

Marie Visot, « L'industrie française a perdu 36 % de ses effectifs en 30 ans », *Le Figaro*, 19 février 2010.

4. Expliquer. La diminution des emplois dans l'industrie signifie-t-elle nécessairement que l'emploi total a diminué ? Pourquoi ?

5. Lire. Comment, d'après le texte, peut-on expliquer la diminution des emplois dans l'industrie depuis quelques années ?

6. Déduire. Selon vous, pourquoi une hausse de la productivité peut-elle se traduire par une hausse des revenus ?

7. Expliquer. Comment le texte relie-t-il les gains de productivité dans l'industrie avec la hausse des emplois dans les services ?

Doc.3 L'impact du progrès technique sur l'emploi

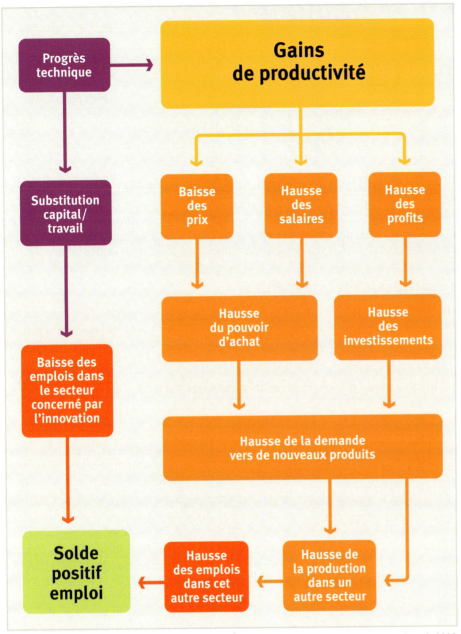

Renaud Chartoire et Sophie Loiseau, *L'Économie*, éd. Nathan (coll. Repères Pratiques), 2010.

8. Expliquer. Pourquoi une hausse de la productivité peut-elle se traduire par une baisse des prix ?

9. Résumer. À partir du schéma présenté, complétez le texte ci-dessous avec les termes suivants : *production – gains – demande – détruit.*

> La théorie du déversement a été présentée par l'économiste Alfred Sauvy (1898-1990). Selon cette théorie, le progrès technique, lorsqu'il est introduit dans un secteur d'activité ou une branche, ... des emplois dans ce secteur. C'est l'effet direct, qui est négatif. Cependant, le progrès technique permet des .... de productivité. Or, la répartition des gains de productivité va permettre l'accroissement de la .... ne se portant pas nécessairement vers les produits du secteur dans lequel le progrès technique a été introduit. La .... augmentera donc dans un autre secteur, ce qui sera source de création d'emplois. On parle de « déversement » car les emplois détruits sont plus que compensés par les emplois créés : le solde est positif.
>
> R. Chartoire, © Nathan, 2010.

10. Comparer. Ce schéma contredit-il ce qui a été vu dans le document 2 ? Pourquoi ?

BILAN

EXERCICE D'AUTO-ÉVALUATION → corrigés pp. 178-179.

Les affirmations suivantes sont-elles vraies ou fausses ? Justifiez vos réponses.

1. Des gains de productivité peuvent entraîner dans une entreprise une réduction de l'emploi.   V   F
2. Globalement, les gains de productivité génèrent plus d'emplois qu'ils n'en détruisent.   V   F
3. La théorie du déversement signifie que des emplois détruits dans un secteur à la suite de la hausse de la productivité sont plus que compensés par une hausse des emplois induite dans un autre secteur.   V   F
4. Des gains de productivité entraînent pour une entreprise une augmentation du prix de vente de ses produits.   V   F
5. La théorie du déversement permet d'expliquer l'augmentation des emplois de services.   V   F

FAIRE LE POINT

La productivité est-elle l'ennemie de l'emploi ?

SYNTHÈSE : Comment produire et combien produire ?

L'ESSENTIEL

A La combinaison des facteurs de production

▶ Pour produire, une entreprise a besoin de travailleurs, de machines, de matières premières... On distingue ainsi les **facteurs de production**, qui correspondent au travail et au capital, des **consommations intermédiaires**, qui sont transformées ou détruites au cours du processus de production. Si les facteurs de production sont substituables, l'entreprise peut choisir entre plusieurs **combinaisons productives**.

B Les coûts de production

▶ Le choix de la combinaison productive peut dépendre des **coûts de production**. En effet, pour produire, une entreprise doit faire face à deux types de coûts : des coûts fixes, indépendants du volume de production, et des coûts variables, dépendants du volume de production. L'entreprise peut avoir intérêt à choisir la combinaison productive à laquelle est associé le coût de production le plus faible.

C Produire des richesses et les répartir

▶ L'activité productive d'une entreprise consiste à proposer un bien ou un service dont la valeur est supérieure à celle des biens et services consommés lors du processus de production. Cette valeur est appelée **valeur ajoutée** et est mesurée par la différence entre la valeur de la production et celle des consommations intermédiaires. Elle est ensuite répartie entre les différents agents économiques ayant permis sa création, c'est-à-dire principalement entre les salaires et les profits, qui servent à rémunérer respectivement la force de travail et l'apport de capital nécessaires à la production.

D Productivité et emploi

▶ La **productivité** mesure l'efficacité de la combinaison productive. Plus elle est élevée, et plus une entreprise peut produire la même quantité de biens ou de services avec une quantité moindre de facteurs de production, ou plus elle peut accroître son volume de production avec la même quantité de facteurs.

▶ La productivité augmente le plus souvent à la suite de l'introduction d'un **progrès technique** dans le processus productif. Cette introduction a un impact sur le volume et sur la structure des emplois : elle détruit directement des emplois dans le secteur où elle est introduite, mais en crée indirectement un nombre plus élevé dans d'autres secteurs grâce aux gains de productivité ainsi créés. Au total, le nombre d'emplois augmente, mais en générant un **déversement des emplois** des secteurs dans lesquels le progrès technique est introduit vers les autres. C'est ce processus qui explique la tertiarisation des emplois, c'est-à-dire la hausse de la part des emplois de services dans le total des emplois.

LES NOTIONS À CONNAÎTRE

■ **Combinaison productive**
Quantité de capital et de travail nécessaires à la réalisation d'un certain volume de production.

■ **Consommations intermédiaires**
Valeur des biens et services transformés ou détruits au cours du cycle de production.

■ **Coûts de production**
Ensemble des dépenses liées à la production et à la commercialisation d'un bien ou d'un service. On distingue les coûts fixes qui sont indépendants du volume de production, et les coûts variables qui dépendent de la quantité produite.

■ **Déversement des emplois**
Phénomène d'évolution de la structure des emplois consécutive à l'introduction d'un progrès technique dans un secteur d'activité.

■ **Facteurs de production**
Ils correspondent aux ressources utilisées par une unité productive pour produire des biens et des services qui ne sont pas détruits au cours de la production. Ils sont complémentaires quand on ne peut changer un facteur d'un type par un autre sans réduire le volume de production, et substituables dans le cas contraire.

■ **Productivité**
Mesure de l'efficacité du travail. On la calcule généralement en rapportant la quantité produite à la quantité de travail utilisée pour la produire.

■ **Progrès technique**
Ensemble des innovations qui entraînent une transformation ou un bouleversement des moyens et méthodes de production.

■ **Valeur ajoutée**
Mesure de la richesse créée par l'entreprise lors de son activité productive. Elle est calculée en retranchant à la valeur de la production celle des consommations intermédiaires.

SCHÉMA DE SYNTHÈSE

Comment produire et combien produire ?

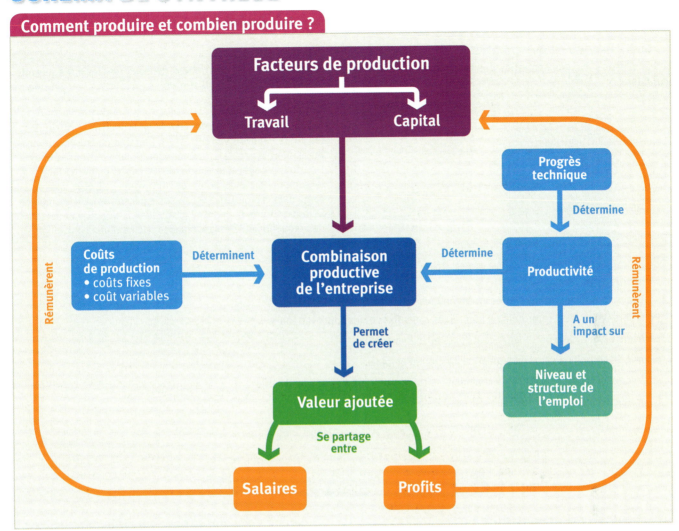

POUR ALLER PLUS LOIN

Sites Internet à consulter

▶ **www.statapprendre.education.fr/insee/entreprises/quoi/quoiaccueil.htm**
De nombreux exercices interactifs sur la combinaison productive, la valeur ajoutée et sa répartition.

▶ **www.insee.fr**
Le site l'Institut national des statistiques et études économiques. Vous y trouverez les dernières statistiques sur la valeur ajoutée et sa répartition.

▶ **www.senat.fr/rap/r06-189/r06-189.html**
Un rapport du Sénat sur les liens entre productivité, croissance et emplois.

À lire

▶ Arnaud Parienty, ***Productivité, croissance, emploi. La France dans la compétition mondiale***, éd. Armand Colin (coll. Circa), 2005.
Une analyse complète et fouillée de l'impact de la productivité sur la croissance et l'emploi.

▶ Jean-Marc Huart, ***Stratégies des entreprises et efficacité économique***, éd. Bréal, 2002.
Une présentation des différentes stratégies adoptées par les entreprises pour accroître leur efficacité.

À voir

▶ ***Les Temps modernes***, de Charlie Chaplin, 1936.
Un film inoubliable sur l'introduction du travail à la chaîne dans les processus de production.

▶ ***Tucker***, de Francis Ford Coppola, 1988.
En 1948, l'ingénieur américain Preston Tucker conçoit une automobile révolutionnaire, ce qui déclenche une contre-attaque de General Motors, Chrysler et Ford... Un film permettant de mieux comprendre les enjeux productifs.

EXERCICES

VÉRIFIER SES CONNAISSANCES

1 Coûts fixes ou coûts variables ?

Les dépenses suivantes sont-elles des coûts fixes ou des coûts variables ?

	Coûts fixes	Coûts variables
a. Prime donnée en fonction d'un objectif de ventes à atteindre		
b. Loyer à verser pour l'utilisation du local		
c. Salaires à verser aux employés en CDI		
d. Facture de papier pour une imprimerie		

2 Comment produire ?

Recopiez et complétez le texte ci-dessous avec les mots suivants :
productivité – fixes – substituables – combinaison productive – variables.

> Les coûts de production peuvent se répartir en deux catégories : les coûts ... qui ne varient pas en fonction du volume de production, et les coûts ... . Généralement, une entreprise choisit la ... dont le coût est le plus faible. Ce choix ne peut se faire que lorsque les facteurs de production sont ... . L'efficacité de la combinaison productive est mesurée par son niveau de ... qui est le rapport entre la quantité produite et la quantité de facteurs de production utilisés (généralement le nombre de travailleurs).

3 Vrai ou faux ?

Les affirmations suivantes sont-elles vraies ou fausses ? Justifiez vos réponses.

a. Pour obtenir les coûts totaux, il faut ajouter les coûts fixes et les coûts variables. V F
b. La valeur ajoutée se répartit entre coûts fixes et coûts variables. V F
c. Le progrès technique est globalement destructeur d'emplois. V F
d. La thèse du déversement explique comment les coûts sont répartis dans l'entreprise. V F
e. La productivité est une mesure de l'efficacité de la combinaison productive. V F

APPROFONDIR SES CONNAISSANCES

4 Les coûts de la productivité

> Depuis quelques années, l'utilisation des technologies de l'information et de la communication permet, pour un certain nombre de fonctions, une mesure fine de la productivité individuelle des opérateurs de téléphonie. Ces indicateurs sont un moyen de mettre en concurrence les opérateurs de téléphonie, qui connaissent en permanence leur performance relative et savent que toute distraction ou tout écart par rapport à leur tâche sera visible et pourra éventuellement être sanctionné.
>
> Les exigences de la productivité pèsent aussi sur la santé des travailleurs. L'augmentation du rythme entraîne du stress. En 2004, les techniciens chargés par le fournisseur d'accès à Internet Wanadoo de répondre aux clients affectés de problèmes techniques se sont mis en grève car ils ne supportaient plus l'interaction avec une clientèle dont ils ne pouvaient pas résoudre les problèmes, car les produits n'étaient pas au point. Ce mouvement étonnant s'explique par le stress engendré par la situation.
>
> En France, les accidents du travail et les maladies professionnelles sont également à la hausse.
>
> Arnaud Parienty, *Productivité, croissance, emploi. La France dans la compétition mondiale*, éd. Armand Colin (coll. Circa), 2005.

a. À partir de ce texte, déterminez quels sont les inconvénients de nouvelles méthodes de travail générant des gains de productivité.
b. Illustrez ce constat avec l'exemple des hôtesses de caisse.

5 Comment mesurer la richesse créée dans un pays ?

> Pour connaître la richesse totale réalisée dans un pays, c'est-à-dire son PIB (produit intérieur brut), il ne faut pas additionner les chiffres d'affaires de l'ensemble des entreprises, sans quoi les produits et services utilisés comme <u>consommations intermédiaires seraient comptabilisés plusieurs fois</u>. Par conséquent, le PIB se calcule en additionnant les valeurs ajoutées de toutes les unités de production.
>
> La situation est plus complexe dans le cas des administrations publiques. On ne peut en effet calculer leur valeur ajoutée, puisqu'elles proposent leurs services à titre gratuit ou quasi gratuit. Par conséquent, leur valeur ajoutée est estimée à partir de leurs coûts de production. Elle se mesure alors en soustrayant à ces coûts de production les consommations intermédiaires utilisées.
>
> R. Chartoire, © Nathan, 2010.

a. Illustrez à l'aide d'un exemple la phrase soulignée.
b. Quel intérêt présente le calcul de la valeur ajoutée ?
c. Quelle difficulté pose le calcul du PIB des administrations publiques ? Comment est-elle résolue ?

Comment se forment les prix sur un marché ?

CHAPITRE 5

Le marché, un lieu géographique...
Marché aux fruits et légumes à Paris.

... ou un espace virtuel
Site Internet de recherche et de comparaison d'offres de voyages.

PLAN DU CHAPITRE

1	Qu'est-ce qu'un marché ? L'exemple de l'immobilier	72
2	Qu'est-ce que la demande ? L'exemple des carottes bio	74
3	Comment les entreprises déterminent-elles leurs prix ?	76
4	Pourquoi les entreprises ne fixent-elles pas librement leurs prix ?	78
5	Comment schématiser le marché ?	80
>	Synthèse	82
>	Exercices	84

1 Qu'est-ce qu'un marché ? L'exemple de l'immobilier

DÉCOUVRIR

Doc. 1 À vendre !

Appartement 4 pièces 80 m², Aix-en-Provence, 185 000 €

Dans petit immeuble calme appartement de 80 m² en rez-de-chaussée donnant sur verdure. Séjour, 3 chambres, cuisine aménagée et salle de bains. Beaucoup de charme (cheminée, parquet ancien). À voir rapidement.

Appartement 4 pièces 82 m², Aix-en-Provence, 215 000 €

Dans immeuble entretenu, appartement T3/T4 de 82 m² avec séjour double, cuisine aménagée, 2 chambres. Lumineux, bon état. Plus de 10 m² de balcon-terrasse sans vis-à-vis. Proche accès autoroutes et commodités.

Appartement 4 pièces 88 m², Aix-en-Provence, 252 000 €

Dans résidence fermée, beau T4 de 88 m² donnant sur parc arboré. Séjour sur terrasse de 8 m², cuisine avec loggia, 3 grandes chambres avec placard, dressing, salle de bains et WC. Parking fermé. Bus de ville à 100 m, accès direct aux autoroutes. À voir.

Appartement 4 pièces 102 m², Aix-en-Provence, 398 000 €

Rare ! En résidence de standing fermée et sécurisée beau T4 de 102 m² avec terrasse 18 m² exposition sud sans vis-à-vis, grand séjour 45 m², cuisine US équipée, 3 chambres, salle de bains, salle d'eau, garage, parking privé, cave, chauffage individuel électrique.

1. Lire. Quelle marchandise est vendue ici ? Quelles informations sont fournies sur les produits vendus ?

2. Expliquer. À quoi sert une agence immobilière ?

3. Comparer. Existe-t-il d'autres lieux où acheter un logement ?

4. Déduire. Selon vous, comment pourrait-on définir le marché immobilier ?

> **POINT NOTION — Marché et prix**
>
> Un **marché** est un ensemble de transactions visant à échanger des biens ou des services et qui aboutit à la formation d'un prix. Un marché peut être un lieu géographique ou virtuel.
>
> Un **prix** est la quantité de monnaie nécessaire pour se procurer un bien (ou un service) sur un marché.

Doc. 2 Des prix qui peuvent être négociés

Dans les conditions actuelles de marché, les acheteurs peuvent se frotter les mains. « Ils ont repris le pouvoir », constate Laurent Vimont, président de Century 21 [groupe d'agences immobilières]. « Ce sont désormais les acheteurs qui pilotent le marché. Ils jouissent d'une marge de négociation restaurée et d'un éventail de choix plus large. Le délai de vente moyen est de 88 jours (+ 9 jours par rapport à 2007), mais il a dépassé 100 jours dans certaines régions au quatrième trimestre. » Les appartements se vendent en 83 jours, les maisons demandent un peu plus de temps (92 jours).

« Les marges de négociations ont doublé et elles dépassent désormais 10 % dans de nombreuses régions, notamment pour les maisons individuelles », constatent les agents de Century 21. En moyenne, sur l'année, l'écart de prix entre la mise en vente et la signature de la vente ressort à 6,18 %. Il est plus faible pour les appartements (4,97 %) que pour les maisons (7,30 %).

« Immobilier : les acheteurs retrouvent des marges de négociation sur les prix »,
Les Échos, 14 janvier 2009.

5. Expliquer. Dans l'expression « [les acheteurs] ont repris le pouvoir », de quel pouvoir s'agit-il ? Sur qui ?

6. Expliquer. Qu'indique l'allongement des délais de vente ?

7. Calculer. Un appartement mis en vente 215 000 € est finalement vendu 196 000 €. Quelle a été la marge de négociation ?

Doc.3 Un marché fluctuant

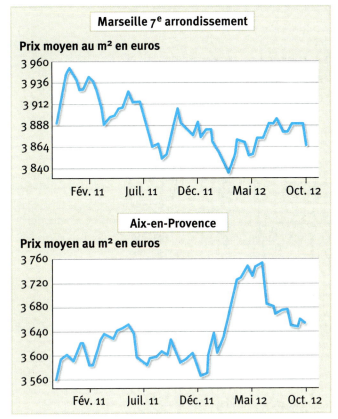

Source : www.seloger.com

8. Lire. Pour chaque donnée entourée en rouge, rédigez une phrase présentant l'information apportée.

9. Comparer. Les prix évoluent-ils de la même façon dans ces deux villes proches ?

10. Déduire. Le commerce des appartements de Marseille (7ᵉ arrondissement) et d'Aix-en-Provence forme-t-il un marché unique ? deux marchés différents ?

Doc.4 Un marché réglementé

 Service-Public.fr

Rappel de quelques règles à respecter pour une transaction immobilière

En zone touchée par les termites, le vendeur doit faire réaliser un état parasitaire (diagnostic termite).

Lorsque l'immeuble est antérieur à 1997, un certificat de non-contamination à l'amiante doit être réalisé par un professionnel agréé (diagnostic amiante).

Dans certains cas, des diagnostics de la présence de plomb, de l'installation de gaz naturel ou de l'isolation thermique sont également nécessaires. Lorsque les diagnostics prévus par la loi ne sont pas fournis, l'acquéreur peut se retourner contre le vendeur pour vice caché.

La surface, mesurée selon la définition fournie par la loi Carrez, doit être calculée avec précision, l'acquéreur pouvant se retourner contre le vendeur en cas d'erreur.

La vente se fait en général en deux temps. Une « promesse de vente » (plusieurs types de contrats existent), incluant certaines possibilités de rétractation, est signée dans un premier temps. Puis, une fois le financement obtenu par l'acheteur et les locaux libérés par le vendeur, la vente, devant notaire, est faite de manière définitive.

D'après http://vosdroits.service-public.fr/particuliers/F15913.xhtml

11. Lire. Quelles règles doit respecter le vendeur d'un bien immobilier ?

12. Expliquer. Qui détermine ces règles ? Qui concourt à leur application ?

13. Expliquer. À quoi servent ces règles ?

BILAN

EXERCICE D'AUTO-ÉVALUATION → corrigés pp. 178-179.

Recopiez et complétez le texte ci-dessous avec les mots ou expressions suivants :
acheteurs – formalités administratives – marchés – prix (2 fois) – produits – règles – vendeurs.

Pour acheter ou vendre un appartement ou tout autre bien immobilier, les agences immobilières et les annonces (dans un journal ou sur Internet) sont les plus efficaces, car elles permettent au vendeur d'être en contact avec de nombreux acheteurs et réciproquement. Les acheteurs peuvent ainsi comparer les ... de logements aux caractéristiques similaires.

Une fois un accord trouvé entre un acheteur et un vendeur, de nombreuses ... sont nécessaires, qui ont pour but de protéger l'acheteur si des défauts du logement lui ont été cachés et protéger le vendeur contre un défaut de paiement de la part de l'acheteur.

De la même façon, la plupart des ... sont constitués de milliers de relations entre des ... et des ... qui déterminent des prix auxquels se font les échanges. Les ... et les ... échangés ne sont pas parfaitement identiques, mais sont suffisamment proches pour être comparés. Des ... plus ou moins contraignantes et précises encadrent ces marchés.

FAIRE LE POINT

Quels sont les différents éléments qui constituent le marché immobilier ?

2. Qu'est-ce que la demande ? L'exemple des carottes bio

DÉCOUVRIR

Doc.1 Enquête sur la demande de carottes bio

Novalis Marketing
Service des études

Confidentiel ! Ne pas diffuser

Compte-rendu d'enquête
Ref. client 11-C-143

L'analyse de l'enquête a permis de distinguer six groupes de consommateurs :
- Les **indifférents** ne voient aucun intérêt à manger bio.
- Les **utilitaristes** sont prêts à consommer bio à condition que le prix soit à peu près le même que celui du non-bio.
- Les **conservateurs prudents** sont peu enclins à changer leurs habitudes, mais sont sensibles au risque santé de certains légumes, ce qui favorise l'adoption du bio.
- Les **innovateurs** adoptent le bio en partie par effet de mode.
- Les **hédonistes**[1] **aisés** sont très attentifs à la qualité et acceptent un surcoût relativement élevé.
- Les **militants** sont convaincus de la supériorité des aliments bio et méfiants à l'égard de la production non bio.

L'enquête statistique établit que la demande de carottes bio est importante en **zone Nord** : les ventes bio représentent environ 14% du total des ventes. Mais cette part pourrait être plus importante si l'offre suivait la demande. En moyenne, les consommateurs payent 1,71 €/kg les carottes bio, ce qui veut dire qu'ils acceptent un surprix de 21 centimes par rapport au prix des carottes non bio (1,50 €/kg).

Il existe une **demande potentielle importante pour des carottes bio dans la région Sud**, mais à condition que la différence de prix avec les produits non bio ne soit pas trop élevée.

1. Hédoniste : personne dont la consommation est orientée vers les plaisirs de l'existence.

1. Définir. Qu'est-ce que la demande de carottes bio ? la demande potentielle ?

2. Expliquer. Pourquoi certains consommateurs acceptent-ils de payer plus cher pour avoir des carottes biologiques ?

3. Déduire. Une production de carottes bio trouvera-t-elle forcément preneur en région Sud ?

POINT NOTION

L'offre et la demande

L'**offre** est la quantité d'un bien (ou d'un service) proposée sur un marché à un prix donné.

La **demande** est la quantité d'un bien (ou d'un service) qu'un individu ou un ensemble d'individus souhaite acheter pour un prix donné.

Doc.2 Ce que les consommateurs de la région Sud accepteraient de payer

Groupes de consommateurs	Part du groupe dans la consommation de carottes	Poids de carottes acheté par chaque groupe	Poids de carottes cumulé	Prix maximum moyen accepté pour des carottes bio
Indifférents	20 %	...	...	/
Utilitaristes	30 %	...	...	1,55 €/kg
Conservateurs prudents	20 %	...	...	1,60 €/kg
Innovateurs	10 %	...	...	1,74 €/kg
Hédonistes aisés	10 %	...	...	1,88 €/kg
Militants	10 %	...	...	(2,04 €/kg)

POINT OUTIL

Tracer une courbe

Il faut repérer, pour chaque axe, le nombre le plus élevé et le nombre le plus faible ; calculer la différence et diviser par le nombre de carreaux disponibles afin de définir l'échelle, en arrondissant (par exemple : 1 carreau = 2 500 kg).

4. Lire. Faites une phrase présentant l'information apportée par la donnée entourée en rouge.

5. Distinguer. Laquelle de ces trois phrases est fausse ?
« Les hédonistes accepteraient de payer jusqu'à 1,88 €. »
« Les hédonistes accepteraient de payer 1,74 €. »
« Les hédonistes accepteraient de payer 2,04 €. »

6. Calculer. Quelle proportion des consommateurs accepteraient de payer 1,88 € pour des carottes bio ?

7. Calculer. La consommation de carottes est actuellement de 38 000 tonnes par an pour la région Sud. Recopiez et complétez le tableau ci-dessus en donnant, pour chaque niveau de prix maximum, la quantité (en kg) qui pourrait être vendue.

8. Représenter. Tracez la courbe (en escalier) correspondante, en mettant les quantités en abscisse et les prix en ordonnée.
→ Voir Flash Méthode 12 p. 169.

Doc. 3 — Étude de marché sur la vente de carottes bio

De Novalis Marketing à GABRS

Objet : Étude de marché concernant la vente de légumes biologiques

Madame, monsieur,

Veuillez trouver ci-joint le résumé des premiers travaux dont le Groupement des agriculteurs biologiques de la région Sud (GABRS) a chargé notre cabinet. Nous avons procédé à deux séries d'études. La première mesure par enquête d'opinion le consentement à payer d'un échantillon de consommateurs de la région Sud. La seconde s'appuie sur les ventes réalisées dans la région Nord, dans laquelle des légumes biologiques sont déjà en vente.

Ces deux études combinées nous permettent de vous fournir les éléments suivants :
80 % des consommateurs sont prêts à acheter des carottes biologiques, y compris si leur prix est légèrement supérieur à celui des autres légumes. Le prix additionnel qu'ils se déclarent prêts à payer se lit sur la courbe de demande ci-dessous, sur laquelle les quantités demandées (en tonnes) sont portées en abscisse et les prix (en euros par kilo) sont portés en ordonnée.

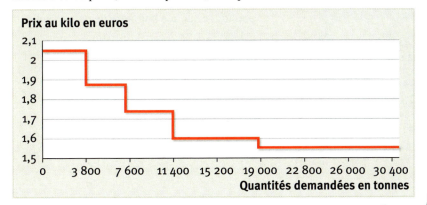

9. Comparer. Vérifiez que la courbe de demande correspond à celle que vous avez réalisée à la question 8.

10. Résumer. Qu'est-ce qui est représenté sur cette courbe ?

11. Expliquer. Pourquoi le GABRS a-t-il commandé cette étude de marché ?

12. Déduire. Pour les agriculteurs du GABRS dont les coûts de production sont estimés à 2 €/kg, à quelle conclusion cette étude de marché conduit-elle ?

13. Déduire. La dépêche suivante vient d'être diffusée par France Info : *« Une étude de l'Institut national de protection des consommateurs recommande l'arrêt de l'utilisation de l'Attila 21, fongicide des laboratoires Mayer. Utilisé notamment contre les parasites de la carotte, ce produit serait responsable d'une hausse du risque de cancer du foie chez certains sujets. »*

Quelle peut être la conséquence de cette information sur la demande de carottes bio ?

BILAN

EXERCICE D'AUTO-ÉVALUATION → corrigés pp. 178-179.

Pour chaque affirmation, sélectionnez la bonne réponse en justifiant votre choix.

1 La demande d'un bien par les consommateurs exprime :
a. Le fait qu'ils veulent posséder ce produit.
b. Le fait qu'ils acceptent de payer un certain prix pour l'obtenir.
c. Le fait qu'ils estiment que c'est un bon produit.

2 Lorsque le prix d'un bien augmente, la demande de ce bien par les consommateurs a tendance à :
a. Augmenter.
b. Diminuer.
c. On ne peut pas savoir.

3 La demande exprimée pour différents niveaux de prix peut être connue approximativement :
a. Par une enquête auprès des consommateurs.
b. Par une enquête auprès des producteurs.
c. En étudiant les prix de vente.

4 Dans la plupart des cas, la demande pour chaque niveau de prix :
a. N'est connue que des consommateurs.
b. Est connue de tous.
c. N'est pas connue.

FAIRE LE POINT

Après avoir présenté les difficultés que soulève la connaissance de la demande des consommateurs pour un produit, vous expliquerez quelle relation unit généralement demande et prix.

Chapitre 5. Comment se forment les prix sur un marché ?

3 Comment les entreprises déterminent-elles leurs prix ?

DÉCOUVRIR

Doc.1 La vitrine du boulanger

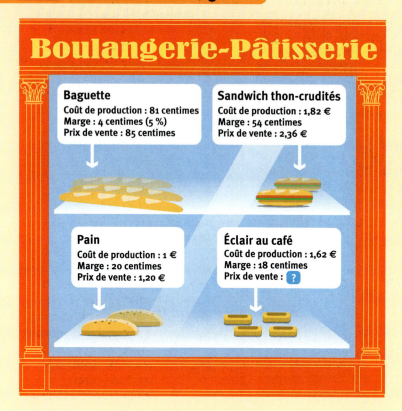

1. **Lire.** Combien coûte la production d'une baguette dans cette boulangerie ? Combien d'argent la boulangerie gagne-t-elle lorsqu'elle en vend une ?

2. **Déduire.** Comment est calculée la marge bénéficiaire sur la vente d'une baguette ?

3. **Calculer.** À quel prix est vendu un éclair au café dans cette boulangerie ?

4. **Calculer.** Quel est le pourcentage (ou coefficient) de marge sur un éclair au café ?
→ Voir Flash Méthode 1 p. 158.

5. **Expliquer.** Pourquoi, selon vous, la marge appliquée sur une baguette de pain est-elle si faible ?

6. **Expliquer.** Pourquoi, selon vous, le boulanger applique-t-il un coefficient de marge différent sur chaque produit ?

Doc.2 Calculer ses prix de vente à partir de ses coûts

La plupart des entreprises fixent un prix de vente P en calculant le coût de production C et en ajoutant une marge bénéficiaire de x % à ce coût : P = C (1 + x %).

Des logiciels, très utilisés par les artisans et commerçants, donnent des formules plus précises :
(Prix d'achat + Frais d'achat + Frais de vente) x (1 + Marge) x (1 + TVA) = Prix de vente TTC.

La marge bénéficiaire est déterminée par chaque entreprise de manière à éviter la vente à perte et à gagner de quoi vivre. Cependant, le vendeur détermine généralement une marge différente sur chaque produit ou famille de produits, ce qui lui permet de mener une stratégie de prix.

En effet, dire que les entreprises décident de leurs prix ne signifie pas qu'elles peuvent imposer n'importe quel prix. Elles doivent tenir compte de la réaction des consommateurs : sont-ils très sensibles au niveau des prix ? Face à un prix plus élevé, vont-ils réduire leurs achats ? Le niveau des ventes dépend des réponses à ces questions. Les entreprises doivent également tenir compte de la concurrence : d'autres entreprises proposent-elles des produits comparables et à quel prix ? La part de marché de l'entreprise en dépend.

A. Parienty, © Nathan, 2010.

POINT NOTION

Marge bénéficiaire et marge commerciale

La **marge bénéficiaire** est le bénéfice réalisé par une entreprise sur la vente d'un produit fabriqué par elle.
La **marge commerciale** est la différence entre le prix de vente hors taxes et le prix d'achat du bien, dans le cas d'un commerce.

7. **Illustrer.** Donnez des exemples, pour un magasin qui revend des vêtements, des frais liés aux achats et des frais liés à la vente.

8. **Calculer.** Quel est le prix de revente d'un pantalon, compte tenu des données suivantes : prix d'achat (frais d'achat compris) : 7,5 € ; frais de vente : 12,5 € ; taux de marge : 40 % ; taux de TVA : 19,6 % ?

9. **Expliquer.** Quels sont les trois éléments dont les entreprises doivent tenir compte dans la fixation du prix ?

Doc. 3 — Des stratégies de prix différentes selon les entreprises

On distingue souvent **quatre stratégies de prix**, présentées dans le tableau suivant et appliquées à l'exemple de la boulangerie. Il est possible pour une même entreprise d'utiliser plusieurs stratégies différentes en même temps pour des produits différents.

A. Parienty, © Nathan, 2010.

10. Définir. D'après le contexte, dites ce qu'est un prix d'appel.

11. Déduire. Dans quelles stratégies les marges bénéficiaires sont-elles les plus importantes ?

12. Illustrer. Donnez des exemples des quatre stratégies dans le cas du marché de l'habillement.

Doc. 4 — Lorsque les prix déterminent les coûts

Toyota a choisi d'inverser le raisonnement habituel : ayant déterminé le prix maximal que les consommateurs sont prêts à payer pour l'un de ses modèles, l'entreprise considère ce prix comme une donnée et essaye de réduire ses coûts, de manière à pouvoir vendre à ce prix et gagner toujours plus d'argent. Cependant, cette stratégie n'est pas vraiment une nouveauté. Dans ses mémoires, Henry Ford (fondateur de la Ford Motor Company) écrit, en 1925 : « La réduction du prix vient en première ligne. Je n'ai jamais considéré le coût de fabrication comme quelque chose de fixe. En conséquence, je commence par réduire les prix pour vendre davantage, puis on se met à l'œuvre, et on tâche de s'arranger du nouveau prix. Je ne me préoccupe pas du coût de fabrication. Le nouveau prix oblige le coût de fabrication à descendre. »

La formulation d'Henry Ford donne à penser qu'il suffirait de le vouloir pour réduire ses coûts. Ce n'est évidemment pas le cas. Cependant, dans certaines activités, le coût unitaire diminue lorsque la quantité produite augmente. Les économistes nomment ce phénomène économies d'échelle. Dans ce cas, les coûts dépendent des ventes, ce qui donne le schéma ci-dessous.

A. Parienty, © Nathan, 2010.

Étude de la demande → Détermination d'un prix de vente bas → Fortes ventes → Économies d'échelle → Réduction des coûts

13. Lire. Comment la marge bénéficiaire de Toyota est-elle déterminée ?

14. Comparer. Montrez que le raisonnement suivi par Toyota est l'inverse du raisonnement habituel.

15. Expliquer. Donnez au moins deux manières différentes de réduire les coûts de production.

16. Déduire. Quels sont les avantages de cette manière de faire ?

BILAN

EXERCICE D'AUTO-ÉVALUATION → corrigés pp. 178-179.

Les affirmations suivantes sont-elles vraies ou fausses ? Justifiez vos réponses.

1. Le plus souvent, le prix est déterminé par le vendeur à partir de ses coûts.   V / F
2. La même marge est appliquée à tous les produits.   V / F
3. Une entreprise commerciale calcule ses coûts en ôtant la marge bénéficiaire du prix de vente.   V / F
4. Une stratégie de prix vise à trouver le moyen de vendre cher.   V / F
5. En présence d'économies d'échelle, il ne sert à rien d'augmenter sa production.   V / F

FAIRE LE POINT

Quels sont les éléments qui déterminent le prix de vente de la production dans une entreprise ?

4. Pourquoi les entreprises ne fixent-elles pas librement leurs prix ?

DÉCOUVRIR

Doc. 1 — Pourquoi le Club Med baisse-t-il ses prix ?

À force de monter en gamme, le Club Med s'est coupé d'une partie de son cœur de cible, des familles pour qui il est devenu trop cher. Le groupe a certes gagné 13 000 clients l'an dernier dans ses villages les plus haut de gamme (4 et 5 tridents), sur lesquels il mise depuis des années. Mais dans le même temps, ses autres sites (2 et 3 tridents), qui représentent toujours 46 % de sa capacité, ont perdu 142 000 clients, soit une baisse de 20 % en un an. Un certain nombre de familles n'a plus les moyens de s'offrir un séjour au Club avec enfants. La direction du groupe a donc décidé de baisser ses prix pour l'été prochain.

À partir de lundi, le Club Med va baisser ses tarifs de 5 à 19 % par rapport à ceux de 2009 dans 36 de ses 80 villages, dont 26 « 3 tridents » et 10 « 4 tridents ».

Dans ces clubs, les familles françaises, belges et suisses, qui représentent 30 % du chiffre d'affaires du groupe, bénéficieront d'avantages supplémentaires, comme 20 % de réduction pour les ados hors transport. Pour une famille avec deux ados, comptez ainsi 8 460 euros la semaine dans le 4 tridents la Caravelle en Guadeloupe début avril, au lieu de 10 620 euros l'an dernier. Pour une semaine à Smir (Maroc) mi-juillet, ce sera 4 140 euros, contre 5 560 euros l'an dernier.

Mathilde Visseyrias, *Le Figaro*, 5 mars 2010.

Agence de voyages du Club Med, Paris.

1. Lire. Que vend le Club Med ? Comment ont évolué ses ventes en 2009 ?

2. Expliquer. Comment la baisse des ventes est-elle interprétée ?

3. Expliquer. Comment l'entreprise a-t-elle réagi ?

4. Déduire. Quelle contrainte pèse ici sur la fixation des prix par l'entreprise ?

Doc. 2 — Que changera la quatrième licence de téléphonie mobile ?

Free mobile, filiale de Free (groupe Iliad), devrait se voir attribuer ce vendredi la quatrième licence d'opérateur de téléphonie mobile. Le fournisseur d'accès à Internet promet de changer la donne sur le marché des télécommunications.

Si Free n'a pas encore communiqué les prix qu'il envisage de pratiquer, son P-DG, Xavier Niel, a exprimé à plusieurs reprises sa volonté de « réduire de mille euros par an la facture d'un foyer ayant trois forfaits », soit une diminution par deux du prix des forfaits de téléphonie mobile. [...]

Si Free propose une baisse massive des prix, les autres opérateurs seront vraisemblablement contraints de s'aligner. C'est d'ailleurs la raison pour laquelle l'État a lancé un appel d'offres pour une quatrième licence mobile : d'après les calculs de Bercy, l'arrivée d'un nouvel entrant sur le marché permettrait de faire baisser les prix de 7 %. [...]

Free estime que l'installation du réseau lui coûtera environ un milliard d'euros, sans compter les 240 millions qu'il devra débourser pour l'achat de la licence. Il s'agit donc pour l'entreprise d'un calcul à long terme : l'entreprise estime qu'il lui faudra cinq années pour parvenir à l'équilibre financier de sa branche mobile, avec une perte totale de 350 millions d'euros sur cette période.

Le Monde.fr, 30 octobre 2009. www.lemonde.fr

5. Lire. Quelles devraient être les conséquences de l'arrivée de Free sur le marché du téléphone mobile ?

6. Expliquer. Pourquoi l'arrivée de Free devrait-elle faire baisser les prix ?

7. Déduire. L'entreprise Free détermine-t-elle son prix de vente en ajoutant une marge à son coût de production ?

Doc. 3 La concurrence en action

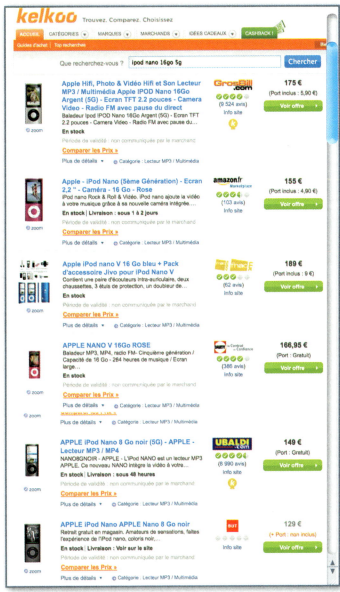

Source : www.kelkoo.fr

8. Expliquer. Quel est le rôle d'un comparateur comme Kelkoo ?

9. Comparer. Les produits et les prix sont-ils proches ?

10. Expliquer. À quoi servent les avis des consommateurs ?

Doc. 4 Une rencontre entre l'offre et la demande

Lorsque l'entreprise se retrouve d'une part face à la concurrence d'autres entreprises, et d'autre part à une demande limitée des acheteurs, elle ne peut pas fixer ses prix librement : si son prix est trop élevé, les clients se tournent vers d'autres vendeurs ou refusent d'acheter. Se définit alors un « prix du marché », qui est à peu près le même partout.

Il est possible de représenter cette situation sur un graphique. Comme nous l'avons vu (avec l'exemple des carottes bio, pp. 74-75), il y a d'autant plus de demande que le prix est bas. La courbe de demande est donc décroissante. Nous supposons que la courbe d'offre est verticale : les entreprises, ayant produit, vendent leur production, quel que soit le prix. Comme le montre le graphique ci-dessous, elles ne peuvent pas écouler toute leur production au prix P1 ; elles ne vendent que Q1. Pour trouver des clients et vendre la quantité Q2, il leur faut baisser leur prix jusqu'au niveau P2, qui s'impose à tous les vendeurs.

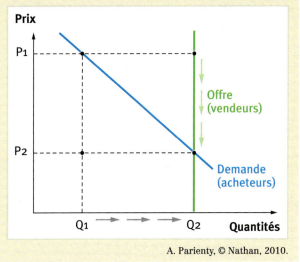

A. Parienty, © Nathan, 2010.

11. Expliquer. Pourquoi le prix P1, d'abord décidé par le vendeur, n'est-il pas tenable ?

12. Déduire. Quel est l'intérêt, pour le vendeur, de réduire son prix de vente ?

13. Analyser. Pourquoi est-il inutile de réduire le prix au-dessous du prix P2 ?

BILAN

EXERCICE D'AUTO-ÉVALUATION → corrigés pp. 178-179.

Recopiez ce schéma et placez-y les flèches permettant d'expliquer le processus de détermination des prix.

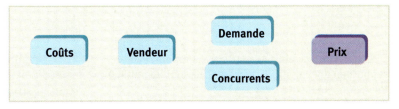

FAIRE LE POINT

Quel rôle joue la concurrence dans la détermination des prix ?

5 Comment schématiser le marché ?

DÉCOUVRIR

Doc.1 Offre, demande et prix

Les économistes utilisent souvent une représentation graphique très simplifiée d'un marché, dans laquelle les courbes représentant l'offre et la demande qui s'exprimeraient pour différents niveaux de prix se coupent en un point appelé « équilibre ».

Cette présentation repose sur trois hypothèses : il existe une courbe de demande, décroissante ; il existe une courbe d'offre, généralement croissante ; il existe un prix unique sur le marché, correspondant à l'intersection des deux courbes.

Aucune de ces hypothèses plus ou moins réalistes n'est scientifiquement démontrée, mais ce schéma aide à comprendre le fonctionnement de marchés concurrentiels.

A. Parienty, © Nathan, 2010.

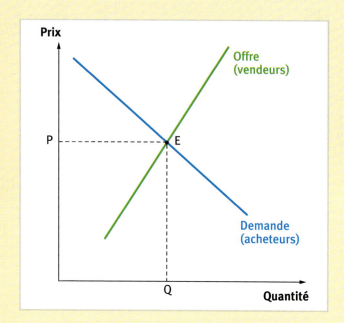

1. Déduire. Que représente le point E ?
2. Expliquer. Pourquoi est-il difficile de vendre plus cher ? de vendre moins cher ?

Doc.2 Changements sur le marché pétrolier

Imaginons que, contrairement aux prévisions, l'hiver soit particulièrement froid dans l'hémisphère Nord, où est concentrée la majorité de la population mondiale. De ce fait, les besoins de chauffage augmentent. Quelles sont les conséquences de cet événement sur le marché pétrolier ?

La demande augmente. Sur le graphique, la courbe de demande se déplace vers la droite, ce qui change le point d'intersection entre l'offre et la demande, qui passe de P1 à P2.

Comme on le voit, il y a à la fois hausse du prix et de la quantité échangée sur le marché. Il serait évidemment important de savoir si c'est plutôt le prix ou la quantité qui va augmenter. Mais il faudrait pour cela connaître la pente de la courbe d'offre, c'est-à-dire l'élasticité-prix de l'offre.

Les choses ne s'arrêtent pas là : en réponse à la hausse du prix, par exemple, la prospection pétrolière peut être relancée, de sorte que l'offre finira par augmenter (si les réserves pétrolières ne sont pas épuisées !), ce qui ferait baisser le prix.

A. Parienty, © Nathan, 2010.

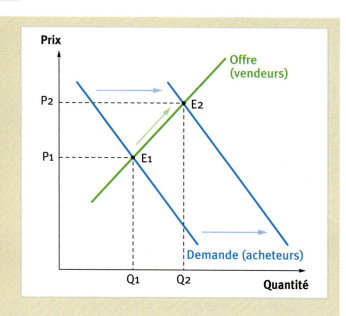

3. Lire. Qu'est-ce qui a changé sur le graphique par rapport au document 1 ? Les ventes de pétrole ont-elles beaucoup augmenté ? et les prix ?
4. Déduire. Que se serait-il passé si la courbe d'offre avait été verticale ? Quelle en serait la signification ?
5. Déduire. Que se serait-il passé si la courbe d'offre avait été horizontale ? Quelle en serait la signification ?
6. Expliquer. À votre avis, dans quels cas la courbe d'offre de pétrole sera-t-elle plutôt verticale ? Dans quels cas sera-t-elle plutôt horizontale ?

Doc. 3 — Réserves de pétrole et prix

Tant que le prix de vente aux compagnies pétrolières demeure inférieur à 25 $ par baril (un baril de pétrole correspond à 169 litres), seuls les pétroles dits conventionnels sont rentables à exploiter. Mais si le prix monte, l'exploitation dans des régions difficiles, comme les grands fonds marins ou les pôles, devient possible. De même, il devient rentable de récupérer le pétrole qui reste au fond des gisements, de transformer le pétrole lourd inclus dans des sables ou dans des roches. Le graphique ci-dessous donne les réserves de pétrole disponibles pour différents niveaux de prix à la production (avant transport et raffinage).

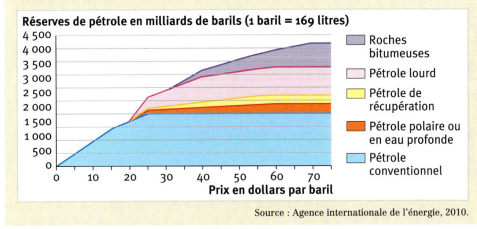

Source : Agence internationale de l'énergie, 2010.

7. Lire. De quelles réserves de pétrole disposons-nous pour un prix à la production de 10 $? 25 $? 70 $?

8. Déduire. Si la hausse de la demande fait monter le prix du pétrole, comment l'offre va-t-elle évoluer ?

9. Déduire. L'adaptation de l'offre par la mise en service de nouveaux gisements est-elle immédiate ?

10. Expliquer. Montrez, en conséquence, qu'il faut distinguer une courbe d'offre à court terme et une courbe d'offre à long terme.

11. Distinguer. Un nouveau gisement de pétrole, de très grande taille, est mis en service. Est-ce un changement de l'offre ou de la demande de pétrole ?

Doc. 4 — Le fonctionnement du marché du pétrole

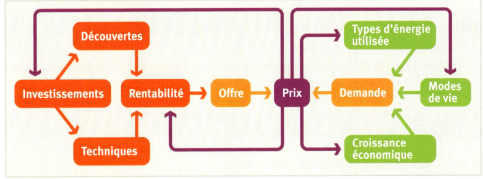

Source : A. Parienty, © Nathan, 2010.

12. Expliquer. Par quels mécanismes les prix agissent-ils sur la demande de pétrole ? Sur l'offre de pétrole ?

13. Analyser. Puisque l'offre et la demande s'adaptent en fonction des prix, pourquoi y a-t-il des crises, marquées par l'explosion ou au contraire l'effondrement des prix ?

BILAN

EXERCICE D'AUTO-ÉVALUATION → corrigés pp. 178-179.

1 Laquelle de ces affirmations est vraie ?
a. Lorsque de nouveaux vendeurs se portent sur le marché, la courbe d'offre se déplace vers la gauche.
b. Lorsque de nouveaux vendeurs se portent sur le marché, la courbe d'offre se déplace vers le haut.
c. Lorsque de nouveaux vendeurs se portent sur le marché, la courbe d'offre se déplace vers la droite.
d. Lorsque de nouveaux vendeurs se portent sur le marché, la courbe d'offre ne se déplace pas.

2 Laquelle de ces affirmations est fausse ?
a. Le prix change généralement lorsque la courbe de demande se déplace.
b. Le prix change généralement lorsque la courbe d'offre se déplace.
c. La courbe d'offre change généralement lorsque le prix change.
d. Le prix reste généralement inchangé lorsque la courbe d'offre se déplace.

FAIRE LE POINT

Comment les mécanismes du marché conduisent-ils à ce que la production tienne compte des souhaits des acheteurs ?

SYNTHÈSE : Comment se forment les prix sur un marché ?

L'ESSENTIEL

A Qu'est-ce qu'un marché ?

▶ Un **marché** est un ensemble de transactions, par lesquelles des biens ou des services sont échangés. Ces transactions prennent des formes très diverses : le marché peut être un lieu géographique unique, un ensemble de lieux géographiques, ou un espace virtuel tel qu'un site Internet. Généralement, le marché est décentralisé, les transactions se faisant entre un vendeur et un acheteur (dans un magasin, par exemple) ; mais il peut parfois être centralisé (vente aux enchères, par exemple). Enfin, le marché est plus ou moins réglementé (il faut des règles plus sévères pour les médicaments que pour des vêtements).

▶ Lorsque les acheteurs – qui constituent la **demande** – sont en concurrence pour se procurer des biens et les vendeurs – qui constituent l'**offre** – en concurrence pour vendre, le marché constitue un mécanisme régulant les échanges par l'intermédiaire des **prix**.

B Les comportements de la demande et de l'offre

▶ Les acheteurs présents sur un marché sont sensibles à la qualité de chaque produit, à ses caractéristiques, aux produits équivalents qu'ils pourraient acheter ou à l'évolution de leurs revenus. Mais ils réagissent d'abord au prix et demandent en général une quantité d'autant plus importante d'un bien que son prix diminue relativement à celui des autres biens. Cette sensibilité est variable selon les marchés, l'**élasticité-prix** de la demande étant plus forte pour les biens accessoires et faciles à remplacer (par exemple le cinéma) que pour des biens essentiels (tels que le pain ou l'électricité).

▶ Les vendeurs sont également susceptibles de modifier leur offre en fonction du prix auquel ils parviennent à vendre leurs produits. Généralement, un prix élevé accroît l'offre sur un marché, mais cet accroissement peut prendre du temps.

C La fixation des prix

▶ Sur la plupart des marchés, les prix sont établis par les vendeurs. Ils tiennent compte de leurs coûts de production et ajoutent une **marge bénéficiaire** déterminant leur revenu. Cependant, cette décision n'est pas libre : un prix trop élevé peut se traduire par des ventes insuffisantes si les acheteurs sont peu nombreux à l'accepter ou si des concurrents proposent un prix moins élevé. Lorsqu'il est difficile pour un vendeur de s'écarter du prix moyen proposé par les autres vendeurs, il est possible de parler d'un « prix du marché ».

▶ Les vendeurs inversent parfois leur processus de décision : ils fixent un prix qui leur assure des ventes importantes et essayent de réduire leurs coûts, de façon à dégager une marge bénéficiaire suffisante. Cette stratégie est logique lorsque des **économies d'échelle** existent, qui permettent d'augmenter la productivité.

LES NOTIONS À CONNAÎTRE

■ **Demande**
Quantité d'un bien (ou d'un service) qu'un individu ou un ensemble d'individus souhaite acheter pour un prix donné.

■ **Économie d'échelle**
Diminution du coût unitaire d'un produit lorsque la production augmente.

■ **Elasticité-prix**
Variation relative de l'offre ou de la demande d'un bien (ou d'un service) en réponse à la variation du prix relatif de ce bien.

■ **Marché**
Ensemble de transactions visant à échanger un bien (ou un service) entre des acheteurs et des vendeurs. Dans un sens plus large, il s'agit d'un mécanisme régulant les échanges de biens dans une économie.

■ **Marge bénéficiaire**
Bénéfice réalisé par une entreprise sur la vente d'un produit fabriqué par elle. Dans le cas d'un commerce, on parle de marge commerciale (différence entre le prix de vente hors taxes et le prix d'achat du bien).

■ **Offre**
Quantité d'un bien (ou d'un service) proposée sur un marché à un prix donné.

■ **Prix**
Quantité de monnaie nécessaire pour se procurer un bien (ou un service) sur un marché.

SCHÉMA DE SYNTHÈSE

Comment se forment les prix sur un marché ?

POUR ALLER PLUS LOIN

Site Internet à consulter

▶ www.netpme.fr/conseil-entrepreneur/887-jamais-sans-mon-etude-marche.html
Pour tout savoir sur les études de marché.

À lire

▶ Roger Guesnerie, *L'Économie de marché*, éd. du Pommier, 2006.
Un petit livre expliquant de manière pédagogique ce qu'apportent les marchés au fonctionnement de l'économie.

▶ Pietra Rivoli, *Les Aventures d'un tee-shirt dans l'économie globalisée*, éd. Fayard, 2007.
Les Aventures d'un tee-shirt, c'est le fonctionnement des marchés du coton, de l'habillement, du recyclage, des États-Unis à l'Afrique en passant par la Chine.

À voir

▶ *Sur les routes du coton*, d'Erik Orsenna et Joël Calmettes, 2005.
Ce documentaire déroule le fil de l'économie du coton tout au long d'un voyage économico-social à travers cinq pays : Mali, États-Unis, Brésil, Chine et France. Un point de vue instructif et aiguisé sur la mondialisation des marchés.

▶ *It's a free world!*, de Ken Loach, 2007.
Comment une ancienne salariée virée devient patronne inflexible. Un regard sur certaines implications humaines du libre marché.

EXERCICES

VÉRIFIER SES CONNAISSANCES

1 Prix et ventes de yaourts Danone en 2009

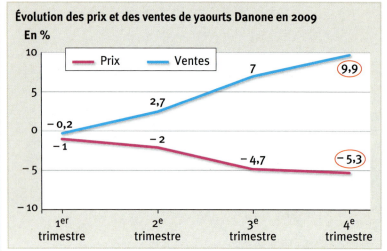

Source : *Le Figaro*, 12 février 2010.

1. Faites une phrase expliquant la signification des données entourées en rouge.

2. Recopiez le tableau suivant et complétez-le à l'aide du graphique ci-dessus.
➜ **Voir Flash Méthode 3 p. 160.**

	Variation du prix (en %)	Variation des ventes (en %)	Indice du prix	Indice des ventes
4ᵉ trimestre 2008	//	//	100	100
1ᵉʳ trimestre 2009	– 1	– 0,2		
2ᵉ trimestre 2009	– 2	+ 2,7		
3ᵉ trimestre 2009	– 4,7	+ 7		
4ᵉ trimestre 2009	– 5,3	+ 9,9		

3. Tracez la courbe donnant les ventes en fonction du prix au cours des cinq trimestres. ➜ **Voir Flash Méthode 12 p. 169.**

4. La forme de cette courbe est-elle surprenante ?

2 La stratégie de prix de Danone

« La crise sociale est devant nous et l'allongement de la durée du chômage va peser sur la consommation en 2010 », a prévenu hier Franck Riboud, président de Danone, lors de la présentation des résultats annuels du groupe. Les dirigeants de Danone s'estiment toutefois armés pour cette nouvelle année de crise, grâce au travail effectué l'an passé. Le groupe a misé avec succès sur les ajustements de prix et les promotions pour relancer ses ventes.

Le leader mondial des produits laitiers reste sur ses positions. Pas question d'augmenter ses prix en 2010, malgré la hausse attendue du prix des matières premières, lait et pétrole en tête. « On ne fera pas de hausses de tarifs qui abîmeraient la compétitivité de Danone », a assuré son président, qui se fixe comme priorité de conserver, voire d'augmenter, ses parts de marché.

Cet effort sur les prix n'empêchera pas le groupe de maintenir sa marge à 15,3 % des ventes, grâce à la hausse des quantités et aux gains de productivité.

D'après Keren Lentschner, *Le Figaro*, 12 février 2010.

1. De quel marché est-il question ici ? Présentez l'offre et la demande.

2. Quelles forces poussent les prix à la hausse sur ce marché ? Quelles forces les poussent à la baisse ?

3. Quelle est la stratégie de prix de l'entreprise ?

4. Par quels moyens Danone parvient-il à maintenir sa marge bénéficiaire ?

5. Rappelez ce que sont les gains de productivité.

6. Expliquez par quel mécanisme les gains de productivité accroissent la marge bénéficiaire ?

APPROFONDIR SES CONNAISSANCES

3 La faille Nespresso

Vous pourrez bientôt acheter dans un magasin Casino les dosettes de votre machine Nespresso. Plus besoin de les acheter dans les boutiques Nespresso ou sur Internet. C'est une première brèche dans le modèle inventé par Nestlé.

Le groupe suisse, propriétaire de Nespresso, a imaginé un système fermé. Des machines à son nom qui fonctionnent avec des capsules spéciales protégées par un brevet. Celui-ci court jusqu'au 31 octobre 2011. Seulement, il semblerait qu'un homme, l'ex-patron de Nespresso, Jean-Paul Gaillard, aidé d'une armada d'avocats et d'experts, ait trouvé une faille.

Cette faille lui permet de copier les fameuses dosettes sans se faire attaquer par Nestlé. Fort de sa trouvaille, il a signé avec Casino. Et histoire d'enfoncer le clou, il va les vendre moins cher, 20 % moins cher. Une concurrence de taille donc pour le roi de la machine à café. Car c'est justement sur ses capsules qu'il réalise l'essentiel de ses bénéfices.

La rédaction avec Sarah-Lou Cohen, Radio BFM, 5 mars 2010. www.radiobfm.com

1. Une machine à café Nespresso ne fonctionne qu'avec des dosettes de café de la même marque. Quel est l'avantage de ce système pour l'entreprise en matière de fixation des prix ?

2. Donnez d'autres exemples d'entreprises utilisant la même stratégie sur d'autres marchés.

3. Comment l'entreprise Nestlé, propriétaire de la marque Nespresso, s'est-elle protégée contre la concurrence ?

4. Que change l'arrivée d'un concurrent ?

La pollution : comment remédier aux limites du marché ?

CHAPITRE 6

La pollution peut être d'origine naturelle...
Nuage de cendres qui s'échappe du volcan islandais Eyjafjöll, entré en éruption le 14 avril 2010.

... mais aussi d'origine humaine
L'accident sur la plate-forme pétrolière du groupe BP le 22 avril 2010 provoque un désastre écologique dans le golfe du Mexique.

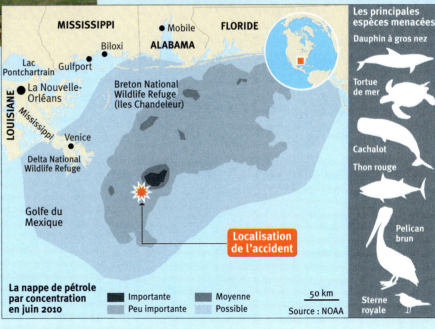

PLAN DU CHAPITRE

1. Comment le marché produit-il des pollutions ? — 86
2. Les ressources naturelles peuvent-elles résister aux pressions du marché ? — 88
3. Pourquoi le marché ne lutte-t-il pas spontanément contre la pollution ? — 90
4. L'État peut-il influencer le marché ? — 92
5. L'État peut-il contraindre le marché ? — 94
> Synthèse — 96
> Exercices — 98

1. Comment le marché produit-il des pollutions ?

DÉCOUVRIR

Doc.1 Les activités humaines provoquent le réchauffement climatique

Une grande partie des gaz à effet de serre qui piègent la chaleur du soleil à l'intérieur de l'atmosphère, comme la vapeur d'eau, le gaz carbonique ou le méthane, est naturellement produite par la Terre. Mais l'activité économique accentue le rejet naturel de gaz carbonique ou de méthane, provoquant ainsi le réchauffement de la planète. Brûler des énergies fossiles (charbon, pétrole, gaz) dans les procédés industriels rejette une grande quantité de CO_2. Le méthane est émis par des millions de vaches, chèvres, ou moutons, par les rizières et par les décharges. Le monoxyde de carbone se trouve dans les gaz d'échappement des voitures. Enfin, le protoxyde d'azote, lorsqu'il est d'origine humaine, provient principalement de l'utilisation d'engrais chimiques. Parmi les gaz à effet de serre d'origine industrielle, les halocarbures ou gaz réfrigérants s'échappent notamment des systèmes de climatisation.

A. Vallée, © Nathan, 2010.

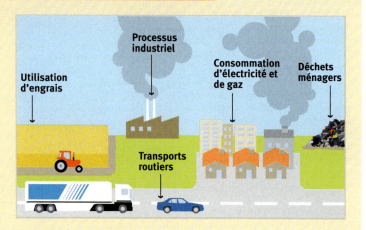

1. Définir. Qu'est-ce qu'un gaz à effet de serre ?
2. Lire. Quelles sont les activités industrielles directement responsables du réchauffement climatique ?
3. Justifier. Pourquoi l'augmentation de la circulation automobile entraîne-t-elle le réchauffement climatique ?

> **POINT NOTION**
>
> **Qu'est-ce que la pollution d'origine humaine ?**
>
> La **pollution d'origine humaine** désigne la dégradation de l'environnement naturel liée à l'introduction de substances chimiques, de déchets industriels et ménagers, ou au rejet de gaz à effet de serre. Elle entraîne la pertubation de l'écosystème, des dérèglements climatiques ou l'apparition de maladies.

Doc.2 L'informatique dans un drôle de nuage

	2007		2020	
	Consommation d'électricté en milliards de kWh	Émissions de gaz à effet de serre liées à la consommation d'électricité en millions de tonnes équivalent CO_2	Consommation d'électricté en milliards de kWh	Émissions de gaz à effet de serre liées à la consommation d'électricité en millions de tonnes équivalent CO_2
Fermes informatiques	330	174	1012	553
Infrastructures de télécommunications	293	154	330	501
Total nuage informatique (1)	623	358	1963	1034

(1) Non compris la consommation d'électricité des ordinateurs personnels.
(2) La tonne équivalent CO_2 inclut les 6 gaz à effet de serre reconnus par le protocole de Kyoto. Leurs émissions sont converties en une seule unité : le pouvoir de réchauffement d'une tonne de CO_2. Chaque émission d'une tonne de méthane vaut 25 tonnes équivalent CO_2.

Source : Make IT Green, *Cloud Computing and its contribution to Climate Change*, Greenpeace International, rapport publié en mars 2010.

4. Représenter. À l'aide d'un graphique, montrez l'évolution de la consommation d'électricité et celle des émissions de gaz à effet de serre entre 2007 et 2020. → Voir Flash Méthode 12 p. 169.
5. Justifier. En quoi la forte augmentation du nombre de ménages connectés à Internet entraîne-t-elle indirectement le réchauffement climatique ?

> **POINT NOTION**
>
> **Fermes informatiques et nuage informatique**
>
> « L'**informatique dans les nuages** » consiste pour les entreprises ou les particuliers à confier le stockage de leurs données et de leurs programmes à des sociétés tierces qui centralisent et hébergent ces ressources dans des « **fermes informatiques** » ou bâtiments rassemblant des ordinateurs géants aux capacités de stockage très élevées. Ces données sont ensuite accessibles à tout moment *via* Internet.

Doc.3 Les chercheurs d'or pollueurs

Né dans la province voisine du Maranao, Vao, chercheur d'or, était promis à l'existence misérable des habitants du Nordeste brésilien. À 200 euros par mois, il aurait pu faire vivre sa famille chichement dans la gêne et la résignation. Mais il savait que plus loin vers la côte, en Guyane ou au Surinam, on avait trouvé le métal jaune. L'or se trouve dans la roche. La pluie équatoriale tombe comme une cataracte. Elle use la roche et entraîne dans son flot incessant des particules de métal jaune, qu'on retrouve ensuite sous forme de poudre ténue au fond des cours d'eau de la forêt. Pour commercialiser la poudre récoltée, il faut la coaguler et en faire de petits cailloux qu'on pourra peser et vendre. Cette coagulation exige l'emploi d'un catalyseur qui assemble chimiquement les particules sans s'y mélanger. Ce catalyseur, c'est le mercure. Indestructible, on le retrouve dans les animaux amphibies, dans le fleuve en aval des criques, dans les poissons dont se nourrissent les populations locales. Le mercure mine le corps et provoque des malformations chez l'enfant à naître. Mais sans mercure, point d'or : la question de la sécurité, de la santé, de la protection de la nature, ne se pose pas. Seule compte la paie qu'on touche en fin de mois. Le gramme d'or vaut environ 25 euros sur le marché mondial. Selon les mois et les caprices de la rivière, Vao gagne de 300 à 800 euros, dont il envoie l'essentiel à sa famille.

D'après Laurent Joffrin et Patrice Franceschi, « La vie à prix d'or », *Libération*, 10 avril 2010.

6. Lire. Quel est le lien entre les chercheurs d'or et la pollution ?

7. Expliquer. Quelle a été la motivation de Vao ?

8. Déduire. Que pourrait faire l'État brésilien pour mettre fin à cette pollution ?

Doc.4 Le marché mondial de l'or

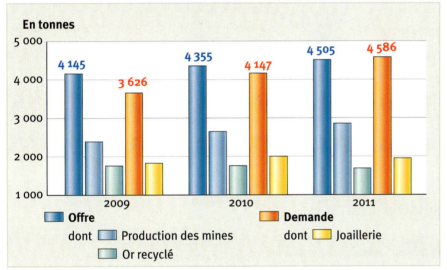

Source : Thomson Reuters GFMS, World Gold Council, 2012.

9. Calculer. Comment ont évolué la demande et l'offre sur le marché mondial de l'or entre 2009 et 2011 ?
→ Voir Flash Méthode 2 p. 159.

10. Déduire. Pour quelle raison, selon ce graphique, le prix d'une once d'or (31,103 grammes) a-t-il augmenté sur le marché mondial ?

11. Justifier. Quel est le lien entre le marché de l'or et la pollution des eaux des rivières ? Aidez-vous du document 3 pour répondre.

BILAN

EXERCICE D'AUTO-ÉVALUATION → corrigés pp. 178-179.

La production de produits alimentaires génère des rejets de gaz à effet de serre. Trouvez, pour chaque exemple de produits alimentaires listés ci-dessous, la cause d'émission de gaz à effet de serre parmi celles citées dans cette double page.

1 Viande de bœuf, 150 g
 { → Élevage → **a.** ...
 { → Production de céréales pour l'alimentation animale → **b.** ...

2 Haricots verts surgelés, 1 kg
 { → **c.** ...
 { → **d.** ...

3 Ananas frais de Côte d'Ivoire → **e.** ...

4 Commande de produits sur le site Internet de l'enseigne → **f.** ...

FAIRE LE POINT

Comment le marché produit-il des pollutions ? Vous illustrerez votre réponse à l'aide des exemples et des chiffres donnés dans cette double page.

2. Les ressources naturelles peuvent-elles résister aux pressions du marché ?

DÉCOUVRIR

Doc.1 Biocapacité et empreinte écologique

Quelle devrait être la taille d'une île déserte (terre, lagon et mer accessible compris) pour permettre à un naufragé de répondre durablement à ses besoins en nourriture, chauffage, matériaux de construction, air pur, eau potable, absorption de déchets ? Cette surface mesurée en hectares globaux représente l'empreinte écologique de notre Robinson Crusoé. La capacité de l'île à répondre à cette demande dépend notamment de la richesse et de la diversité des sols. La biocapacité de l'île, convertie en surface biologiquement utile, est donc également mesurée en hectares globaux. On comprend que si le mode de vie de notre naufragé exerce une pression trop forte sur son île (s'il fait par exemple des grands feux de camp tous les soirs pour tromper sa solitude), c'est-à-dire si son empreinte écologique est supérieure à la biocapacité de l'île, sa survie risque d'être compromise à plus ou moins long terme…

D'après WWF France (organisation mondiale de protection de l'environnement). www.wwf.fr

Voici comment se répartit la biocapacité de cette île fictive :

Surface en m²	
Champs cultivés	1 300
Pâturages	2 800
Forêts	3 300
Pêcheries	2 400
Terrains construits	200
Surface totale de l'île	50 000

Source : Situation mondiale des pêches et de l'aquaculture, rapport 2008, FAO.

1. Lire. Quel besoin chaque surface listée dans le tableau permet-elle de satisfaire ?

2. Lire. À quoi correspond l'offre de capital naturel, la demande de capital naturel ?

3. Calculer. Si l'empreinte écologique de Robinson est de 1 hectare global (soit 10 000 m²), la biocapacité de cette île est-elle suffisante ?

4. Décrire. Quelle peut être la conséquence d'une hausse de la quantité de feux réalisés par Robinson ?

> **POINT NOTION** — Biocapacité et empreinte écologique
>
> La **biocapacité** de la planète est sa capacité à produire des ressources renouvelables (champs, pâturages, forêts, zones de pêche, etc.) et à absorber les déchets découlant de la consommation humaine. Elle mesure en hectares globaux ce que la nature fournit à l'homme comme capital naturel renouvelable.
>
> L'**empreinte écologique** indique ce que l'homme utilise comme capital naturel renouvelable à des fins de production, de consommation et d'absorption de déchets. Elle se mesure en hectares globaux.

Doc.2 La surconsommation de poissons

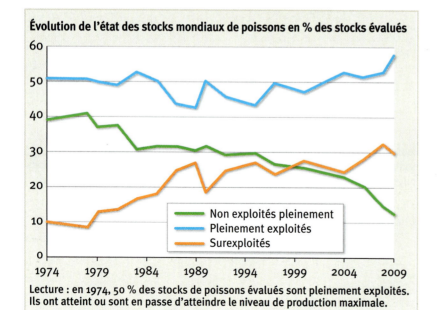

Évolution de l'état des stocks mondiaux de poissons en % des stocks évalués (Non exploités pleinement, Pleinement exploités, Surexploités)

Lecture : en 1974, 50 % des stocks de poissons évalués sont pleinement exploités. Ils ont atteint ou sont en passe d'atteindre le niveau de production maximale.

Source : Situation mondiale des pêches et de l'aquaculture, rapport 2012, FAO.

Offre mondiale de poissons pour la consommation humaine

	1974	2009
En kg/habitant	11,9	18,4

Source : FAO.

5. Lire. Quelle est, en 1974, la part des stocks de poissons sous-exploités, et celle des stocks de poissons surexploités ou épuisés ?

6. Décrire. Comment ont évolué ces parts entre 1974 et 2009 ?

7. Justifier. En quoi l'évolution de l'offre mondiale de poissons destinés à la consommation permet-elle d'expliquer celle des stocks de poissons ?

8. Expliquer. Quelles techniques de pêche entraînent le gaspillage des ressources mondiales en poissons ? Pour vous aider, faites une recherche sur Internet.

Doc.3 Une terre pour tous ?

	1961	1965	1970	1975	1980	1985	1990	1995	2000	2005	2008
Population mondiale en milliards d'individus	3,1	3,3	3,7	4,1	4,4	4,8	5,3	5,7	6,1	6,5	6,7
Empreinte écologique mondiale en hectares globaux/hab.	2,4	2,5	2,8	2,7	2,8	2,6	2,7	2,5	2,5	2,6	2,7
Biocapacité mondiale en hectares globaux/hab.	3,2	3,0	2,8	2,5	2,4	2,3	2,1	2,0	1,9	1,8	1,8

Note : Un hectare de terre ne produit pas la même quantité de ressources partout dans le monde. Pour permettre les additions mondiales, l'unité utilisée est un hectare global noté hag, soit un hectare ramené à une capacité de production de ressources et d'absorption de déchets correspondant à la capacité de production moyenne par hectare dans le monde.

Source : National Footprint Accounts 2011, Global Footprint Network.

9. Calculer. Calculez pour chaque année le rapport entre l'empreinte écologique mondiale et la biocapacité mondiale. Représentez les résultats sur un graphique. → Voir Flash Méthode 12 p. 169.

10. Déduire. Combien faudrait-il de planètes en 2008 pour satisfaire les besoins de toute la population ? Quelle est la signification de ce résultat ?

11. Calculer. En supposant l'empreinte écologique moyenne d'un habitant constante, combien faudrait-il de planètes en 2050 si la population mondiale passe à 9 milliards d'individus ?

Doc.4 Les pays créditeurs ou débiteurs en termes écologiques

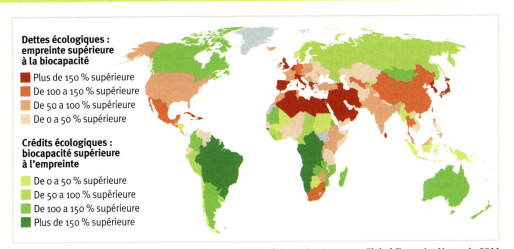

Source : National Footprint Accounts, Global Footprint Network, 2011.

12. Définir. Qu'est-ce qu'un pays débiteur en termes écologiques ? un pays créditeur ?

13. Lire. Quelle est la situation de l'Amérique du Sud ? celle des États-Unis ?

14. Déduire. D'après vous, quels sont, à court terme puis à long terme, les moyens dont dispose un pays débiteur pour réduire sa dette écologique ?

BILAN

EXERCICE D'AUTO-ÉVALUATION
→ corrigés pp. 178-179.

Complétez le texte en utilisant les notions suivantes et les chiffres du graphique ci-contre pour faire les calculs : *autonome – biocapacité – dette écologique – empreinte écologique – ressources*.

> En France, entre 1961 et 2008, l' ... moyenne par personne a augmenté de ... %. En 2008, elle était de ... hectares globaux par personne. Elle était donc supérieure de ... % à la ... par personne du pays, c'est-à-dire ... hectares globaux par personne. La France est donc loin d'être ... au niveau écologique, elle doit puiser chaque année dans les ... des autres pays pour combler sa ... .

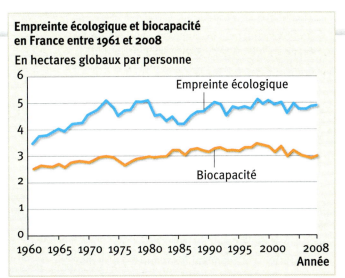

Empreinte écologique et biocapacité en France entre 1961 et 2008
En hectares globaux par personne

Source : National Footprint Accounts, 2011, Global Footprint Network.

FAIRE LE POINT

Justifiez, à l'aide des exemples traités dans cette double page, l'idée selon laquelle les choix de consommation de l'humanité et les techniques de production utilisées surexploitent les ressources naturelles.

3 Pourquoi le marché ne lutte-t-il pas spontanément contre la pollution ?

DÉCOUVRIR

Doc.1 Qu'est-ce qu'un effet externe ?

L'effet externe (ou externalité) désigne une conséquence indirecte provoquée par les entreprises, les consommateurs ou l'État sur l'activité d'un autre agent économique ou sur la société tout entière. Cet effet, positif ou négatif, bénéfique ou nuisible, ne donne lieu à aucune compensation financière. Il est donc externe au marché car il ne participe pas à la définition des prix sur les marchés concernés.

Par exemple, la construction d'une autoroute induit à la fois des effets externes positifs (désenclavement d'une région et création d'emplois) et des effets externes négatifs (pollution sonore et atmosphérique pour les riverains).

On ne peut internaliser ces effets externes, c'est-à-dire rendre au marché la prise en compte de ces effets, pour deux raisons : d'une part, il est difficile d'isoler les responsables, bénéficiaires ou victimes ; d'autre part, il est aussi difficile de chiffrer précisément le montant des pertes appelées coûts sociaux ou des bénéfices occasionnés.

Il ne peut donc s'établir entre tous ces acteurs un système de prix capable soit de compenser financièrement les dégâts, soit de rémunérer les bénéfices occasionnés.

A. Vallée, © Nathan, 2010.

1. Justifier. Pour quelle raison la pollution d'origine humaine est-elle un effet externe ?
2. Lire. Quels sont les deux obstacles qui empêchent les marchés d'internaliser les effets externes ?

Doc.2 La déforestation : un exemple d'effet externe négatif

La fine couche de terre végétale qui recouvre le sol de la planète constitue le fondement de notre civilisation. Cette terre dont l'épaisseur se mesure en centimètres sur l'essentiel du globe forme le milieu dans lequel les plantes peuvent pousser. En retour, les plantes protègent le sol de l'érosion. L'activité humaine bouleverse cet équilibre : le surpâturage, la déforestation (pour étendre les zones de culture sur des terres marginales) accélèrent la disparition de la fine couche de terre arable. Une fois que la végétation est détruite, l'érosion du sol par le vent augmente au-delà de tout contrôle. Parmi les exemples les plus notables, il faut citer la désertification des grandes plaines des États-Unis dans les années 1930, celle des terres vierges soviétiques dans les années 1960 et, de nos jours, celles en cours dans le nord-ouest de la Chine et dans la région du Sahel en Afrique.

D'après Lester R. Brown, *Le Plan B. Pour un pacte écologique mondial*, Calmann-Lévy, 2007.

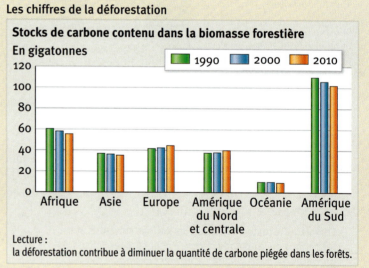

Les chiffres de la déforestation

Lecture : la déforestation contribue à diminuer la quantité de carbone piégée dans les forêts.

Source : Évaluation des ressources forestières mondiales, FAO, 2012.

3. Lire. Quelles sont les régions pour lesquelles la déforestation a été la plus élevée ?
4. Expliquer. Quel est le lien entre les racines des arbres et l'érosion de la terre ?
5. Déduire. D'où viennent les tempêtes de sable ?
6. Expliquer. Peut-on chiffrer le coût social de cet effet externe négatif et pourquoi ?
7. Justifier. Pour quelle raison le marché est-il ici défaillant ?

> **POINT NOTION**
>
> **Qu'est-ce qu'un coût social ?**
>
> La disparition d'espèces animales, la déforestation, la pollution de l'air ou des rivières, l'accumulation de déchets ménagers engendrent des coûts supplémentaires non inclus dans les coûts de production totaux des entreprises responsables de ces effets externes négatifs. Ces coûts, supportés le plus souvent par l'ensemble de la collectivité, s'appellent des **coûts sociaux**.

Doc. 3 — La pollution est mondiale

Selon une étude publiée en janvier 2010 par la revue *Nature*, un effet de serre issu d'Asie se retrouve quelques jours plus tard au-dessus de l'ouest des États-Unis. On sait de longue date que la pollution est un phénomène mondialisé : le CO_2 d'origine humaine n'est-il pas accusé de chambouler le climat de la planète ? Ne retrouve-t-on pas dans l'organisme des Inuits et des ours polaires de l'Arctique des métaux lourds et des polluants organiques persistants produits à des milliers de kilomètres, dans les pays industrialisés ? Des zones entières du Pacifique ne sont-elles pas colonisées par un océan de débris en plastique ? L'ozone n'est qu'un exemple, frappant, de ces exportations à longue distance des pollutions.

Hervé Morin, « Dans l'ombre du CO_2, le danger O3 », *Le Monde*, 22 janvier 2010.

8. Illustrer. Quel est l'effet externe décrit dans ce texte ?
9. Lire. Quelles sont les victimes de cet effet externe ?
10. Déduire. Pour quelle raison le marché ne peut-il pas internaliser cet effet externe ?

Doc. 4 — Qu'est-ce qu'un bien collectif ?

Un bien collectif possède deux caractères indépendants : la non-exclusion et la non-rivalité des consommateurs. La première signifie qu'aucun individu, y compris le mauvais payeur (ou passager clandestin), ne peut être exclu de l'utilisation de ce bien. La seconde signifie que les quantités consommées par les uns ne réduisent pas les quantités disponibles pour les autres. L'éclairage urbain présente ces deux caractères. D'autres biens ne possèdent qu'un seul de ces deux caractères : les poissons des océans sont rivaux mais non excluables.

D'après *Dictionnaire d'économie et de sciences sociales*, Nathan 2010.

11. Définir. Qu'est-ce qu'un passager clandestin ?
12. Justifier. Pour quelle raison les biens collectifs sont-ils en dehors du marché ? Vous utiliserez la notion de passager clandestin pour répondre.

Doc. 5 — La loi du marché ne peut pas sauver le thon rouge

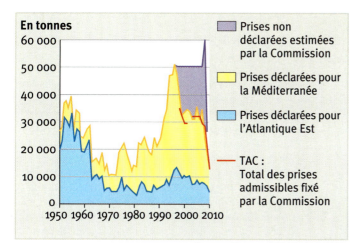

Source : Rapport ICCAT 2010-2011, Commission internationale pour la conservation des thonidés de l'Atlantique.

Le phénomène majeur des dernières décennies est l'essor du marché du sushi-sashimi, marché sur lequel le thon rouge est une espèce « phare » et donc à haute valeur marchande. Selon la demande et la qualité du produit, le prix de gros moyen, de 15 à 35 euros le kilogramme, peut être dépassé et atteindre 75 euros, voire au-delà pour des thons de qualité exceptionnelle.

D'après le rapport ICCAT 2008-2009.

13. Lire. Quelle est l'évolution des captures totales de thon rouge entre 1950 et 2010 ? Vous distinguerez trois grandes phases.
14. Expliquer. Pour quelles raisons le prix moyen du thon rouge est-il élevé ?
15. Justifier. Pourquoi la loi de l'offre et de la demande ne peut-elle conduire qu'à l'extinction des stocks de thon rouge ?

BILAN

EXERCICE D'AUTO-ÉVALUATION → corrigés pp. 178-179.

Indiquez pour chacune des propositions suivantes s'il s'agit d'un effet externe négatif (**a**) ou positif (**b**).

1. l'interdiction de rejets chimiques dans les rivières : …
2. la disparition de la morue au large des côtes du Canada : …
3. les grandes tempêtes de sable : …

Indiquez pour chacune des propositions suivantes s'il s'agit d'un bien rival (**c**) ou non (**d**), d'un bien excluable (**e**), ou non (**f**).

4. les réserves mondiales de poissons : … / …
5. la projection d'un film dans un cinéma : … / …
6. l'atmosphère : … / …

FAIRE LE POINT

En utilisant les notions d'effet externe et de bien collectif, décrivez les deux obstacles qui empêchent le marché de réduire la pollution qu'il a provoquée.

4 L'État peut-il influencer le marché ?

DÉCOUVRIR

Doc.1 Des agents économiques sous influence

Une entreprise de transports routiers possède une flotte de 10 camions diesel qui parcourent en moyenne 150 000 km par an. L'utilisation de ces camions rejette l'équivalent de 289 grammes équivalent CO_2 par km. Le montant des taxes (TIPP) et des péages réglés s'élève à 24 000 euros.

1. Calculer. Quelle est la quantité de CO_2 rejetée en une année par l'activité de ce transporteur ?

2. Déduire. Si le rejet de CO_2 donnait lieu au paiement d'une taxe à l'État de 30 euros par tonne, de combien augmenterait le montant des taxes versées par cette entreprise ?

3. Calculer. Imaginons que l'entreprise décide de renouveler totalement sa flotte afin de réduire ses rejets à 60 grammes équivalent CO_2 par km. Quel est le montant total de taxes économisé ?

4. Expliquer. À quelles conditions l'entreprise va-t-elle renouveler sa flotte de camions pour diminuer la pollution de l'air ?

Doc.2 Le marché européen des droits à polluer

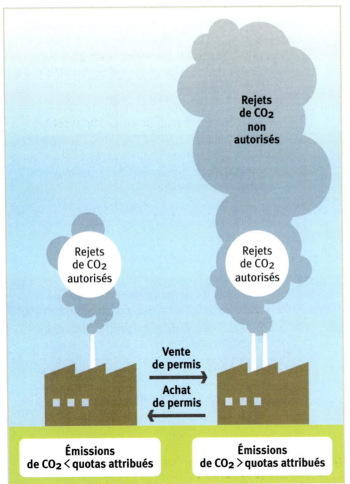

Source : D'après Al Gore, *À nous de décider*, La Martinière, 2010.

Afin d'atteindre l'objectif de réduction des gaz à effet de serre fixé dans le cadre du protocole de Kyoto, l'Union européenne a choisi d'ouvrir en 2005 le premier système d'échange de tonnes de CO_2 ou marché européen des droits à polluer. Les 27 États membres de l'UE ainsi que l'Islande, la Norvège et le Liechtenstein délivrent gratuitement aux installations les plus polluantes des permis qui fixent pour chacune un plafond ou quota de rejets de CO_2. À partir de 2013, un plus grand nombre de quotas seront vendus aux enchères et non plus alloués gratuitement. Les quotas ou permis non utilisés sont revendus aux entreprises qui ont dépassé leurs propres plafonds. Le marché concerne quelques 11 000 sites industriels responsables d'à peu près la moitié des émissions de CO_2 de l'Union européenne. Sont concernées les branches énergie, sidérurgie, cimenterie, verre, chaux, brique, céramique, papier et, depuis 2012, les compagnies aériennes dont les vols atterrissent ou décollent d'Europe. Seront notamment inclues en 2013 la pétrochimie et l'industrie de l'aluminium.

A. Vallée, © Nathan, 2012.

5. Lire. De quoi dépend l'évolution du prix de la tonne de CO_2 émise sur le marché européen ?

6. Expliquer. Quelle est la conséquence d'un ralentissement de la croissance du PIB sur la variation de la demande sur ce marché ?

7. Déduire. Pour quelles raisons selon vous le prix de la tonne de CO_2 échangée sur ce marché est-il passé de 35 euros, son record en 2008, à 6 euros en 2012 ?

8. Expliquer. Comment évoluerait le prix de la tonne de CO_2 sur ce marché si les États décidaient de réduire la quantité de quotas attribués ?

Doc. 3 — Les crédits d'impôts rémunèrent les comportements « verts »

Le « crédit d'impôt développement durable » est une disposition fiscale permettant aux ménages de déduire de leur impôt sur le revenu une partie des dépenses réalisées pour certains travaux d'amélioration de la performance énergétique d'un bâtiment utilisé comme résidence principale (maison ou appartement). Sont éligibles au crédit d'impôt les locataires, les propriétaires occupant, les bailleurs ou les occupants à titre gratuit. Chaque contribuable peut bénéficier du crédit d'impôt, qu'il soit imposable ou pas. <u>Si le montant du crédit d'impôt dépasse celui de l'impôt dû, l'excédent est remboursé au ménage.</u> Ce crédit d'impôt concerne par exemple les dépenses d'acquisition de chaudières à condensation, de parois vitrées (fenêtres, portes-fenêtres, doubles fenêtres) ou encore de pompes à chaleur pour la production d'eau chaude sanitaire.

Site Internet du ministère de l'Écologie, de l'Énergie, du Développement durable et de la Mer.
www.developpement-durable.gouv.fr

9. Expliquer. Quel est l'objectif du « crédit d'impôt développement durable » ?

10. Lire. Pour quelle raison peut-on dire que le crédit d'impôt est une forme de subvention ? Aidez-vous de la phrase soulignée pour répondre.

11. Justifier. À quelle condition le crédit d'impôt peut-il réellement inciter les ménages à réduire la consommation énergétique de leur habitation ?

Doc. 4 — La taxe carbone en question

Quand on appuie sur un ballon de baudruche d'un côté, l'air gonfle l'autre côté. La fuite de carbone, c'est pire. Quand un pays prend des mesures pour réduire ses émissions de CO_2, il risque d'augmenter les émissions ailleurs. Les mesures poussent ses industriels soit à fermer leurs usines au pays pour produire sous d'autres cieux avec des machines souvent plus polluantes, soit à confier la production à des fournisseurs qui n'ont que faire de scrupules de riches. Même dans une industrie lourde comme la cimenterie, on envisage de délocaliser la production ! Pour éviter ce risque, la taxe carbone votée par le Parlement français en octobre 2009 exemptait de larges pans de l'industrie déjà soumise à des quotas d'émission. Mais le Conseil constitutionnel l'a retoquée en décembre, justement pour cette raison. Et le gouvernement l'a abandonnée en mars 2010. Pourtant, la taxe carbone reste un bon outil pour deux raisons. D'abord, elle nous habituerait à l'idée que l'énergie va devenir plus chère. Ensuite, elle mettrait un prix sur la pollution pour la décourager. Selon les économistes, c'est un moyen « d'internaliser les effets externes ».

Jean-Marc Vittori, « Attention fuite de carbone ! », *Les Échos*, 30 mars 2010.

POINT NOTION

Qu'est-ce qu'une politique d'incitation ?

En pénalisant ceux qui aggravent la pollution, ou en récompensant ceux qui au contraire la réduisent, l'État oriente les agents économiques dans une direction que ces derniers n'auraient pas choisie spontanément. La taxe carbone, les subventions ou les marchés de droits à polluer sont trois mesures d'une **politique d'incitation** de lutte contre la pollution.

12. Définir. Quelle est la conséquence d'une taxe versée pour chaque tonne de CO_2 rejetée sur le coût de production des entreprises soumises à cette imposition ?

13. Distinguer. Quelle est la différence entre la taxe carbone et le marché des droits à polluer sur la fixation du prix de la pollution ?

14. Justifier. À quelle condition une taxe carbone peut-elle réellement inciter les entreprises à réduire leurs émissions de gaz à effet de serre ?

15. Expliquer. Quel est le risque d'une fiscalité nationale sur le carbone ?

BILAN

EXERCICE D'AUTO-ÉVALUATION → corrigés pp. 178-179.

Indiquez les conséquences sur l'évolution des émissions de gaz à effet de serre (baisse, maintien ou hausse) de chacune des situations suivantes.

1. Hausse du montant des réductions d'impôts accordées aux contribuables qui renforcent l'isolation de leur habitation.
2. Prix de la tonne de CO_2 sur le marché européen à 8 euros.
3. Instauration d'une taxe carbone fixée à 30 euros la tonne émise.
4. Hausse de la quantité de quotas attribués par les États sur le marché européen.
5. Accord entre l'État et les banques sur la mise en place d'un prêt à taux zéro accordé pour financer des travaux de réduction de la consommation d'énergie des bâtiments.
6. Versement par l'État d'une subvention de 5 000 euros pour tout achat d'un véhicule neuf émettant moins de 60 g de CO_2 par km.
7. Ralentissement de la croissance du PIB.

FAIRE LE POINT

Expliquez en quoi la taxe carbone, le crédit d'impôt ou la création d'un marché des droits à polluer sont des instruments d'une politique d'incitation à la réduction de la pollution.

5 L'État peut-il contraindre le marché ?

DÉCOUVRIR

Doc. 1 — La loi pour lutter contre la pollution

LOI n° 2009-967 du 3 août 2009
de programmation relative à la mise en œuvre du Grenelle de l'environnement

L'Assemblée nationale et le Sénat ont adopté,
Le président de la République promulgue la loi dont la teneur suit :

Article 1
La présente loi, avec la volonté et l'ambition de répondre au constat partagé et préoccupant d'une urgence écologique, fixe les objectifs et [...] énonce les instruments de la politique mise en œuvre pour lutter contre le changement climatique et s'y adapter, préserver la biodiversité ainsi que les services qui y sont associés, contribuer à un environnement respectueux de la santé, préserver et mettre en valeur les paysages.

Article 4
La réglementation thermique applicable aux constructions neuves sera renforcée afin de réduire les consommations d'énergie et les émissions de gaz à effet de serre. [L'objectif de l'État est que] toutes les constructions neuves faisant l'objet d'une demande de permis de construire déposée à compter de la fin 2012 et, par anticipation à compter de la fin 2010, s'il s'agit de bâtiments publics et de bâtiments affectés au secteur tertiaire, présentent une consommation d'énergie primaire inférieure à un seuil de 50 kilowattheures par mètre carré et par an en moyenne.

1. **Définir.** Quelle est la particularité d'une loi ? Recherchez sur Internet les dates et les étapes des actions politiques associées au « Grenelle de l'environnement ».
2. **Lire.** Quelle est la règle à respecter dans l'article 4 de cette loi ?
3. **Expliquer.** Quelle est la conséquence de l'article 4 pour les entreprises de la construction et du bâtiment, pour les administrations publiques et pour les entreprises du secteur tertiaire ?
4. **Décrire.** Quel est le type de relation entre l'État et les entreprises dans cet exemple ?

Doc. 2 — L'impact de la réglementation antipollution sur les investissements industriels

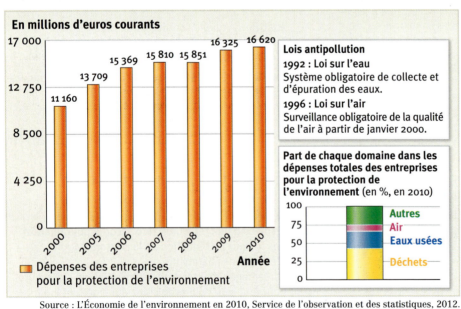

Source : L'Économie de l'environnement en 2010, Service de l'observation et des statistiques, 2012.

5. **Décrire.** Comment ont évolué les dépenses des entreprises en matière de protection de l'environnement entre 2000 et 2010 ? Vous distinguerez deux grandes phases.
6. **Calculer.** Quelles sont en 2010 les parts de l'eau et de l'air dans la totalité des dépenses des entreprises ?
7. **Justifier.** Pour quelle raison peut-on dire que ces dépenses ont été réalisées sous la contrainte d'une norme technique ?

POINT NOTION — Que sont les normes techniques ?

Les **normes techniques** sont des règles édictées par les pouvoirs publics qui définissent les caractéristiques des biens produits et des processus de production. Ces règles sont contraignantes.

Doc. 3 — À la recherche d'une institution mondiale

Si l'atmosphère n'appartient à personne, elle est le patrimoine de tous. Elle est un bien public mondial. Quand un tel bien public est menacé, sa sauvegarde est rendue extrêmement difficile car il n'existe pas d'institution capable d'imposer aux émetteurs une réduction de l'activité dommageable. Une telle institution serait forcément supranationale, et sa création et sa légitimité ne pourraient provenir que d'un accord de l'ensemble des pays. Nous en sommes bien loin, car à la fois les responsabilités historiques dans le phénomène du réchauffement climatique, les capacités actuelles à faire des efforts pour sa réduction, et les dommages anticipés pour l'avenir sont extrêmement différents entre les pays.

Katheline Schubert, *Pour la taxe carbone, la politique économique face à la menace climatique*, Collection du CEPREMAP, novembre 2009.

POINT NOTION — Qu'est-ce qu'un bien public mondial ?
Un **bien public mondial** est un bien collectif dont la production ou la sauvegarde paraissent nécessaires voire indispensables à l'humanité tout entière. L'air et l'environnement intéressent non seulement tous les pays mais aussi toutes les générations, présentes et à venir.

8. Lire. Quelle est la caractéristique qui fait de l'atmosphère un bien public mondial ?

9. Expliquer. Que peut faire une entreprise soumise à des normes nationales qui sont plus contraignantes sur son lieu d'implantation qu'ailleurs dans le monde ?

10. Déduire. Pour quelle raison la sauvegarde de l'environnement nécessite-t-elle la mise en place d'une institution supranationale ?

Doc. 4 — L'Union européenne pour une énergie propre

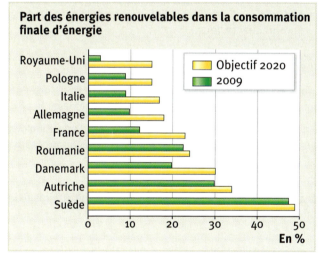

Part des énergies renouvelables dans la consommation finale d'énergie (Objectif 2020 ; 2009)

Source : Eurostat, novembre 2011.

Lors du Conseil européen de mars 2007, les chefs d'État et de gouvernement des 27 membres de l'Union européenne se sont engagés à développer les énergies renouvelables[1]. En 2020, elles devront représenter 20 % de la consommation énergétique totale de l'UE. Adoptée en avril 2009, la nouvelle directive européenne sur les énergies renouvelables confirme cet engagement et fixe des objectifs nationaux contraignants.

Source : Directive 2009/28/CE. Journal officiel de l'Union européenne, juin 2009.

[1]. Énergies produites à partir de ressources renouvelables : énergie éolienne, solaire, aérothermique, géothermique, hydrothermique, marine et hydroélectrique, biomasse, gaz de décharge, gaz des stations d'épuration d'eaux usées et biogaz.

11. Définir. Qu'est-ce qu'une directive européenne ?

12. Lire. Quels sont les pays les plus proches des contraintes fixées par l'UE ?

13. Expliquer. Quel est l'avantage d'une réglementation européenne en matière de réduction des gaz à effet de serre ?

BILAN

EXERCICE D'AUTO-ÉVALUATION → corrigés pp. 178-179.

À l'aide des chiffres donnés dans cette double page, complétez les affirmations suivantes.

1. La loi Grenelle 1 impose d'ici 2010 ou 2012 pour les bâtiments neufs une consommation énergétique inférieure ou égale à ... kWh par an et par m².
2. En France entre 2000 et 2010, les dépenses des entreprises pour la protection de l'environnement ont augmenté de ... %.
3. En France, en 2010, le montant des dépenses consacrées à la protection de la qualité de l'air est de ... milliards d'euros courants.
4. En France, en 2009, la part des énergies renouvelables dans la consommation d'énergie totale est inférieure de ... points au seuil fixé pour 2020.
5. En Roumanie, en 2009, la part des énergies renouvelables dans la consommation d'énergie totale est inférieure de ... points au seuil fixé pour 2020.

FAIRE LE POINT

Après avoir décrit un exemple de politique contraignante de lutte contre la pollution, vous présenterez une limite de ces politiques.

SYNTHÈSE : La pollution : comment remédier aux limites du marché ?

L'ESSENTIEL

A Des marchés, une seule planète

▶ L'activité industrielle ou les choix de consommation des populations provoquent des dégâts environnementaux ou **pollutions d'origine humaine**. La combustion de charbon ou de gaz naturel pour la production d'électricité, ou d'essence pour les transports par exemple accroît la quantité de **gaz à effet de serre** naturellement rejetée par la Terre. C'est ce qui explique le réchauffement climatique.

▶ La production de biens et de services puise dans le stock de capital naturel fourni par la planète : eau, espèces animales, forêts, sols cultivables. Elle laisse une **empreinte écologique**. Une trop forte hausse de cette dernière par rapport à la capacité de regénération de la planète, sa **biocapacité**, provoque la rareté du capital naturel et menace à terme la survie de tous.

B Les effets externes ou défaillances des marchés

▶ La disparition d'espèces animales, la déforestation, la pollution de l'air ou des rivières, l'accumulation de déchets ménagers sont autant d'**externalités** négatives qui montrent les défaillances du marché. Elles ont un **coût social** qu'il est difficile de chiffrer et d'intégrer dans les prix du marché.

▶ Prise isolément, une entreprise n'a par ailleurs aucun intérêt à assumer seule le coût social de la pollution que son activité a éventuellement engendrée. Elle serait seule à supporter le coût de cette dépollution alors que les bénéfices de celle-ci profiteraient à tous.

C Les politiques incitatives et les politiques contraignantes

▶ Seule l'intervention d'un État peut donc inciter les agents économiques à ne pas se comporter en passager clandestin en bénéficiant des avantages de la réduction de la pollution sans en payer le prix.

▶ Taxes, subventions ou marché des droits à polluer sont les trois outils d'**incitation** à la disposition des États pour encourager les entreprises ou les consommateurs à participer collectivement à la sauvegarde de l'environnement.

▶ Avec la réglementation, le pouvoir politique contraint les agents économiques à modifier leurs comportements en imposant le respect de **normes techniques** telles que la fixation d'une quantité maximale de CO_2 que peut rejeter une habitation nouvellement construite.

▶ Mais, pour être efficace et empêcher que les activités polluantes ne s'expatrient dans les pays les moins réglementés, la mise en place de politiques contraignantes doit être collective. L'environnement est un bien public mondial, sa sauvegarde doit être l'affaire de tous.

LES NOTIONS À CONNAÎTRE

■ **Biocapacité**
Capacité de la planète à produire des ressources renouvelables (champs, pâturages, forêts, zones de pêche, etc.) et à absorber les déchets découlant de la consommation humaine.

■ **Coût social**
Coût supplémentaire engendré pour réparer les effets externes négatifs produits par les marchés : la disparition d'espèces animales, la déforestation, la pollution de l'air ou des rivières, l'accumulation de déchets ménagers...

■ **Effets externes ou externalités**
Conséquences positives ou négatives provoquées par les entreprises, les consommateurs ou l'État sur l'activité d'un autre agent économique ou sur la société tout entière et qui ne donnent lieu à aucune compensation financière.

■ **Empreinte écologique**
Indicateur de ce que l'homme utilise comme capital naturel renouvelable pour produire, consommer et absorber les déchets. Elle se mesure en hectares globaux.

■ **Gaz à effet de serre**
Ensemble des gaz naturellement produits par la terre ou rejetés par l'activité économique qui retiennent prisonnière à l'intérieur de l'atmosphère la chaleur du soleil.

■ **Incitation**
Action politique visant à orienter les décisions des agents économiques dans une direction que ces derniers n'auraient pas choisie spontanément.

■ **Normes techniques**
Règles ou procédures édictées par les pouvoirs publics qui définissent les caractéristiques des biens produits et des processus de production dans le but de contraindre les actions des agents économiques.

■ **Pollution d'origine humaine**
Dégradation de l'environnement naturel liée à l'introduction de substances chimiques, de déchets industriels et ménagers, ou au rejet de gaz à effet de serre.

SCHÉMA DE SYNTHÈSE

La pollution : comment remédier aux limites du marché ?

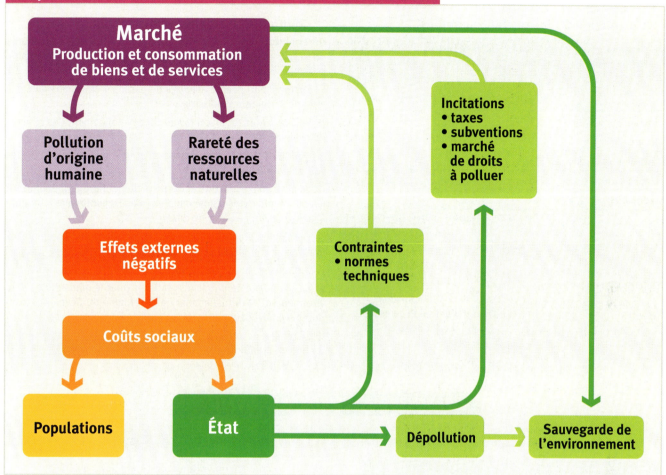

POUR ALLER PLUS LOIN

Sites Internet à consulter

▶ http://www.footprintnetwork.org/en/index.php/GFN/page/personal_footprint/
Calculez votre propre empreinte écologique.

▶ www.wwf.fr
Calculez votre propre empreinte écologique (rubrique « Agir »).

▶ www.patagonia.com
Pour suivre le trajet parcouru par l'un des produits de la marque Patagonia tout au long de son processus de production (rubrique « The Footprint chronicles »).

À lire

▶ Erik Orsenna, *L'Avenir de l'eau*, Hachette, 2008.
À partir de situations concrètes en Australie, en Asie, au Moyen Orient, en Afrique, puis en France, l'auteur présente les différents enjeux qui entourent la question de l'eau dans le monde.

À voir

▶ Davis Guggenheim, *Une vérité qui dérange*, 2006.
Le documentaire, basé sur la présentation multimédia réalisée par l'ancien vice-président des États-Unis Al Gore, décortique les causes et les enjeux du réchauffement climatique.

▶ Jane Campion, *Water Diary*, 2006.
Il s'agit de l'une des huit histoires courtes du long-métrage *8*, qui illustrent les huit Objectifs du millénaire pour le développement adoptés en septembre 2000 par 191 pays. Ziggy, adolescente de 11 ans, raconte dans son journal les moments douloureux de la plus terrible sécheresse que l'Australie a connue.

▶ Mark Daniels, *Le Mystère de la disparition des abeilles*, 2010.
Ce documentaire démêle la multiplicité des facteurs conduisant au « syndrome d'effondrement des colonies », nom donné à la forte mortalité des abeilles observée depuis 2006.

EXERCICES

VÉRIFIER SES CONNAISSANCES

1. L'empreinte CO_2 de quelques produits

Quantité en grammes équivalent CO_2 pour 100 g de produit	Comté râpé sachet de 140 g	Miel de fleurs pot de 250 g	Yaourt vanille au lait entier 500 g
Emballage	49	53	41
Transport	25	46	28
Distribution	371	72	104
Étapes agricoles	908	1	126
Fabrication	14	7	7

Source : Site Internet des magasins Casino. www.casino.fr

```
Comté râpé sachet de 140 g         1,80 €
Miel de fleurs pot de 250 g        2,90 €
Yaourt vanille au lait entier 500 g 2,18 €
Total de vos achats                6,88 €
vous avez acheté 3 produit(s)
ESPÈCES        EUR                 6,88 €
le bilan CO2 de vos courses est de :
                                ... kg eq CO2
```

a. Calculez le montant total en kg équivalent CO_2 de cette liste de courses.

b. D'où provient l'émission de ces gaz à effet de serre ?

2. Politique incitative ou contraignante ?

Déterminez, pour chacun des exemples ci-dessous de mesures prises par le gouvernement français, s'il s'agit d'instruments de politique écologique incitatifs ou contraignants.

a. Système européen d'échange de permis d'émissions de gaz à effet de serre pour l'industrie.

b. La TVA à taux réduit en faveur du développement des réseaux de chaleur.

c. L'étiquette sur la consommation et les émissions de CO_2 des voitures particulières neuves.

d. La mise en place d'une nouvelle réglementation thermique sur les bâtiments neufs (consommation d'énergie primaire inférieure à 50 kwh/m²/an à partir de 2012).

e. La mise en place d'un éco-prêt à taux zéro pour les dépenses affectées à la rénovation des bâtiments existants.

f. Le bonus-malus appliqué sur l'achat de véhicules particuliers.

g. La campagne de publicités réalisées pour le ministère de l'Environnement et diffusées lors de la semaine du développement durable en avril 2010.

h. L'exonération des taxes foncières pour les propriétaires qui entreprennent la rénovation thermique de leurs bâtiments.

APPROFONDIR SES CONNAISSANCES

3. Quand les associations influencent les marchés

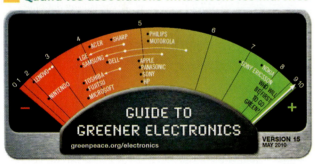

Source : Site Greenpeace, mai 2010.
www.greenpeace.org

La quinzième version du guide éléctronique Greenpeace attribue une note de 0 à 10 aux dix-huit plus gros fabricants mondiaux de téléphones mobiles, d'ordinateurs, de téléviseurs et de consoles de jeux. Les points sont attribués en fonction des différents matériaux utilisés pour la fabrication des produits et de leur impact énergétique.

a. Quels sont les bons et les mauvais élèves de l'électronique vert pour Greenpeace en mai 2010 ?

b. Quel est l'objectif de l'étude réalisée par Greenpeace ?

c. À quelle condition l'association peut-elle réussir à modifier le comportement des entreprises et imposer de nouvelles normes ?

4. Une production sans pollution

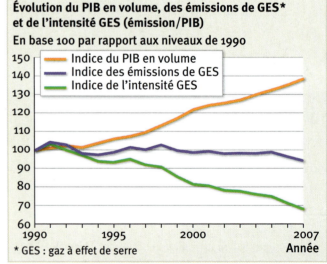

Évolution du PIB en volume, des émissions de GES* et de l'intensité GES (émission/PIB)
En base 100 par rapport aux niveaux de 1990

* GES : gaz à effet de serre

Source : « Bilan des émissions de gaz à effet de serre de la France en 2007 », rapport Centre interprofessionnel technique d'études de la pollution atmosphérique ou rapport CITEPA, 2009.

a. Comment a évolué le PIB en volume en France entre 1990 et 2007 ? ➔ Voir Flash Méthode 3 p. 160.

b. Comment a évolué la quantité d'émissions de gaz à effet de serre entre 1990 et 2007 ?

c. Que pouvez-vous en déduire sur la quantité de gaz à effet de serre rejetée par euro de PIB produit entre 1990 et 2007 ? Confirmez votre réponse à l'aide d'un calcul.

Le diplôme : un passeport pour l'emploi ?

CHAPITRE 7

Quel avenir après le diplôme ?
Caricature de Samson.

Entretien immédiat !
En 2005, la banque BNP-Paribas recrute 400 commerciaux en CDI, de Bac + 2 à Bac + 5.

PLAN DU CHAPITRE

1	Qu'est-ce qu'un emploi ?	100
2	Quelle qualification pour les emplois aujourd'hui ?	102
3	Le diplôme est-il une protection efficace contre le chômage ?	104
4	La poursuite d'études, un investissement en capital humain ?	106
5	Quelle égalité des chances à l'école ?	108
6	Les grandes écoles, pour qui ?	110
>	Synthèse	112
>	Exercices	114

1 Qu'est-ce qu'un emploi ?

DÉCOUVRIR

Doc.1 Distinguer travail et emploi

1. Comparer. Observez ces deux photographies. Quels sont les points communs et les différences entre le travail des personnes présentées ?

2. Analyser. Dans quel cas s'agit-il, à votre avis, d'un emploi ? Pourquoi ?

3. Illustrer. Trouvez d'autres exemples pouvant illustrer les différences mises en évidence dans votre réponse à la question 2.

Doc.2 Travail et emploi, de quoi parle-t-on ?

L'activité économique consiste à produire des richesses pour satisfaire les besoins humains. Pour cela, elle mobilise du travail sous différentes formes.

L'emploi désigne la fraction de ce travail qui reçoit une rémunération et qui, par là, s'inscrit, dans toutes les sociétés, dans un cadre social et juridique. En France, on dénombre 15,5 millions d'emplois salariés dans les secteurs marchands et près de 7 millions dans les secteurs non marchands, la fonction publique, l'éducation, la santé, l'action sociale. On dénombre également 2 millions de non-salariés, chefs d'entreprise, artisans, commerçants et travailleurs indépendants.

D'autres formes de travail existent – renvoyant par exemple aux activités domestiques, aux activités d'autoproduction [consommation finale de biens ou de services par son producteur], aux activités bénévoles.

Jérôme Gautié, Yannick L'Horthy, « Emploi et chômage », in *Les Grandes Questions économiques et sociales*, La Découverte, 2009.

> **POINT NOTION** Travail et emploi
>
> Un **travail** est une activité humaine rémunérée ou non.
> Un **emploi** est l'exercice d'une activité professionnelle rémunérée.
> Un travail déclaré et rémunéré est donc un emploi.

4. Définir. À quelle forme d'activité l'emploi correspond-il ?

5. Expliquer. Quelles sont les deux grandes catégories d'emplois présentées dans ce document ?

6. Expliquer. Quel est le point commun entre les activités domestiques, les activités d'autoproduction, et les activités bénévoles ? Ces activités constituent-elles des emplois ? Pourquoi ?

Doc. 3 — De la population totale à l'emploi en France en 2011

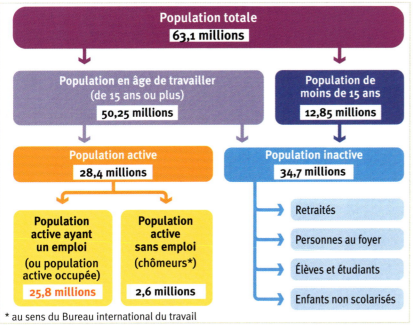

Source : Insee, enquêtes Emploi du 1er au 4e trimestre 2011 (France métropolitaine).

7. Lire. Rédigez une phrase présentant l'information fournie par la donnée en rouge.

8. Expliquer. Pourquoi certaines personnes, qui n'occupent pas d'emploi rémunéré, sont pourtant classées parmi les actifs. De qui s'agit-il ?

9. Calculer. Le taux d'activité global mesure la part des actifs dans la population en âge de travailler. Calculez ce taux pour 2011.
→ Voir Flash Méthode 1 p. 158.

POINT NOTION
Population active et population inactive

La **population active** désigne l'ensemble des individus exerçant ou déclarant chercher à exercer une activité rémunérée.

La **population inactive** regroupe l'ensemble des personnes qui n'exercent pas et ne cherchent pas à exercer une activité rémunérée.

Doc. 4 — Taux d'activité et taux d'emploi en France

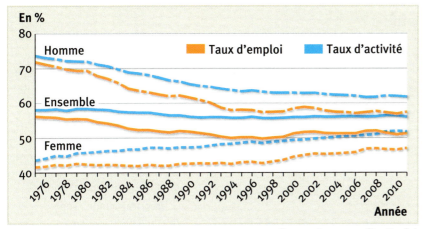

Source : Insee, enquêtes Emploi.

10. Décrire. Comment ont évolué, depuis 1975, le taux d'activité et le taux d'emploi ?

11. Comparer. Comment ont évolué sur cette même période le taux d'activité et le taux d'emploi des hommes et des femmes ?

POINT OUTIL
Taux d'activité et taux d'emploi

$$\text{Taux d'activité} = \frac{\text{nombre d'actifs d'une tranche d'âge}}{\text{population totale correspondante}} \times 100$$

$$\text{Taux d'emploi} = \frac{\text{nombre de personnes d'une tranche d'âge ayant un emploi}}{\text{population totale correspondante}} \times 100$$

BILAN

EXERCICE D'AUTO-ÉVALUATION → corrigés pp. 178-179.

Les affirmations suivantes sont-elles vraies ou fausses ? Justifiez vos réponses.

1. Travail et emploi sont des notions équivalentes. V / F
2. Les chômeurs sont des actifs. V / F
3. Un bénévole dans une association caritative est inactif. V / F
4. Le taux d'activité des femmes suit la même évolution que celui des hommes. V / F
5. Le taux d'emploi mesure la part des personnes ayant un emploi parmi celles qui sont actives. V / F

FAIRE LE POINT

À l'aide d'exemples, expliquez quelles sont les différences entre travail et emploi ; entre population active et population inactive ; entre population active occupée et population active sans emploi.

Chapitre 7. Le diplôme : un passeport pour l'emploi ?

2 Quelle qualification pour les emplois aujourd'hui ?

DÉCOUVRIR

Doc.1 Les différents sens du terme « qualification »

S'intéresser aux emplois peu qualifiés nécessite de préciser un certain nombre de points : d'une part, il ne faut pas confondre emploi peu qualifié et personne peu qualifiée. La part des personnes diplômées occupant un emploi peu qualifié est d'ailleurs en hausse constante, parallèle à l'évolution des niveaux de diplôme dans la population active. D'autre part, dire qu'un emploi est peu qualifié ne signifie pas que la personne qui l'occupe ne déploie aucune qualité pour l'occuper efficacement : cela signifie plutôt qu'il existe des mécanismes, au moment du recrutement ou dans l'organisation concrète du travail, qui conduisent à rendre ces qualités invisibles ou sans valeur reconnue dans le processus de production.

Marc-Antoine Estrade, « Une prospective socio-économique du travail et de l'emploi peu qualifié », in *L'Emploi, nouveaux enjeux – édition 2008*, Insee.

1. Définir. Qu'est-ce que la qualification d'un emploi ? La qualification d'une personne ?

2. Déduire. Quels sont les éléments qui peuvent permettre de déterminer l'une et l'autre ?

3. Expliquer. Que signifie la phrase soulignée ?

> **POINT NOTION**
>
> **Qu'est-ce que la qualification ?**
>
> Il existe plusieurs formes de qualification : celle des individus et celle des emplois. La **qualification des individus** désigne l'ensemble des connaissances et savoir-faire acquis par l'individu. La **qualification de l'emploi** correspond aux aptitudes (théoriques et/ou pratiques) exigées du salarié par l'employeur pour occuper un emploi, compte tenu des caractéristiques techniques du poste.

Doc.2 Le déclin des emplois non qualifiés ?

Part de l'emploi non qualifié* dans le total de l'emploi salarié

* La notion de qualification utilisée ici se rapporte au poste de travail occupé, et non aux personnes qui les occupent : un diplômé qui occupe un emploi de manutentionnaire (poste considéré comme non qualifié) est donc comptabilisé comme « emploi non qualifié ».
Note : Le changement d'enquête Emploi en 2002 puis le passage à la nouvelle nomenclature de CSP (2003) produit des discontinuités.

Source : « La France en transition », Rapport n° 7 du Cerc, 2006 (actualisé en 2008).

4. Lire. Rédigez une phrase présentant l'information fournie par la donnée entourée en rouge.

5. Expliquer. À quoi correspondent les emplois « non qualifiés » ?

6. Calculer. Mesurez l'évolution de la part de l'emploi non qualifié entre 1982 et 2006.

7. Décrire. Quelles sont les principales phases d'évolution des emplois non qualifiés depuis 1982 ?

8. Déduire. Comment a évolué la qualification des emplois en France ?

Doc.3 Des actifs plus diplômés

Nombre d'emplois selon le diplôme obtenu

Moyenne annuelle en milliers	Diplôme supérieur	Baccalauréat + 2 ans	Baccalauréat ou brevet professionnel	CAP, BEP ou autre diplôme de ce niveau	Brevet des collèges	Aucun diplôme ou CEP	Ensemble
1982	1 372	1 266	2 321	5 593	1 564	10 561	22 677
1990	1 974	1 814	2 851	6 769	1 712	8 034	23 154
2000	3 118	2 927	3 746	7 121	1 640	5 665	24 217
2009	4 483	3 838	4 886	6 542	1 914	4 027	25 691
Évolution 1982-2009 (en %)	+ 226,7	...	...	...	...	...	...

Source : Insee, enquêtes Emploi (calculs Insee).

9. Lire. Pour chaque donnée entourée en rouge, rédigez une phrase présentant l'information apportée.

10. Calculer. Calculez, en 1982 puis en 2009, la part des emplois occupés par des personnes sans diplôme. Faites de même pour les titulaires d'un diplôme supérieur. → Voir Flash Méthode 1 p. 158.

11. Calculer. Complétez la dernière ligne du tableau, en calculant, pour chaque niveau de diplôme, le taux de variation du nombre d'emplois. → Voir Flash Méthode 2 p. 159.

12. Déduire. En vous appuyant sur les réponses aux questions 10 et 11, dressez le bilan des principales évolutions de la structure des emplois par diplôme. Peut-on en déduire que les individus sont aujourd'hui plus qualifiés ?

Doc.4 Vers une modification des normes de qualification ?

Le niveau de diplôme des jeunes qui arrivent sur le marché du travail s'élève au fil des générations. Dans le même temps, les emplois deviennent de plus en plus qualifiés. Toutefois, ces deux mouvements ne s'opèrent pas au même rythme : le premier est plus rapide que le second. De ce fait, les mêmes emplois sont pourvus par des personnes de plus en plus diplômées. Cette modification des normes de qualification est avant tout un phénomène démographique, mais il témoigne d'une transformation en profondeur des représentations sociales de la qualification et de la compétence. L'évolution n'est pas sans conséquences sur l'insertion et les perspectives d'évolution professionnelle des jeunes générations.

« Des emplois plus qualifiés, des générations plus diplômées : vers une modification des normes de qualification », Céreq, *Bref*, n° 252, mai 2008.

13. Lire. Comment a évolué le niveau de qualification des individus par rapport à celui des emplois ?

14. Expliquer. Quelles en sont les conséquences ?

BILAN

EXERCICE D'AUTO-ÉVALUATION
→ corrigés pp. 178-179.

Recopiez et complétez le schéma ci-contre en utilisant les termes ou expressions suivants :
techniques de production – requises – acquises – expérience – organisation du travail – formation initiale.

FAIRE LE POINT

L'élévation du niveau de qualification des jeunes générations leur permet-elle systématiquement d'occuper des emplois plus qualifiés que leurs aînés ?

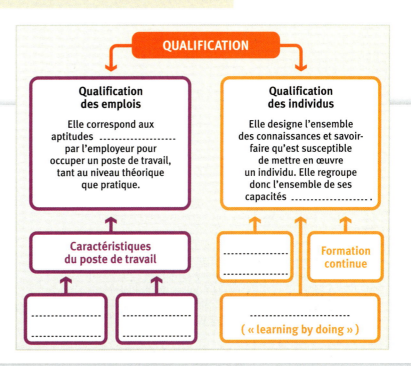

Chapitre 7. Le diplôme : un passeport pour l'emploi ?

3 Le diplôme est-il une protection efficace contre le chômage ?

DÉCOUVRIR

Doc. 1 « Jeune diplômé en solde » sur eBay

« Pratique, et peu coûteux à l'entretien, vous ne regretterez pas de vous offrir ce superbe jeune diplômé en pleine santé. » Voici l'annonce que l'on trouve sur eBay (le site Internet de vente aux enchères) depuis lundi.

Yannick Miel, 23 ans, cherche un emploi en vain depuis cinq mois. Titulaire d'un master 2 « Intelligence économique et management des organisations » à Bordeaux IV, il dit avoir envoyé 300 candidatures et passé une vingtaine d'entretiens, « sans succès à ce jour ».

D'où son idée, un peu provoc : se mettre en vente « aux enchères » sur Internet.

Dans son annonce, il explique : « À partir d'un euro je vous propose d'enchérir pour acquérir le droit de me faire travailler. Étant jeune diplômé en période de crise, j'ai bien conscience que ma valeur est faible, c'est pourquoi je vous propose cette magnifique offre !!! »

Marie Piquemal, Libération.fr, 25 février 2009.
www.liberation.fr

L'annonce de Yannick Miel sur le site eBay, mars 2009.

1. **Lire.** Quel est le niveau de diplôme de Yannick Miel ?
2. **Expliquer.** En quoi l'annonce de ce jeune homme sur le site eBay consiste-t-elle ?
3. **Déduire.** Que montre cet exemple concernant le chômage des diplômés ?

Doc. 2 Le chômage, de quoi parle-t-on ?

Sont au chômage les personnes en âge de travailler (15 ans et plus), privées d'emploi et en recherchant un. Le chômage désigne donc la situation des personnes qui souhaitent exercer une activité rémunérée, qui ont la capacité de la faire (critère de l'âge notamment), mais qui, malgré leurs recherches, se trouvent sans emploi. Les chômeurs sont donc des actifs inoccupés.

La mesure du chômage est complexe et donne lieu à des controverses statistiques. Ainsi, il y a en France deux principales sources statistiques sur le chômage fournissant des données parfois différentes : celles du ministère du Travail (élaborés à partir des données de Pôle Emploi) et celles émanant de l'Insee (mesure au sens du BIT – Bureau international du travail).

S. Loiseau, © Nathan, 2010.

POINT OUTIL

Comment calcule-t-on le taux de chômage ?

Pour évaluer l'importance du chômage, on utilise fréquemment le **taux de chômage** qui représente **la part des chômeurs dans la population active.** On peut calculer un taux de chômage par âge en mettant en rapport les chômeurs d'une classe d'âge avec les actifs de cette classe d'âge. De la même manière on peut mesurer des taux de chômage par sexe, par niveau de diplôme, par CSP, par région, par nationalité...

4. **Définir.** Relevez dans le texte les critères permettant de considérer un individu comme chômeur.
5. **Expliquer.** Pourquoi dit-on que les chômeurs sont des « actifs inoccupés » ?

Doc. 3 Taux de chômage et niveau de diplôme

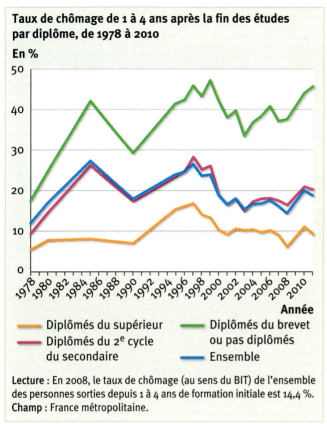

Taux de chômage de 1 à 4 ans après la fin des études par diplôme, de 1978 à 2010

Courbes : Diplômés du supérieur ; Diplômés du 2ᵉ cycle du secondaire ; Diplômés du brevet ou pas diplômés ; Ensemble.

Lecture : En 2008, le taux de chômage (au sens du BIT) de l'ensemble des personnes sorties depuis 1 à 4 ans de formation initiale est 14,4 %.
Champ : France métropolitaine.

Source : Insee, enquêtes Emploi.

6. Lire. Rédigez une phrase présentant les informations apportées par chacune des valeurs entourées en rouge.

7. Analyser. Peut-on dire qu'en 2011 la possession d'un diplôme protège du chômage ?

8. Comparer. Mesurez l'écart entre le taux de chômage des diplômés de l'enseignement supérieur et celui des personnes n'ayant aucun diplôme ou ayant uniquement le brevet, en 1978 et en 2011.

9. Déduire. Le diplôme protège-t-il mieux du chômage aujourd'hui qu'il y a trente ans ?

Doc. 4 Taux de chômage des diplômés de l'enseignement supérieur

En fin de troisième année de vie active		Taux de chômage (en %)	
		Diplômés en 1998	Diplômés en 2004
DEUG	LSH[1]	10	12
	MST[2]	6	10
Bac + 2 de la santé ou du social		2	2
BTS	Tertiaire	6	9
	Industriel	4	6
DUT	Tertiaire	5	9
	Industriel	4	7
Licence	LSH	9	13
	MST	6	5
Bac + 4	LSH	9	11
	MST	6	9
Master recherche	LSH	7	8
	MST	5	6
Master professionnel	LSH	6	6
	MST	5	8
École de commerce		3	5
École d'ingénieurs		3	3
Doctorat	LSH	10	11
	MST	5	10
	Médecine	1	3
Ensemble		5	7

1. **LSH** : Lettres, sciences humaines. – 2. **MST** : Mathématiques, sciences, techniques.

Source : « Être diplômé de l'enseignement supérieur, un atout pour entrer dans la vie active », Céreq, *Bref*, n° 253, juin 2008.

10. Lire. Faites une phrase présentant les informations apportées par chacune des valeurs entourées en rouge.

11. Comparer. Toutes les formations de l'enseignement supérieur protègent-elles de la même manière du chômage ?

BILAN

EXERCICE D'AUTO-ÉVALUATION → corrigés pp. 178-179.

Les affirmations suivantes sont-elles vraies ou fausses ? Justifiez vos réponses.

1. Être diplômé(e) protège totalement du chômage. □ V □ F
2. Le mode de calcul du taux de chômage des 15-24 ans est : $\frac{\text{nombre de chômeurs de 15-24 ans}}{\text{population active de 15-24 ans}} \times 100$ □ V □ F
3. Depuis trente ans, le taux de chômage des jeunes diplômés a stagné. □ V □ F
4. La formation de l'enseignement supérieur qui protège le plus du chômage est le doctorat en médecine. □ V □ F
5. Les diplômés en lettres et sciences humaines sont moins touchés par le chômage que les diplômés en mathématiques, sciences et techniques. □ V □ F

FAIRE LE POINT

Dans quelle mesure peut-on dire que le diplôme est un atout suffisant pour faire face au chômage ?

4 La poursuite d'études, un investissement en capital humain ?

DÉCOUVRIR

Doc. 1 Des diplômes plus ou moins « attractifs »

Selon l'OCDE, le capital humain recouvre « l'ensemble des connaissances, qualifications, compétences, et caractéristiques individuelles qui facilitent la création du bien-être personnel, social et économique ».

Ce concept, apparu dans les années 1960, part du constat qu'un individu qui dépense du temps et de l'argent pour se former raisonne comme le ferait un investisseur comparant les coûts à la rentabilité de son placement. De ce fait, le capital humain est source de « plus-value » pour l'individu, de la même façon que le capital physique peut l'être pour une entreprise. La théorie du capital humain a aussi montré que, au-delà des bénéfices individuels, le capital humain est l'un des principaux facteurs de croissance pour les entreprises et les nations qui le développent.

S. Loiseau, © Nathan, 2010.

1. **Expliquer.** Que signifie la phrase soulignée ?
2. **Observer.** Quel est le titre principal de la une de ce magazine ?
3. **Expliquer.** Qu'est-ce que la « cote » des diplômes ?
4. **Déduire.** Peut-on dire que tous les diplômes ont la même « valeur » ? Pourquoi ?

Le Nouvel Observateur étudiants, n° 14, décembre 2009.

Doc. 2 Des niveaux de diplômes inégalement rémunérateurs

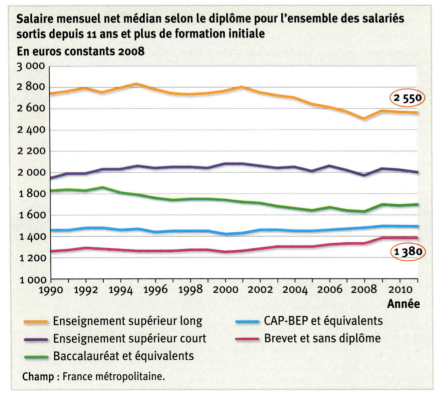

Salaire mensuel net médian selon le diplôme pour l'ensemble des salariés sortis depuis 11 ans et plus de formation initiale
En euros constants 2008

- Enseignement supérieur long
- Enseignement supérieur court
- Baccalauréat et équivalents
- CAP-BEP et équivalents
- Brevet et sans diplôme

Champ : France métropolitaine.

Source : Insee, Enquêtes emploi.

5. **Lire.** Rédigez une phrase présentant l'information apportée par chaque donnée entourée en rouge.

6. **Calculer.** Mesurez l'écart de salaire entre les diplômés de l'enseignement supérieur long et les titulaires du baccalauréat, en 1990 et en 2011.

7. **Déduire.** Montrez que, pour les salariés sortis de formation initiale depuis 11 ans et plus, le niveau de diplôme influence le niveau de salaire. Comment a évolué cette influence entre 1990 et 2011 ?

POINT NOTION

Qu'est-ce que le salaire médian ?

Le **salaire médian** correspond au salaire au-dessus duquel sont rémunérés la moitié des individus (et donc en dessous duquel sont rémunérés les 50 % qui gagnent le moins). → Voir Flash Méthode 4 p. 161.

Doc.3 Les conditions d'emploi varient selon le diplôme

Depuis deux décennies, la part des emplois temporaires s'est accrue, quels que soient le niveau de diplôme et l'ancienneté sur le marché du travail. […]
La fréquence des emplois temporaires diminue lorsque le niveau de diplôme augmente, notamment chez les sortants de formation initiale. Les jeunes sans diplôme sont les plus concernés par les emplois temporaires, près de la moitié d'entre eux occupant de tels emplois. Les trois quarts des diplômés de l'enseignement supérieur ont en revanche un contrat à durée indéterminée. […]

La montée des contrats temporaires chez les jeunes peut être interprétée de deux façons. D'une part, le contrat temporaire peut être utilisé par l'employeur comme une longue période d'essai avant d'accorder un contrat à durée indéterminée, ce qui fragilise la position du jeune salarié et rallonge la période d'insertion. D'autre part, le contrat temporaire est aussi un moyen de favoriser les mobilités en début de carrière, ce qui peut aider le salarié à optimiser ses choix.

Arnaud Degorre, Daniel Martinelli, Corinne Prost, *Accès à l'emploi et carrière : le rôle de la formation initiale reste déterminant*, Insee, Formations et emploi, édition 2009.

8. Définir. Qu'est-ce qu'un emploi temporaire ? Donnez un exemple.

9. Expliquer. À quel type d'emploi s'oppose un emploi temporaire ?

10. Lire. Quelles sont, en fonction de leur niveau de diplôme, les personnes les plus concernées par les emplois temporaires ? Celles qui le sont moins ?

Doc.4 Diplôme et catégories socioprofessionnelles

Actifs occupés selon le diplôme, sortis depuis 11 ans et plus de formation initiale (en %)

Catégories socioprofessionnelles en 2010	Enseignement supérieur long	Enseignement supérieur court	Bac et équivalents	CAP-BEP et équivalents	Brevet, CEP et sans diplôme	Ensemble
Indépendants	5,7	8,2	11,5	13,9	10,2	**10,6**
Cadres et professions intellectuelles supérieures	(63,2)	21,1	13,8	3,7	3,9	**(16,5)**
Professions intermédiaires	23,7	50	30,7	16,6	11,5	**23,2**
Employés qualifiés	4,8	13,5	22,9	17,2	12,6	**14,7**
Employés non qualifiés	1,6	3,7	9,7	16,4	26,1	**13,9**
Ouvriers qualifiés	0,8	2,7	8,5	24,5	21,6	**14,6**
Ouvriers non qualifiés	0,3	0,8	2,9	7,6	14	**6,5**
Ensemble	**100**	**100**	**100**	**100**	**100**	**100**

Champ : France métropolitaine.
Source : Insee, enquête Emploi.

11. Lire. Pour chaque donnée entourée en rouge, rédigez une phrase présentant l'information apportée.

12. Analyser. Montrez que les catégories socioprofessionnelles des individus sont liées à leur niveau de diplôme.

BILAN

EXERCICE D'AUTO-ÉVALUATION → corrigés pp. 178-179.

Pour chaque affirmation, sélectionnez la bonne réponse en justifiant votre choix.

1 Les diplômés de l'enseignement supérieur long :
   a. Ne sont pas touchés par le chômage.
   b. Occupent majoritairement des emplois non qualifiés.
   c. Ont les salaires les plus élevés.

2 Les actifs sans diplôme :
   a. Sont peu concernés par les emplois temporaires.
   b. Ont en moyenne des salaires équivalents aux titulaires d'un CAP ou BEP.
   c. Sont majoritairement employés ou ouvriers.

3 Les salaires des diplômés de l'enseignement supérieur court :
   a. Restent en moyenne toujours les plus élevés.
   b. Ont augmenté depuis 20 ans.
   c. Se sont rapprochés en moyenne des salaires des diplômés de l'enseignement supérieur long.

FAIRE LE POINT

Montrez que le diplôme peut être considéré comme un investissement en capital humain.

Chapitre 7. Le diplôme : un passeport pour l'emploi ?

5 Quelle égalité des chances à l'école ?

DÉCOUVRIR

Doc.1 Destinée scolaire et origine sociale

Source : *Cahiers pédagogiques*, n° 467, novembre 2008.

1. Décrire. Comparez les deux personnages présentés dans le document. Précisez, pour chacun d'eux, ce que représentent les roues à leur côté.

2. Analyser. En vous appuyant sur les réponses à la question 1, expliquez le titre du document.

> **POINT NOTION**
>
> **L'égalité des chances**
> De manière générale, **l'égalité des chances** suppose que chacun, quelle que soit son origine sociale, a les mêmes chances d'accéder aux positions sociales les plus valorisées.
>
> **À l'école**, cela suppose que, indépendamment de leur origine sociale, les élèves ont la même probabilité de réussite scolaire.

Doc.2 Jeunes sans qualification et origine sociale

En France, sont appelés *sortants sans qualification* des jeunes quittant le système éducatif sans avoir atteint la dernière année de CAP ou de BEP, ou la classe de seconde générale ou technologique. La part des sortants sans qualification au sein d'une génération est de 6 % en 2005, soit 42 000 jeunes. [...]

Parmi les sortants sans qualification, plus de 6 sur 10 ont un parent ouvrier ou inactif. Les difficultés scolaires commencent dès le primaire pour ces enfants. Plus de la moitié ont redoublé au primaire (contre 13 % pour les diplômés du secondaire). En plus des aptitudes personnelles, l'environnement familial et la scolarité élémentaire jouent ainsi un rôle déterminant dans les sorties sans qualification.

L'évaluation des difficultés scolaires à la fin de la scolarité élémentaire confirme ce lien. Parmi l'ensemble des élèves scolarisés en CM2 à la rentrée scolaire 2007-2008, 86,3 % maîtrisent les compétences de base en français et 89,8 % celles en mathématiques. Mais tandis que près de 2 enfants sur 10 dont le père est ouvrier ne maîtrisent pas les compétences de base en français, ce n'est le cas que de seulement 2 % de ceux dont le père est cadre. L'écart est moins important mais tout aussi notable pour les compétences de base en mathématiques : 12,7 % des enfants dont le père est ouvrier ne les maîtrisent pas contre 3,8 % des enfants dont le père est cadre.

Magali Beffy, Delphine Perelmuter, in *France, portrait social*, Insee, édition 2008.

3. Lire. Quel est, en 2005, le pourcentage de jeunes quittant le système éducatif sans aucune qualification ? Parmi ceux-ci, quel est le pourcentage d'enfants d'ouvriers ou d'inactifs ?

4. Expliquer. Montrez en quoi les difficultés de ces jeunes sans qualification sont liées en partie à leur milieu social d'origine.

Doc. 3 — Obtention du baccalauréat et origine sociale

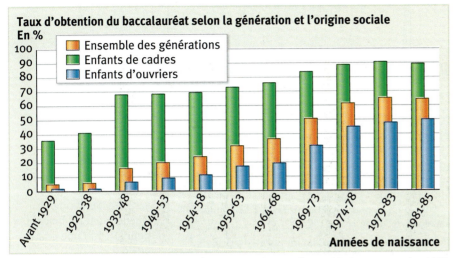

Source : Ministère de l'Éducation nationale, *L'État de l'école*, n° 19, octobre 2009.

5. Lire. Faites une phrase présentant les informations apportées par les données pour 1981-1985.

6. Calculer. Mesurez l'évolution de la part des jeunes bacheliers (quelle que soit leur origine sociale) entre la génération née avant 1929, et celle née entre 1981 et 1985.

7. Calculer. Pour la génération née avant 1929, mesurez l'écart entre le taux de bacheliers des enfants de cadres et celui des enfants d'ouvriers. Faites les mêmes calculs pour la génération née entre 1981 et 1985.

8. Déduire. Quelles conclusions peut-on tirer de la comparaison des résultats obtenus aux questions 6 et 7 ?

Doc. 4 — Niveau de diplôme et origine sociale

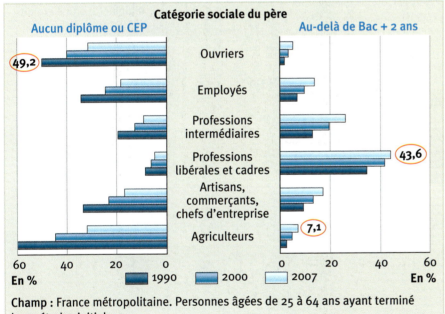

Champ : France métropolitaine. Personnes âgées de 25 à 64 ans ayant terminé leurs études initiales.

Source : Insee, Enquêtes Emploi, 1990, 2000 et 2007.

9. Lire. Pour chaque donnée entourée en rouge, rédigez une phrase présentant l'information apportée.

10. Calculer. Mesurez l'évolution de la part des enfants d'ouvriers titulaires d'un diplôme au-delà de Bac + 2. Faites de même pour les enfants de professions intermédiaires, puis de professions libérales et cadres.

11. Déduire. Peut-on dire qu'il y a eu une réduction des inégalités d'accès aux diplômes au-delà de Bac + 2, en fonction de l'origine sociale ? Justifiez votre réponse.

BILAN

EXERCICE D'AUTO-ÉVALUATION → corrigés pp. 178-179.

Les affirmations suivantes sont-elles vraies ou fausses ? Justifiez vos réponses.

1. Parmi les jeunes sans qualification, environ 60 % sont des enfants d'ouvriers ou d'inactifs.
2. Dès l'école primaire, on note des écarts de résultats en fonction de l'origine sociale des élèves.
3. La proportion de bacheliers est d'environ 60 % pour les générations nées dans les années 1980.
4. La part de bacheliers a davantage progressé pour les enfants de cadres que pour ceux d'ouvriers.
5. Quelle que soit leur origine sociale, la part des adultes non diplômés a diminué depuis les années 1990.

FAIRE LE POINT

Peut-on dire que les élèves, quelle que soit leur origine sociale, sont égaux dans leurs chances de poursuivre des études ?

Chapitre 7. Le diplôme : un passeport pour l'emploi ?

6 Les grandes écoles, pour qui ?

DÉCOUVRIR

Doc. 1 L'insertion professionnelle des diplômés de grandes écoles

L'Expansion, n° 740, avril 2009.

La qualité de l'insertion professionnelle des diplômés des « grandes écoles » est un élément majeur de leur « prestige » et de leur attractivité, au sein du paysage de notre enseignement supérieur.

Une enquête sur l'insertion professionnelle des jeunes diplômés de la « promotion 2006 », réalisée en 2007 par la Conférence des grandes écoles (CGE) auprès de 122 établissements, montre en effet que :

– 82 % des diplômés trouvent un emploi moins de deux mois après la sortie de l'école ;

– 79 % sont embauchés en contrat à durée indéterminée (CDI) ;

– une large majorité ont un statut de cadre (92 % des diplômés d'écoles d'ingénieurs, 84 % des diplômés d'écoles de commerce) ;

– le salaire annuel moyen brut atteint 31 740 euros (33 120 euros pour les diplômés des écoles de commerce, 31 090 euros pour les jeunes ingénieurs).

Diversité sociale dans les classes préparatoires aux grandes écoles : mettre fin à une forme de « délit d'initié », rapport d'information du Sénat n° 441 (2006-2007).

1. Définir. Faites une recherche sur Internet et répondez aux questions suivantes : Qu'est-ce qu'une grande école ? Quelles sont ses caractéristiques ? Quelles sont les modalités pour intégrer une grande école ?

2. Illustrer. Recherchez des exemples de grandes écoles.

3. Expliquer. Quels sont les avantages d'être diplômé(e) d'une grande école ?

Doc. 2 L'origine sociale des étudiants français

Répartition en 2011-2012 des étudiants français selon la CSP du chef de famille (en %)	Agriculteurs, artisans, commerçants et chefs d'entreprise	Cadres et professions intellectuelles supérieures	Professions intermédiaires	Employés	Ouvriers	Retraités et inactifs	CSP non connue
Universités (toutes disciplines)	9,2	30,6	12,7	12,2	10,4	13,2	11,7
Grands établissements (1)	8,7	36,2	12,5	10,3	11,3	13,3	7,8
STS (section de techn. sup.)	12,7	16	14,4	17,1	21,3	13,8	4,8
CPGE (classes préparatoires aux grandes écoles)	10,9	(50,9)	12,7	9,4	6,3	6,3	3,4
Formations comptables non universitaires	11	15,7	11,6	14,1	14,7	13,6	19,3
Universités de technologie et INP	10,3	48	12,9	7,4	6,9	9,2	5,2
Formations d'ingénieurs non universitaire	11,8	47,1	11,1	6,4	5,1	7,2	11,3
Total	10,3	30,3	12,5	12,3	11,2	11,3	12
Population française (2)	8	11	16	11	(25)	29	–

(1) CNAM, École centrale, Sciences politiques, École polytechnique, ENSAM, EHESS… – (2) Sources Insee : recensement de la population 1999.

Source : Repères et références statistiques – Les étudiants – édition 2012.

4. Lire. Rédigez une phrase présentant l'information apportée par chacune des données entourées en rouge.

5. Comparer. Comparez l'origine sociale des élèves des grandes écoles à celle des étudiants de STS, puis des étudiants en université.

6. Déduire. Quels sont les établissements de l'enseignement supérieur qui sont les « plus ouverts » socialement ? Les « moins ouverts » ? Justifiez votre réponse en utilisant des données chiffrées.

PARTIE 4 . Formation et emploi

Doc. 3 Les élèves boursiers dans les grandes écoles

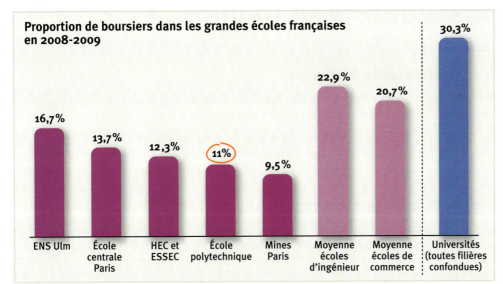

Proportion de boursiers dans les grandes écoles françaises en 2008-2009

- ENS Ulm : 16,7 %
- École centrale Paris : 13,7 %
- HEC et ESSEC : 12,3 %
- École polytechnique : 11 %
- Mines Paris : 9,5 %
- Moyenne écoles d'ingénieur : 22,9 %
- Moyenne écoles de commerce : 20,7 %
- Universités (toutes filières confondues) : 30,3 %

Source : Services de concours d'entrée aux grandes écoles et ministère de l'Éducation nationale, 2009.

7. Définir. Qu'est-ce qu'un « boursier » ?

8. Lire. Rédigez une phrase présentant l'information apportée par la donnée entourée en rouge.

9. Analyser. La proportion d'élèves boursiers dans les grandes écoles est-elle élevée ? Que peut-on en déduire concernant le recrutement de ces écoles ?

Doc. 4 Des orientations post-bac influencées par le milieu social

Disparités dans les choix d'orientation des bacheliers généraux avec mention selon leur origine sociale (en %)

	CPGE (classes préparatoires aux grandes écoles)	1er cycle universitaire	IUT-STS	Autres formations	
Cadres, professions libérales, professeurs	47	37	6	10	100
Professions intermédiaires	31	46	14	9	100
Agriculteurs, artisans, commerçants	31	48	16	5	100
Employés	19	59	15	7	100
Ouvriers, sans profession	18	58	18	6	100
Ensemble bacheliers généraux avec mention	35	46	11	8	100

Source : Suivi après le baccalauréat des élèves entrés en sixième en 1995, ministère de l'Éducation nationale, DEPP.

10. Lire. Rédigez une phrase présentant les informations apportées par les données entourées en rouge.

11. Comparer. Parmi les bacheliers généraux avec mention, lesquels s'orientent le plus vers les CPGE ? Lesquels s'orientent le plus vers des études supérieures « courtes » (type IUT-STS) ?

12. Expliquer. Quels éléments peuvent permettre d'expliquer ces disparités de choix d'orientation post-bac ?

BILAN

EXERCICE D'AUTO-ÉVALUATION → corrigés pp. 178-179.

1 Parmi ces établissements de l'enseignement supérieur, lesquels sont des « grandes écoles » ?
   a. Les facultés de médecine.
   b. Les IUT.
   c. Les écoles de Hautes Études commerciales (HEC).
   d. L'École polytechnique.

2 Parmi les affirmations suivantes, lesquelles illustrent la faiblesse de l'ouverture sociale des grandes écoles ?
   a. Les grandes écoles forment des « élites ».
   b. Les grandes écoles accueillent moins de boursiers que les universités.
   c. Les grandes écoles recrutent sur concours.
   d. Les enfants d'ouvriers et d'employés sont sous-représentés parmi les étudiants en CPGE.

FAIRE LE POINT

Dans quelle mesure peut-on dire que les grandes écoles sont réservées aux enfants issus de milieux favorisés ?

Chapitre 7. Le diplôme : un passeport pour l'emploi ?

SYNTHÈSE : Le diplôme : un passeport pour l'emploi ?

L'ESSENTIEL

A De la population active à l'emploi

▸ La **population active** regroupe l'ensemble des individus exerçant (population active occupée) ou recherchant à exercer (chômeurs, ou population active inoccupée) une activité professionnelle rémunérée et déclarée, c'est-à-dire un emploi.

▸ La **population inactive** quant à elle regroupe les personnes qui n'ont pas d'activité professionnelle et qui ne sont pas au chômage (jeunes de moins de 15 ans, retraités, étudiants, personnes au foyer, etc.).

B Quelle qualification pour les emplois aujourd'hui ?

▸ Avec l'accroissement du niveau global des diplômes, la **qualification des individus** a fortement progressé, en particulier ces trente dernières années. Parallèlement, les aptitudes (théoriques et/ou pratiques) requises pour occuper les emplois se sont accrues : la **qualification des emplois** a donc également progressé, mais pas au même rythme que celle des individus. De ce fait, les mêmes emplois sont pourvus par des personnes de plus en plus diplômées.

C De la qualification à l'insertion professionnelle

▸ La poursuite d'études peut être considérée comme un investissement en **capital humain** : le niveau et la nature des études participent largement à l'obtention d'un emploi plus ou moins qualifié, à la détermination du niveau de salaire, ou encore à la possibilité d'avoir un emploi stable.

▸ Le risque de **chômage** est également beaucoup moins fort dès lors que le niveau de diplôme est élevé. Cependant, le chômage n'épargne pas totalement les plus diplômés.

D La scolarité influencée par le milieu social ?

▸ L'ouverture continue de l'enseignement secondaire puis supérieur a permis d'accueillir un nombre grandissant d'élèves (phénomène de massification scolaire), et en particulier ceux de catégories sociales qui n'avaient pu pendant longtemps y accéder.

▸ Ce long mouvement de massification scolaire reste pourtant décevant, et l'**égalité des chances à l'école** est encore loin d'être réelle. En effet, ceux qui échouent et quittent l'école sans diplôme sont en grande partie issus des catégories sociales les moins favorisées. De plus, le niveau de diplôme des individus est encore fortement corrélé à leur origine sociale, et le recrutement des élites scolaires (notamment dans les grandes écoles) ne s'est guère démocratisé.

LES NOTIONS À CONNAÎTRE

■ **Capital humain**
Ensemble des connaissances, qualifications, compétences, et caractéristiques individuelles qui facilitent la création du bien-être personnel, social et économique.

■ **Chômage**
Situation des personnes (de 15 ans et plus), privées d'emploi et en recherchant un.

■ **Égalité des chances à l'école**
Elle suppose que, indépendamment de leur origine sociale, les individus ont la même probabilité de réussite scolaire.

■ **Emploi**
Exercice d'une activité professionnelle déclarée et rémunérée.

■ **Population active**
Ensemble des individus exerçant ou déclarant chercher à exercer une activité rémunérée. Elle regroupe donc la population active occupée (ou population active ayant un emploi) et les chômeurs.

■ **Population inactive**
Ensemble des personnes qui n'exercent pas et ne cherchent pas à exercer une activité rémunérée.

■ **Qualification de l'emploi**
Elle correspond aux aptitudes (théoriques et/ou pratiques) exigées du salarié par l'employeur pour occuper un emploi, compte tenu des caractéristiques techniques du poste.

■ **Qualification des individus**
Elle désigne l'ensemble des connaissances et savoir-faire acquis par l'individu.

SCHÉMA DE SYNTHÈSE

Le diplôme : un passeport pour l'emploi ?

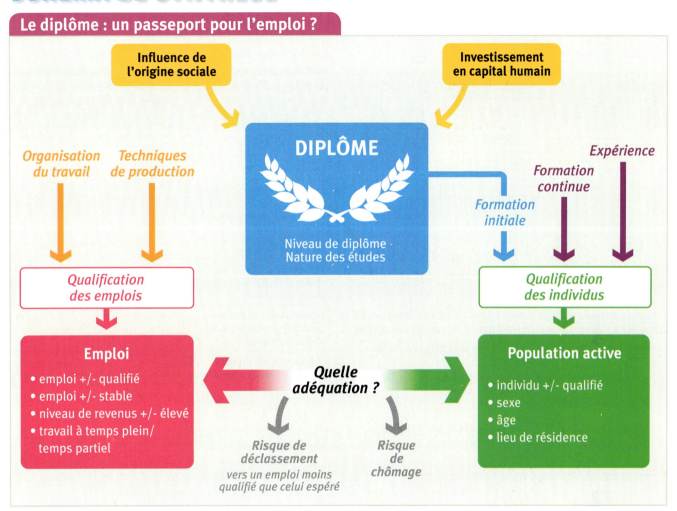

POUR ALLER PLUS LOIN

Sites Internet à consulter

▶ **www.insee.fr**
Le site de l'Institut national des statistiques et études économiques fournit de nombreuses données et études sur le système scolaire (rubrique « Enseignement et éducation ») et sur la population active et l'emploi (rubrique « Travail et emploi »).

▶ **www.cereq.fr**
Le site du Centre d'études et de recherches sur les qualifications : à consulter en particulier pour ses « Enquêtes Génération » (sur l'insertion des jeunes sortant de formation).

▶ **www.education.gouv.fr**
Le site du ministère de l'Éducation nationale fournit de nombreuses données sur le système scolaire français. Voir en particulier les publications telles que « L'État de l'école » ou « Repères et références statistiques ».

À lire

▶ *L'Insertion des jeunes*, Alternatives économiques Pratique, n° 37, janvier 2009.
Guide sur l'entrée des jeunes dans la vie active.

▶ François Bégaudeau, *Entre les murs*, Gallimard (coll. Folio), 2007.
Témoignage du dysfonctionnement d'une école républicaine qui peine à réduire les inégalités. Ce livre a été porté à l'écran par Laurent Cantet en 2008.

À voir

▶ *Une époque formidable*, de Gérard Jugnot, 1991.
Michel Berthier, cadre supérieur, est renvoyé de son entreprise. Il cache la vérité à sa femme, mais ses mensonges tournent vite au désastre. Chassé du foyer conjugal, il se retrouve à la rue...

▶ *Le Plafond de verre*, les défricheurs, de Yamina Benguigui, 2006.
Les enfants et petits-enfants d'immigrés arrivés en France dans les années 1950 ont pu, grâce à l'école publique, accéder au savoir et acquérir des diplômes. Mais qu'en est-il de leur insertion professionnelle ?

EXERCICES

VÉRIFIER SES CONNAISSANCES

1 Évolution de la population de 15 ans et plus

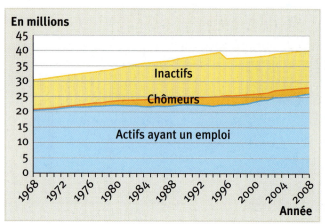

Source : D'après les données de l'OCDE.

a. En vous aidant du graphique, dites à quoi correspond : *la population active ; la population active occupée ; la population en âge de travailler.*

b. Pour 2008, puis pour 1968, calculez le taux d'emploi, le taux d'activité et le taux de chômage.

c. Commentez les résultats obtenus à la question b.

2 Qualification des emplois ou des individus ?

Pour chacune des situations décrites ci-dessous, dites si elle présente la qualification de l'individu ou la qualification de l'emploi. Attention, un des cas porte sur les deux types de qualification.

	Qualification individuelle	Qualification de l'emploi
a. Sarah, bachelière, recherche un emploi.		
b. Marjorie apprend le chinois afin d'accéder à un poste d'attachée commerciale export.		
c. Bernard occupe un poste d'infirmier en gériatrie.		
d. Ali vient d'être embauché dans une multinationale en tant que développeur Web.		
e. Maria vient d'obtenir un diplôme professionnel d'aide-soignante.		
f. Françoise est titulaire d'un Bac + 5 en informatique.		

APPROFONDIR SES CONNAISSANCES

3 Femmes et hommes face au chômage

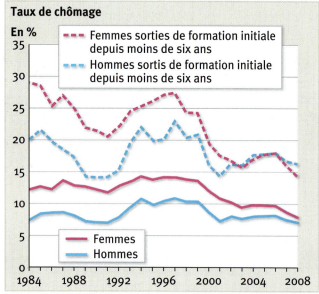

Source : « Femmes et hommes en début de carrière », *Insee première*, n° 1284, février 2010.

a. Quel était, en 1984 et en 2008, le taux de chômage des femmes ? Celui des hommes ?

b. Peut-on dire que les femmes (toutes générations confondues) sont aujourd'hui à égalité avec les hommes face au chômage ?

c. Parmi les actifs en début de carrière, qui des hommes ou des femmes est aujourd'hui le plus touché par le chômage ?

4 Écarts de salaires entre femmes et hommes en début de vie active

Pendant leurs six premières années de vie active, les hommes ont des salaires médians supérieurs de 10 % à ceux des femmes : 1 380 euros par mois, toutes primes comprises, pour les hommes, et 1 260 euros pour les femmes en 2008.

Les écarts de salaires entre hommes et femmes débutants sont les plus élevés aux deux extrémités des niveaux de diplôme. En moyenne, entre 2003 et 2008, les hommes non diplômés gagnent en début de vie active 23 % de plus que les femmes de même niveau. Chez les diplômés du supérieur long, cet écart est de 21 % ; mais il se réduit à 7 % parmi les titulaires d'un diplôme de niveau Bac + 2.

Le temps partiel explique une partie des différences de salaires. Une jeune femme sur cinq travaille à temps partiel, contre seulement un jeune homme sur quinze. [...] Chez les diplômés du supérieur, le temps partiel est peu fréquent et n'explique qu'une faible partie des écarts salariaux.

« Femmes et hommes en début de carrière », *Insee première*, n° 1284, février 2010.

a. Rappelez ce qu'est un salaire médian.
→ Voir Point notion p. 106.

b. Pour quel niveau de diplôme les écarts de salaires entre hommes et femmes sont-ils les plus importants ?

c. Comment peut-on expliquer ces écarts ?

Le chômage : des coûts salariaux trop élevés ou une insuffisance de la demande ?

CHAPITRE 8

Pôle emploi, en charge du service public de l'emploi
Pôle emploi accompagne les employeurs dans leurs recrutements, aide tous les demandeurs d'emploi dans leurs recherches et gère le versement des allocations aux demandeurs indemnisés.

Le chômage, un problème social et économique majeur
Dessin de Rémi Malingrëy.

PLAN DU CHAPITRE

1	Comment évolue le chômage en France ?	116
2	Comment évolue l'emploi en France ?	118
3	L'insuffisance de la demande est-elle à l'origine du chômage ?	120
4	Les salaires menacent-ils l'emploi ?	122
5	Les salaires conduisent-ils à délocaliser ?	124
>	Synthèse	126
>	Exercices	128

1. Comment évolue le chômage en France ?

DÉCOUVRIR

Doc. 1 L'évolution du chômage en France de 1975 à 2009

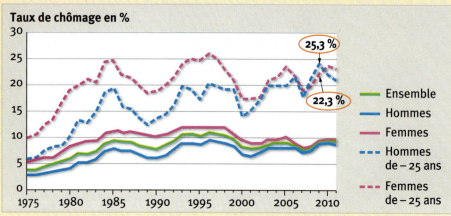

Source : Insee, Enquêtes Emploi, taux de chômage en France au sens du Bureau international du travail (BIT).

1. Décrire. Comment a évolué le taux de chômage depuis 1975 ?

2. Lire. Pour chacune des données entourées en rouge, rédigez une phrase présentant l'information apportée.

3. Comparer. En 2008 et en 2011, le risque d'être au chômage est-il le même pour les hommes et les femmes ? les hommes et les femmes de moins de 25 ans ?

> **POINT NOTION**
>
> **Qu'est-ce qu'un chômeur ?**
>
> Un **chômeur au sens du Bureau international du travail (BIT)** est une personne en âge de travailler (conventionnellement 15 ans ou plus), qui n'a pas travaillé au cours de la semaine de l'enquête Emploi de l'Insee, est disponible pour travailler dans les deux semaines et a entrepris des démarches effectives de recherche d'emploi ou a trouvé un emploi qui commence dans les trois mois.
>
> **Qu'est-ce que le taux de chômage ?**
>
> Le **taux de chômage** en % est la proportion de chômeurs dans la population active totale (actifs ayant un emploi et chômeurs).

Doc. 2 Les différentes catégories de demandeurs d'emploi inscrits à Pôle emploi

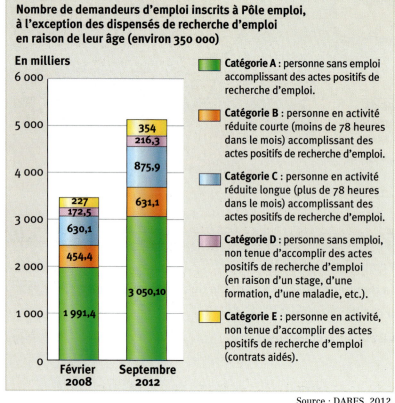

Nombre de demandeurs d'emploi inscrits à Pôle emploi, à l'exception des dispensés de recherche d'emploi en raison de leur âge (environ 350 000)

- **Catégorie A** : personne sans emploi accomplissant des actes positifs de recherche d'emploi.
- **Catégorie B** : personne en activité réduite courte (moins de 78 heures dans le mois) accomplissant des actes positifs de recherche d'emploi.
- **Catégorie C** : personne en activité réduite longue (plus de 78 heures dans le mois) accomplissant des actes positifs de recherche d'emploi.
- **Catégorie D** : personne sans emploi, non tenue d'accomplir des actes positifs de recherche d'emploi (en raison d'un stage, d'une formation, d'une maladie, etc.).
- **Catégorie E** : personne en activité, non tenue d'accomplir des actes positifs de recherche d'emploi (contrats aidés).

Source : DARES, 2012.

> **POINT NOTION**
>
> **Qu'est-ce qu'un demandeur d'emploi ?**
>
> Un **demandeur d'emploi** est une personne qui est inscrite à Pôle emploi (service public de l'emploi qui gère des offres d'emploi et les allocations des chômeurs), est enregistrée dans l'une des catégories définies par Pôle emploi en fonction de sa disponibilité, du type de contrat recherché et des actes positifs ou non de recherche d'emploi effectués.

4. Analyser. Pôle emploi publie chaque mois « le » chiffre du chômage qui se rapproche le plus de la définition du BIT et qui correspond à l'une des catégories définies par Pôle emploi. Quelle est cette catégorie ?

5. Calculer. Quel poids a-t-elle dans le total des demandeurs d'emploi en septembre 2012 ? Quelle est l'augmentation en pourcentage de cette catégorie entre février 2008 et février 2010 ? → Voir Flash Méthode 2 p. 159.

6. Distinguer. Qu'est-ce qui différencie les catégories D et E des trois autres catégories ?

7. Calculer. Quelle est l'augmentation en pourcentage de chacune des catégories D et E entre février 2008 et septembre 2012 ?

116 PARTIE 4 . Formation et emploi

Doc. 3 Taux de chômage par CSP et chômeurs de longue durée en 2011

Chômeurs au sens du BIT en 2011	Chômeurs		Chômeuses		Ensemble	
	Effectifs	%	Effectifs	%	Effectifs	%
Catégorie socioprofessionnelle	En milliers et en % de la population active					
Cadres et professions intellectuelles supérieures	105	3,7	73	4,0	(178)	3,8
Professions intermédiaires	164	5,0	170	5,1	334	5,0
Employés	176	9,3	618	9,9	794	9,8
Ouvriers	597	12,0	207	16,3	804	12,9
Chômeurs depuis un an et plus	En milliers et en % des chômeurs					
Total	537	41,2	523	39,8	1 060	(40,5)
15-24 ans	94	28,5	76	25,5	170	27,1
25-49 ans	310	(41,9)	318	40,6	628	41,2
50 ans et plus	134	57,7	128	55,1	262	56,4

Champ : Population active de 15 ans ou plus, vivant en France métropolitaine.

Source : Insee, enquêtes Emploi 2011.

8. Lire. Pour chacune des données entourées en rouge, rédigez une phrase présentant l'information apportée.

9. Comparer. Quelle catégorie socioprofessionnelle est la plus touchée par le chômage ? Quel groupe d'âge connaît plus souvent le chômage de longue durée ?

Doc. 4 Les chômeurs en fin de droits

En 2010, un million de demandeurs d'emploi arriveront au bout de leurs droits à l'assurance-chômage. Pour une minorité seulement, l'aide d'État prendra le relais avec les minima sociaux (450 euros par mois). Les syndicats appellent à des mesures d'urgence pour passer la crise.

En 2008, la crise fait remonter brutalement le nombre de chômeurs. Or, à Pôle emploi, les règles en vigueur limitent à deux ans, pour la plupart des chômeurs, la durée maximale des allocations. C'est donc en 2010 que le gros des troupes, qui avait assez cotisé pour avoir droit à ces deux années d'indemnisation, commence à arriver en fin de droits. À ceux-là s'ajoutent les bataillons permanents de précaires, travaillant de courtes périodes et indemnisés tout aussi brièvement.

[Pôle emploi estime que 400 000 chômeurs se retrouveront sans revenu. Le gouvernement a annoncé en avril 2010 une série de mesures pour les chômeurs en fin de droits dont la création d'une allocation exceptionnelle de 460 euros d'une durée de six mois.]

D'après Fanny Doumayrou, « Un million de chômeurs au bord du gouffre », *L'Humanité*, 22 décembre 2009.

10. Décrire. Quel est l'effet de la crise économique sur le nombre de chômeurs et sur la durée du chômage ?

11. Expliquer. Quelles en sont les conséquences ?

BILAN

EXERCICE D'AUTO-ÉVALUATION → corrigés pp. 178-179.

Les affirmations suivantes sont-elles vraies ou fausses ? Justifiez vos réponses.

1. Depuis 1975, les inégalités hommes-femmes face au chômage n'ont cessé de croître. V F
2. Une personne sans emploi à la recherche d'un emploi qui a travaillé une heure n'est pas un chômeur pour le BIT. V F
3. Tous les demandeurs d'emploi inscrits à Pôle emploi sont tenus d'accomplir des actes positifs de recherche d'emploi. V F
4. Les jeunes de moins de 25 ans ont un risque plus élevé d'être au chômage mais y restent moins longtemps que les plus de 50 ans. V F
5. Le risque d'être au chômage est moins élevé pour les ouvriers. V F

FAIRE LE POINT

Présentez la diversité de la mesure du chômage. Expliquez comment le risque d'être au chômage a évolué depuis 1975.

2 Comment évolue l'emploi en France ?

DÉCOUVRIR

Doc.1 Créations et destructions d'emplois depuis 1950

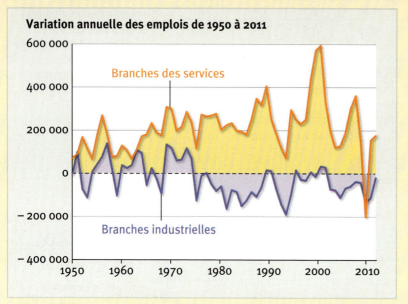

Source : Insee, comptes nationaux.

POINT NOTION

Services et industries

Les **services** sont immatériels et consommés par l'utilisateur au moment où ils sont produits, donc non stockables (par exemple : coupe de cheveux, nettoyage).

Les **industries** correspondent à des activités de transformation de matières premières en biens de production ou de consommation (par exemple : mines, fabrication d'automobiles).

1. Lire. Quelle est la variation de l'emploi en 1993 (branches des services et branches industrielles) ?

2. Décrire. Montrez que l'évolution de l'emploi a connu deux périodes depuis 1950.

Doc.2 Emploi et chômage en France de 1973 à 2011

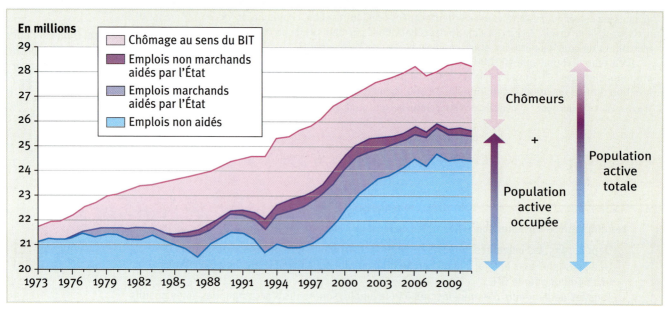

Source : Dares, 2012.

3. Lire. Quel est l'effectif de la population active occupée en 1973 et en 2011 ? l'effectif de la population active totale aux mêmes dates ?

4. Décrire. Comment ont évolué le chômage, l'emploi aidé par l'État (marchand et non marchand) et l'emploi non aidé entre 1973 et 2011 ? Qu'en concluez-vous ?

POINT NOTION Qu'est-ce qu'un emploi aidé ?

Un **emploi aidé** est un contrat de travail pour lequel l'employeur du secteur marchand (entreprise) ou du secteur non marchand (association, commune, département ou région) bénéficie d'aides (à l'embauche, à la formation, exonérations de charges sociales) de l'État.

Doc. 3 L'emploi s'est transformé

En 1970, les emplois étaient surtout masculins (64 %) ; 21 % n'étaient pas salariés. L'industrie (29 %), l'agriculture (13 %) et la construction (10 %) représentaient près d'un emploi sur deux.

En 2008, l'emploi, essentiellement salarié (91 %), s'est féminisé (47 %). Le tertiaire domine (76 %). L'agriculture représente moins de 3 % des emplois.

L'emploi ouvrier représente 22,6 % des emplois en 2008 (contre 37,4 % en 1975), soit moins que celui des employés (29,3 %). Entre 1975 et 2008, les emplois qualifiés (cadres, professions intellectuelles supérieures et professions intermédiaires) ont vu leur part passer de 23,4 % à 40,2 %.

Plus souvent à temps partiel (30,7 % contre 5,7 % pour les hommes), les femmes subissent plus le sous-emploi[1] (9 %) que les hommes (2,5 %) en 2008.

Les formes particulières d'emploi (CDD[2], intérim, apprentissage...) sont passées de 5,4 % à 12,3 % de l'emploi total (salariés et non-salariés) entre 1982 et 2008 mais le CDI[3] reste majoritaire : il représente 87,7 % de l'emploi total en 2008.

D'après les données publiées par l'Insee, M. Abellard, © Nathan, 2010.

1. Personne ayant un emploi (à temps partiel ou à temps plein) mais qui souhaite travailler davantage au moment de la semaine de l'enquête Emploi. – 2. Contrat à durée déterminée. – 3. Contrat à durée indéterminée.

5. Décrire. Quelles sont les principales transformations de l'emploi depuis 1970 (par sexe, type d'emploi, secteur d'activités et catégorie professionnelle) ?

Doc. 4 Les formes particulières d'emploi chez les 15-24 ans

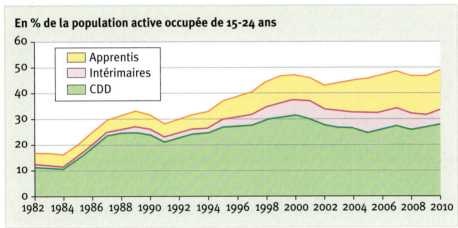

Source : Insee, enquête Emploi corrigée de la rupture de série en 2003.

6. Calculer. Quelle est la part des formes particulières d'emploi (CDD, intérimaires et apprentis) dans l'emploi des 15-24 ans en 1982 ? en 2010 ?

7. Déduire. Quelle est la part des CDI dans l'emploi des 15-24 ans en 1982 ? en 2010 ? Qu'en concluez-vous ?

BILAN

EXERCICE D'AUTO-ÉVALUATION → corrigés pp. 178-179.

Complétez la grille de mots croisés à l'aide des définitions ci-dessous.

Horizontal
A. Population active totale moins la population active occupée.
B. L'emploi domine dans ce secteur d'activité aujourd'hui.
C. L'emploi qui n'est pas à temps complet.
D. 47 % de l'emploi l'est en 2008.

Vertical
1. Une forme particulière d'emploi.
2. Contrat de travail qui assure un emploi stable.
3. Caractérise la population active occupée.
4. 91 % de l'emploi l'est en 2008.
5. Abréviation de « forme particulière d'emploi ».

FAIRE LE POINT

Comment le volume de l'emploi a-t-il évolué sur les trente dernières années en France ?
Quelles sont les principales transformations de l'emploi en France ?

3 L'insuffisance de la demande est-elle à l'origine du chômage ?

DÉCOUVRIR

Doc. 1 Croissance économique et emploi

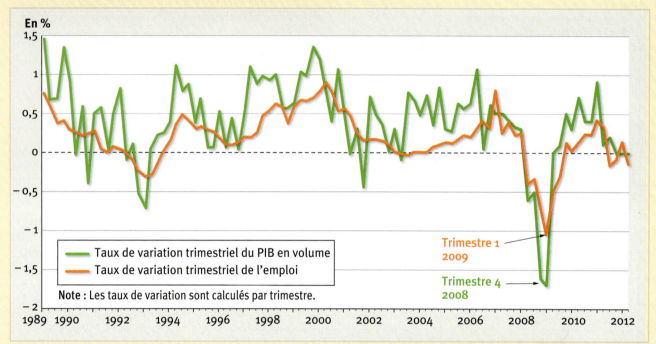

Source : Insee, Données du 1er trim. 1989 au 2e trim. 2012.

1. **Expliquer.** Que signifie un taux de variation positif ? un taux de variation négatif ?
2. **Lire.** En quelles années le taux de variation de l'emploi est-il négatif ?
3. **Lire.** Quand le PIB en volume augmente (ou diminue), comment l'emploi évolue-t-il ?
4. **Justifier.** Montrez que la croissance économique favorise l'emploi.

POINT NOTION — Qu'est-ce que le PIB ?

Le **PIB en volume** mesure la quantité de biens et services produits au cours d'une année sur le territoire. Il correspond à la somme des valeurs ajoutées.

La **croissance économique** est mesurée par le taux de variation du PIB en volume.

Doc. 2 La crise financière se transforme en crise économique

En deux trimestres, fin 2008 et début 2009, la production industrielle des trente pays de l'OCDE (Organisation de coopération et de développement économiques) est retombée à son niveau de 1996. Dans ces mêmes pays, 15 millions de personnes ont perdu leur emploi entre début 2008 et fin 2009. Et leur nombre pourrait atteindre 25 millions en 2010. Au niveau mondial, la production a été négative en 2009 pour la première fois depuis la Seconde Guerre mondiale.

Cette crise est le type même de crise de la demande décrit par Keynes (1883-1946), le grand économiste de Cambridge. La baisse du crédit de la part des banques bride la demande et fait chuter toutes les formes d'investissement (immobilier et productif). La remontée de l'épargne des ménages, qui craignent pour leur emploi, entrave la consommation. Les chefs d'entreprise anticipent une baisse des ventes et réajustent leur production et leurs effectifs à la baisse. Le chômage augmente.

D'après Guillaume Duval, Sandra Moatti et Christian Chavagneux, « La crise », *Alternatives économiques Pratique*, n° 43, avril 2010.

5. **Expliquer.** Pourquoi la diminution des crédits distribués par les banques affecte-t-elle l'investissement et la consommation ?
6. **Décrire.** Montrez que les anticipations pessimistes des ménages et des entreprises contribuent à la baisse de la production et de la consommation.
7. **Déduire.** Comment évolue l'investissement quand les entreprises réajustent leur production à la baisse ?

Doc.3 Ce qui détermine l'emploi pour Keynes

Source : Michael Stewart, *Keynes*, Points Seuil économie, 1973.

8. Expliquer. De quoi dépend l'emploi ?

9. Distinguer. Une augmentation du niveau de l'emploi signifie-t-elle toujours une diminution du chômage ? Pour répondre, aidez-vous du document 2 p 118.

10. Déduire. Montrez qu'une diminution de la demande effective conduit à un cercle vicieux.

> **POINT NOTION**
>
> **Qu'est-ce que la demande effective ?**
>
> La **demande effective** est la demande *solvable* (qui a un pouvoir d'achat) anticipée par les entreprises (investissement et consommation).

Doc.4 Le salaire, le pouvoir d'achat et la demande

« Je vis à Athènes depuis 2000, je paie un loyer de 400 euros, mon épouse est sans emploi. J'ai deux emplois : je travaille pour le service de presse d'un organisme public et pour un petit journal privé. Mon salaire au journal a été réduit de 1 100 à 500 euros dès le mois de janvier, sous l'effet de la crise. Mon salaire en tant que contractuel du public s'élève à 1 100 euros auxquels il faut ajouter 454 euros de primes par mois. Le gouvernement a annoncé la réduction des 13e et 14e mois qui permettent traditionnellement de partir en vacances à Pâques ou en été. »

« Les gens se préparent à une diminution des dépenses familiales. Les petits commerçants s'interrogent sur leur survie. Les tribunaux sont submergés d'affaires de vols de comestibles, d'une valeur de quelques euros, dans les supermarchés des quartiers populaires. L'explosion sociale, sous forme de grèves ou de vandalisme, est à craindre. »

« On peut se demander si les mesures prises atteindront leur but : l'augmentation des recettes de l'État. Il est bien possible que la diminution de la consommation soit si drastique que l'augmentation de la TVA et des autres taxes ne serve à rien. »

« Pour les Grecs, "trop c'est trop" », témoignages recueillis sur le site du *Monde*, le 5 mars 2010. www.lemonde.fr

11. Décrire. Quels effets aura la baisse des salaires sur la consommation et sur les recettes de l'État grec ?

12. Déduire. Quelles conséquences cela pourra-t-il avoir sur l'emploi et les relations sociales en Grèce ?

BILAN

EXERCICE D'AUTO-ÉVALUATION → corrigés pp. 178-179.

Pour chaque proposition, choisissez la ou les bonne(s) réponse(s).

1 Une augmentation de l'épargne :
a. peut enrichir un individu.
b. est défavorable à l'emploi si elle réduit la consommation des ménages.
c. augmente la demande effective.

2 L'emploi augmente si :
a. le niveau d'investissement augmente.
b. on réduit le niveau de salaire de tous les salariés.
c. le niveau du PIB augmente durablement.

3 L'augmentation du chômage peut s'expliquer par :
a. des anticipations pessimistes de la demande par les entreprises.
b. l'augmentation de la pauvreté.
c. une augmentation insuffisante de l'emploi.

FAIRE LE POINT

Après avoir montré comment le niveau de la demande effective détermine l'emploi, vous montrerez que l'insuffisance de la demande contribue au chômage.

4. Les salaires menacent-ils l'emploi ?

DÉCOUVRIR

Doc.1 Allègement du coût du travail et création d'emplois

Entré en application en 2006, le plan Borloo a pour objectif la création de 500 000 emplois supplémentaires en cinq ans dans le secteur des services à la personne. Ce secteur regroupe les emplois d'aide professionnelle salariée exerçant directement au domicile de l'utilisateur (garde d'enfants, soutien scolaire, entretien et travaux ménagers, assistance aux personnes âgées), et les activités qui bénéficient de réductions fiscales (assistance informatique et Internet, promenade des animaux domestiques, gardiennage de résidence principale et secondaire). L'allègement de cotisations sociales dont bénéficient les employés de ce secteur et la déduction fiscale consentie aux ménages employeurs contribuent à réduire le prix d'achat de ces services.

M. Abellard, © Nathan, 2010.

Les besoins des uns font les emplois des autres

POINT NOTION

Salaire et coût salarial

Le **salaire** est le revenu perçu par le salarié en contrepartie du travail fourni à l'employeur dans le cadre d'un contrat de travail.

Le **coût salarial** comprend un coût direct (salaire net, cotisations sociales salariales et différents avantages salariaux), et un coût indirect (cotisations sociales patronales, autres charges comme le transport et la formation).

Services à la personne	2005	2006	2007
Créations d'emplois	44 000	55 000	58 800
Création d'emplois en équivalent temps plein	14 000	18 000	20 000

Source : Florence Jany-Catrice, *Combien d'emplois dans les services à la personne ?*, IDIES, juillet 2009.

1. Décrire. Comment le coût salarial des employeurs de services à la personne a-t-il été réduit ?

2. Expliquer. Quels sont les effets attendus pour l'État ? pour l'employeur ? pour le salarié ?

3. Calculer. Quel a été le nombre d'emplois supplémentaires en équivalent temps plein en 2007 par rapport à 2005 ?

Doc.2 Supprimer des emplois pour économiser des salaires

Le progrès technique fait disparaître certains emplois, plus ou moins rapidement. Voici quelques exemples d'emplois menacés.

Emploi	Remplacé par...	État des lieux
Guichetier aux péages	Monnayeur automatique	Remplacement en cours.
Caissier	Caisses automatiques	Expériences peu concluantes dans les hypermarchés. Plus adapté à la distribution spécialisée (sport, bricolage).
Vigile	Caméras de surveillance, codes d'entrée, alarmes	Remplacement en cours, mais la présence humaine demeure très utile.
Garde-malade	Téléassistance, distributeur de médicaments avec alarme	Progrès technique constant. Remplacement en cours, mais ne peut concerner toutes les fonctions, ni remplacer une présence humaine.

M. Abellard, © Nathan, 2010.

4. Calculer. Si un distributeur automatique coûte 12 000 € à l'achat et 500 € par an de maintenance et approvisionnement, mais permet de remplacer deux vendeurs, au bout de combien de temps sera-t-il rentabilisé si le salaire des vendeurs (charges comprises) est de 1 500 € par mois ? 1 600 € par mois ? Qu'en concluez-vous ?

5. Calculer. Une caissière d'hypermarché coûte environ 12 € / heure. Elle scanne un chiffre d'affaires de 1 200 € / heure en moyenne. Quelle proportion du chiffre d'affaires représenterait la suppression d'un emploi de caissière sur quatre ?

6. Argumenter. Selon vous, à qui doit aller l'économie réalisée par la suppression des emplois de caissière : aux clients (puisqu'ils font le travail que faisait la caissière) ou aux propriétaires du magasin (puisqu'ils ont payé les caisses automatiques) ?

Doc. 3 — La hausse du SMIC n'a pas eu d'effet sur l'emploi

Pour certains économistes, un niveau élevé de salaire minimum réduit le volume d'emploi. Des données sur les *fast foods* de deux États américains, le New Jersey où le salaire minimum a augmenté de près de 20 % en 1992 et la Pennsylvanie où il est resté stable, suggèrent un lien positif entre hausse du salaire minimum et emploi. L'augmentation du salaire minimum soutient les bas revenus, ce qui est favorable à la demande de biens et services et joue positivement sur l'emploi. Cet effet positif l'emporterait sur l'effet négatif lié à la hausse du coût du travail qui est, elle, défavorable à la demande de travail des entreprises.

Qu'en est-il en France ? Alors que le SMIC (salaire minimum) a augmenté de 2,5 % en moyenne annuelle depuis 1999, le coût du travail, compte tenu des allègements de cotisations sociales, ne s'est accru que de 1,5 %, soit un rythme proche des gains de productivité. Au final, l'effet sur l'emploi au niveau du SMIC est faible.

Yannick L'Horty, *Le 4 pages du CEE*, n° 43, juin 2007.

7. Expliquer. Quels sont les deux effets positif et négatif de l'augmentation du salaire minimum sur l'emploi ?

8. Déduire. Quel effet semble l'emporter aux États-Unis ? en France ?

9. Décrire. Comment l'explique-t-on pour le cas de la France ?

Doc. 4 — Pourquoi y a-t-il moins d'emplois dans la restauration en France ?

Si le chômage vient d'une insuffisance d'emplois, se peut-il que celle-ci soit liée à des salaires (cotisations sociales comprises) plus élevés en France qu'ailleurs ? La comparaison figurant dans le graphique ci-contre chiffre les différences entre la France et d'autres pays, qui peuvent expliquer pourquoi il y a moins d'emplois (à population égale) dans l'hôtellerie-restauration, secteur à bas salaires, en France qu'ailleurs.

Thierry Ribault, « L'emploi dans la restauration et l'hôtellerie en Nouvelle-Zélande », *Travail et Emploi*, n° 99, juillet 2004.

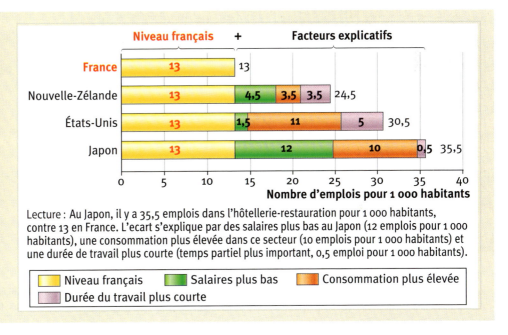

Lecture : Au Japon, il y a 35,5 emplois dans l'hôtellerie-restauration pour 1 000 habitants, contre 13 en France. L'écart s'explique par des salaires plus bas au Japon (12 emplois pour 1 000 habitants), une consommation plus élevée dans ce secteur (10 emplois pour 1 000 habitants) et une durée de travail plus courte (temps partiel plus important, 0,5 emploi pour 1 000 habitants).

□ Niveau français □ Salaires plus bas □ Consommation plus élevée □ Durée du travail plus courte

10. Lire. Combien y a-t-il d'emplois dans l'hôtellerie-restauration aux États-Unis pour 1 000 habitants ? Comment s'explique l'écart avec la France ?

11. Comparer. Un coût salarial plus élevé suffit-il à expliquer le plus faible nombre d'emplois dans le secteur de l'hôtellerie-restauration en France par rapport aux autres pays développés ?

BILAN

EXERCICE D'AUTO-ÉVALUATION
→ corrigés pp. 178-179.

Reproduisez le schéma ci-contre et complétez-le en y ajoutant les flèches qui indiquent les relations entre les différents éléments.

FAIRE LE POINT

Après avoir vu quels mécanismes contribuent à la suppression des emplois quand le coût salarial est trop élevé, vous vous demanderez si sa réduction peut favoriser l'emploi.

Chapitre 8. Le chômage : des coûts salariaux trop élevés ou une insuffisance de la demande ?

5. Les salaires conduisent-ils à délocaliser ?

DÉCOUVRIR

Doc. 1 Pouvoir de chasse contre délocalisation du volcan

Jul, *Silex and the city*, © Dargaud, 2009.

POINT NOTION

Pouvoir d'achat et délocalisation

Le **pouvoir d'achat** du salaire est la quantité de biens et services qu'on peut acheter avec ce salaire.

La **délocalisation**, au sens strict, consiste à changer de lieu une unité de production.

1. Expliquer. Que représente le salaire pour ces personnages ?

2. Décrire. Dans le conflit d'intérêt qui les oppose, quel argument et quelle menace chacun des personnages avance-t-il ?

Doc. 2 Produire en France ou à l'étranger ?

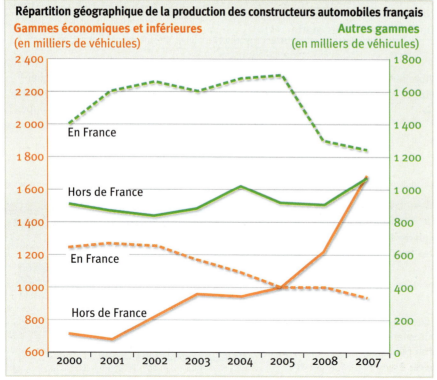

Source : CCFA.

3. Calculer. Pour 2000, puis 2007, quelle est la production des constructeurs automobiles français en France, hors de France et totale ?

4. Calculer. Quel est le taux de variation de la production des constructeurs automobiles français en France et hors de France entre 2000 et 2007 ?
→ Voir Flash Méthode 2 p. 159.

5. Déduire. Est-on en présence d'une délocalisation de l'activité automobile ? Depuis quelle date ?

Doc. 3 — Coût salarial horaire dans quelques pays

Le coût salarial horaire d'un ouvrier de production	États-Unis	Allemagne	France	Corée	République tchèque	Mexique	Philippines
En dollars (en 2011)	35,53	47,38	42,12	18,9	13,13	3	2,90
Augmentation par an en % (entre 2000 et 2011)	3,3	5,8	6,4	6,3	13,1	3	6,5

Source : Ministère américain du Travail, 2013.

6. Calculer. Quel est l'indice du coût du travail de chaque pays (base 100 pour la France) ? → Voir Flash Méthode 3 p. 160.

7. Déduire. Quels pays sont susceptibles de connaître des délocalisations d'activité industrielle ?

Doc. 4 — Effets des délocalisations

Selon une étude de l'Insee (2005), les délocalisations ne représentent que 12 % de la réduction des effectifs industriels en France sur la période 1995-2001 et la majorité des emplois délocalisés concerne les pays développés (53 %), alors que la Chine n'en représente que 14 %.

La réduction des emplois industriels s'explique surtout par l'augmentation de la productivité et l'externalisation des activités industrielles vers le tertiaire (intérimaires). Le choix de délocaliser vers l'Europe de l'Est ou la Chine n'est pas dû au seul avantage de coût salarial : la demande intérieure de ces pays est en forte expansion.

L'investissement productif, dans l'innovation et le capital humain, en augmentant la productivité du travail, permettrait en France de maintenir et/ou de créer des emplois, voire de les relocaliser quand le coût du transport s'élève ou que la qualité des produits importés est faible.

M. Abellard, © Nathan, 2010.

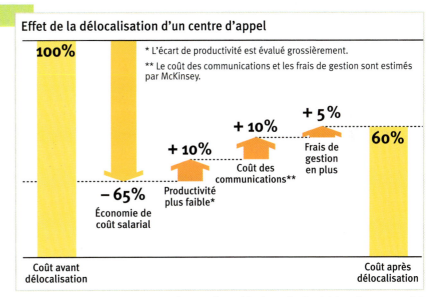

Source : Arnaud Parienty, *Productivité, croissance, emploi. La France dans la compétition mondiale*, éd. Armand Colin (coll. Circa), 2005.

8. Justifier. L'entrepreneur qui délocalise un centre d'appel américain en Inde est-il gagnant ?

9. Expliquer. Quel pourrait être l'effet d'une hausse du coût de transport sur la délocalisation de certaines industries ?

10. Décrire. Quels sont les effets des délocalisations sur l'emploi en France ?

11. Expliquer. À quelles conditions l'emploi pourrait-il être préservé ?

BILAN

EXERCICE D'AUTO-ÉVALUATION → corrigés pp. 178-179.

Complétez le schéma ci-contre à l'aide de la liste suivante :
- Coût salarial horaire plus faible à l'étranger
- Productivité du travail plus faible à l'étranger
- Diminution du coût des communications (Internet)
- Hausse du coût du transport
- Qualité des produits importés insuffisante
- Mobilité des capitaux

FAIRE LE POINT

Après avoir montré qu'un coût salarial étranger plus faible peut contribuer à réduire l'emploi national, vous expliquerez à quelles conditions.

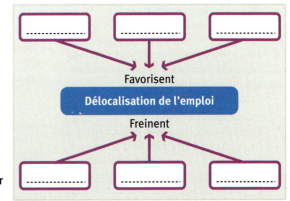

Chapitre 8. Le chômage : des coûts salariaux trop élevés ou une insuffisance de la demande ?

SYNTHÈSE : Le chômage : des coûts salariaux trop élevés ou une insuffisance de la demande ?

L'ESSENTIEL

A Évolution du chômage et de l'emploi en France

▸ Le **taux de chômage** en France a augmenté de 1975 à 1985, puis a évolué de manière cyclique, particulièrement pour les moins de 25 ans, sans descendre en dessous de 7 % de la **population active**. Il remonte depuis 2008, et touche plus particulièrement les ouvriers et les moins-qualifiés. Tous les **demandeurs d'emploi** inscrits à Pôle emploi ne sont pas considérés comme **chômeurs** par le Bureau international du travail (BIT).

▸ La croissance insuffisante de l'emploi se traduit par une hausse des chômeurs (actifs inoccupés). La destruction des emplois industriels s'accompagne de la tertiarisation de la population active occupée. Les emplois, plus souvent salariés et qualifiés, se sont féminisés. Les formes particulières d'emploi (CDD, intérim…) ont fortement augmenté : minoritaires dans l'emploi total, ces emplois précaires représentent plus de la moitié des emplois des moins de 25 ans.

B Le chômage lié à une insuffisance de la demande

▸ Quand une crise (ou des difficultés économiques) apparaît et que les chefs d'entreprise anticipent une demande de la consommation et de l'investissement en baisse, alors la production diminue, conformément à leurs prévisions pessimistes, l'emploi se réduit et le chômage augmente.

▸ Dans ce contexte, toute diminution générale des **salaires** et des prestations sociales entraîne une baisse de la consommation et une augmentation du chômage : les entreprises n'embaucheront pas, même à un niveau de salaire plus faible dès lors que la demande est insuffisante. On est en présence d'un cercle vicieux : la réduction de l'emploi en affectant la **demande effective** aggrave encore le chômage.

C Le chômage lié à un coût du travail trop élevé

▸ Un **coût salarial** trop élevé peut dissuader un entrepreneur d'embaucher, s'il considère que ce n'est pas rentable : il peut alors préférer remplacer le travailleur par des machines jugées moins coûteuses, ou délocaliser son activité de production si le coût du travail à l'étranger apparaît moins cher compte tenu des coûts de la **délocalisation** (frais de transport, moindre efficacité du travail…).

▸ Si la réduction du coût du travail par allègement de cotisations sociales ou réduction d'impôts a permis de créer de nouveaux emplois (par exemple dans le secteur des services à la personne), on observe cependant que la hausse du salaire minimum (SMIC) n'a pas eu d'effet négatif sur l'emploi parce qu'elle a permis de soutenir la consommation.

LES NOTIONS À CONNAÎTRE

■ **Chômeur**
Un chômeur au sens du BIT (Bureau international du travail) est une personne en âge de travailler (conventionnellement 15 ans ou plus), qui n'a pas travaillé au cours de la semaine de l'enquête Emploi de l'Insee, est disponible pour travailler dans les deux semaines et a entrepris des démarches effectives de recherche d'emploi ou a trouvé un emploi qui commence dans les trois mois.

■ **Coût salarial**
Ensemble des dépenses supportées par l'employeur pour l'emploi d'un salarié. Il comprend un coût direct (salaire net plus cotisations sociales salariales, différents avantages salariaux), et un coût indirect (cotisations sociales patronales, autres charges comme le transport, la formation).

■ **Délocalisation**
Elle consiste, au sens strict, à changer de lieu une unité de production.

■ **Demande effective**
La demande effective est la demande *solvable* (qui a un pouvoir d'achat) anticipée par les entreprises (investissement et consommation).

■ **Demandeur d'emploi**
Un demandeur d'emploi est une personne qui est inscrite à Pôle emploi, est enregistrée dans l'une des catégories définies par Pôle emploi en fonction de sa disponibilité, du type de contrat recherché et des actes positifs ou non de recherche d'emploi effectués.

■ **Population active**
Ensemble des individus exerçant ou déclarant chercher à exercer une activité rémunérée. Elle regroupe donc la population active occupée (ou population active ayant un emploi) et les chômeurs.

■ **Salaire**
Revenu perçu par le salarié en contrepartie du travail fourni à l'employeur dans le cadre d'un contrat de travail.

■ **Taux de chômage**
Il correspond (en %) à la proportion de chômeurs dans la population active totale (actifs ayant un emploi et chômeurs).

SCHÉMA DE SYNTHÈSE

Le chômage : des coûts salariaux trop élevés ou une insuffisance de la demande ?

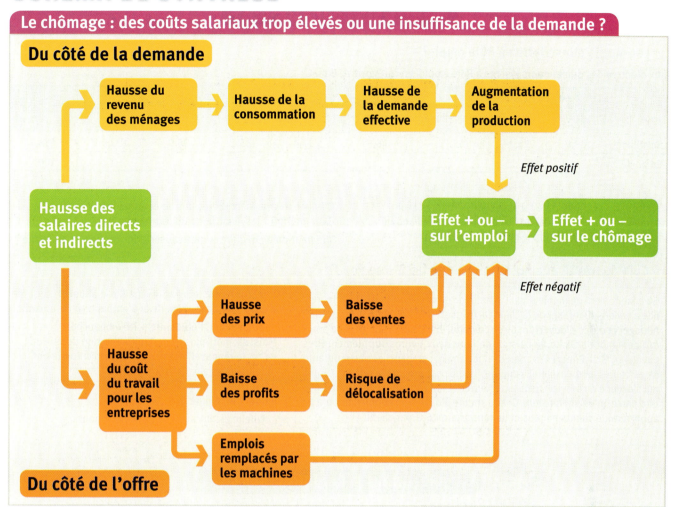

POUR ALLER PLUS LOIN

 Sites Internet à consulter

▶ www.travail-solidarite.gouv.fr/etudes-recherche-statistiques-de,76/statistiques,78/chomage,79/
Pour consulter les statistiques de Pôle emploi.

▶ www.lesecransdusocial.gouv.fr
La vidéothèque des ministères sociaux donne accès à des documentaires classés par thème.

▶ www.indices.insee.fr/bsweb/servlet/bsweb
Pour trouver des statistiques sur le chômage au sens du BIT et sur le coût du travail en France.

 À lire

▶ Gaël Guiselin et Aude Rossigneux, *Confessions d'une taupe à Pôle emploi*, éd. Calmann-Lévy, 2010.
L'agence Pôle emploi vue de l'intérieur.

▶ Florence Aubenas, *Le Quai de Ouistreham*, éd. de l'Olivier, 2010.
La journaliste, inscrite comme chômeuse sans qualification à Pôle emploi, raconte son expérience.

▶ Paul Lazarsfeld, Marie Jahoda et Hans Zeisel, *Les Chômeurs de Marienthal*, éd. de Minuit, 1982.
Cette enquête, menée auprès des chômeurs de Marienthal en 1931, montre que l'expérience du chômage représente plus qu'une perte de revenu : c'est aussi une mise à l'écart sociale.

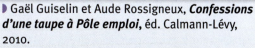 **À voir**

▶ *1929*, de William Karel, 2009.
Un documentaire sur la crise de 1929. Cela peut-il recommencer ? Entretien avec Joseph Stiglitz et Daniel Cohen.

▶ *Les Virtuoses*, de Mark Herman, 1996.
Un orchestre de mineurs en lice pour le championnat national de brass band du Royaume-Uni est confronté à la fermeture de leur mine.

▶ *Ressources humaines*, de Laurent Cantet, 2000.
Un brillant étudiant effectue un stage dans l'entreprise où son père est ouvrier depuis trente ans. Il découvre qu'un plan de restructuration et de licenciement est programmé...

EXERCICES

VÉRIFIER SES CONNAISSANCES

1 Les motifs d'inscription à Pôle emploi

Flux d'entrée des demandeurs inscrits à Pôle emploi en catégorie A, B ou C

Février 2010	Fins de CDD	Fins de mission d'intérim	Licenciements économiques	Autres licenciements	Démissions	Premières entrées	Reprises d'activité	Autres cas	Ensemble
En milliers	109,9	28,2	15,7	46,3	17,4	35,1	38,9	193,0	**484,5**
En %	...	...	...	...	...	...	...	...	100

Source : Pôle emploi, Dares.

a. Recopiez et complétez le tableau ci-dessus après avoir calculé la répartition (en %) du flux d'entrée des demandeurs inscrits à Pôle emploi, selon le motif d'inscription.

b. Quelle part représentent les fins de contrats temporaires (CDD et intérim) ? les licenciements (économiques et autres) ?

c. Que peut-on en déduire sur les causes d'inscription au chômage ?

2 Coût du travail et emploi

Gwenaëlle vient de tirer le rideau métallique de sa crêperie : il est 22 heures. Elle a encore dû refuser de la clientèle un quart d'heure avant la fermeture. Allonger la durée d'ouverture de sa crêperie, elle y a bien songé : elle pourrait demander à Sisko, le cuistot, de faire deux heures supplémentaires payées 15 € de l'heure le vendredi et le samedi ; embaucher une étudiante de 22 heures jusqu'à minuit à 11 € de l'heure pour prendre le relais de Sonia qui s'occupe du service jusqu'à 22 heures et qui ne peut pas travailler plus tard parce qu'elle habite loin. Chaque heure d'ouverture supplémentaire lui apporterait 5 clients en plus et lui rapporterait 6 € par client.

a. Est-il rentable pour Gwenaëlle d'allonger la durée d'ouverture de sa crêperie et d'embaucher l'étudiante ?

b. Finalement, l'étudiante a été embauchée. Mais, six mois plus tard, l'augmentation du prix du gaz et le renouvellement du bail de la crêperie ont réduit la marge par client à 5 euros.
À quel niveau de salaire Gwenaëlle pourrait-elle garder l'étudiante ?

c. Quelle est la cause de ce licenciement ?

APPROFONDIR SES CONNAISSANCES

3 Croissance et chômage

« L'emploi n'ayant pas baissé aussi vite que l'activité pendant la crise, les entreprises n'ont pas encore achevé leur ajustement », justifie Éric Heyer, directeur adjoint du département Analyse et prévision de l'OFCE (Centre de recherche en économie de Sciences-Po). Si ce scénario se vérifie, le chômage restera durablement à un niveau élevé. « Nous verrions alors arriver en fin de droits de nombreux chômeurs, ce qui augmentera le nombre de pauvres », poursuit l'économiste.

Face à un tel tableau, l'OFCE estime que la consommation des ménages restera globalement atone, ne progressant que de 0,9 % cette année et de 1,5 % en 2011, soit à un rythme bien inférieur à celui d'avant la crise. Par crainte du chômage, les Français continueraient à se constituer une épargne de précaution.

Par ailleurs, le pouvoir d'achat serait grignoté par la légère reprise de l'inflation, mais aussi par l'arrêt des mesures sociales prises l'an dernier par les pouvoirs publics.

Frédéric Schaeffer, « Prudent sur la croissance, l'OFCE n'anticipe pas de baisse du chômage avant 2012 », *Les Échos*, 23 avril 2010.

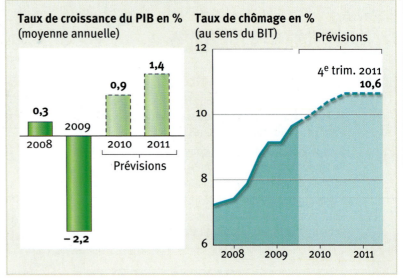

Source : Insee, OFCE.

a. Quel lien peut-on établir entre le taux de croissance du PIB et le taux de chômage ?

b. Comment expliquer qu'un taux de croissance du PIB de 1,4 % ne permet pas de réduire le taux de chômage ?

c. À l'aide du texte, construisez un schéma d'explication permettant de justifier l'évolution prévue du chômage.

d. Comment est expliqué le niveau du chômage ?

Comment devenons-nous des acteurs sociaux ?

CHAPITRE 9

La socialisation, un processus qui débute dès l'enfance...
La famille est un lieu essentiel de socialisation.

... et qui se poursuit tout au long de la vie.
Les jeunes utilisent de nouveaux modes de socialisation, qu'ils font découvrir à leurs parents.

PLAN DU CHAPITRE

1. Qu'est-ce que la socialisation ? 130
2. Quels sont les différents modes de socialisation ? 132
3. Les garçons et les filles sont-ils socialisés de la même façon ? 134
4. La famille favorise-t-elle la reproduction sociale ? 136
5. École et famille : complémentarité ou opposition ? 138
> Synthèse 140
> Exercices 142

1 Qu'est-ce que la socialisation ?

DÉCOUVRIR

Doc.1 La socialisation, un processus d'apprentissage

La socialisation est le processus d'acquisition des connaissances, des modèles (rôles sociaux, masculins, féminins), des symboles, des manières de faire, de penser, d'agir (obéissance, respect, partage...), des valeurs et des normes propres à la société dans laquelle un individu est appelé à vivre. Cet apprentissage débute à la naissance et se prolonge tout au long de la vie : la socialisation n'est pas un « état » mais une suite continue d'événements, de faits permettant à l'individu d'appréhender puis d'intérioriser des modèles culturels.

La socialisation permet à l'individu de s'adapter à son environnement social et à la vie en société et de maintenir un degré de cohésion sociale entre les membres de cette société. En effet, la personne socialisée « appartient » à la famille, au groupe d'amis, à l'entreprise, car son comportement va correspondre à ce qui est « normal », ce qui est considéré comme « acceptable ».

A. Talon-Hallard, © Nathan, 2010.

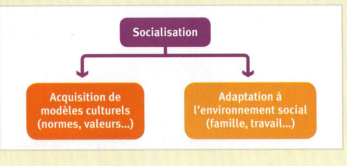

1. Définir. Qu'est-ce que la socialisation ?
2. Expliquer. Quelles sont les deux fonctions essentielles de la socialisation ?
3. Illustrer. Donnez des exemples de symboles propres à la société dans laquelle vous vivez.

Doc.2 La complémentarité des valeurs et des normes

Au niveau le plus général se trouvent les valeurs à proprement parler, disons la sécurité, l'honnêteté, le succès, la solidarité, etc. Ensuite vient la forme que prennent ces valeurs appliquées à un rôle déterminé : alors on parle de normes. Par exemple, dans le code de la route, la sécurité deviendra : les précautions à prendre pour doubler une automobile. Ou bien [dans le domaine scolaire], l'honnêteté deviendra : quels sont les moyens légitimes de réussir aux examens ? Et l'honnêteté peut être en conflit avec la solidarité : les normes d'entraide entre étudiants en cours d'examen résultent du poids relatif que tel groupe d'étudiants donne à une des deux valeurs. Enfin, au plus bas degré se situent les buts individuels, qui dérivent des valeurs générales, dans la mesure où l'individu les a intériorisées, mais qui sont propres à ce dernier.

Henri Mendras, Éléments de sociologie,
A. Colin, 1997.

4. Expliquer. Quel lien existe-t-il entre les valeurs et les normes ?
5. Illustrer. Reliez par une flèche les valeurs aux normes qui en dérivent :

Honnêteté •	• ne pas tricher aux examens
Partage •	• prêter ses affaires
Tolérance •	• ne pas fumer dans les lieux publics
Respect •	• dire « merci », « s'il vous plaît »
	• reconnaître la liberté d'expression

POINT NOTION — Les valeurs et les normes

On appelle **valeur** une manière d'être ou d'agir qu'une personne ou une collectivité reconnaît comme idéale. Les valeurs sont des concepts abstraits, par exemple « la beauté », « la vérité », « la justice »...

Les **normes** sont des règles de conduite en usage dans une société ou un groupe donnés. Elles traduisent les valeurs dominantes d'une société (lois, règles de conduite ou principes que l'on doit respecter).

Doc.3 De nombreux agents de socialisation

6. Décrire. Quels sont les différents agents de socialisation représentés ?
7. Illustrer. Citez d'autres agents de socialisation.

Doc.4 Les différentes phases de la socialisation

Dans sa famille, l'enfant acquiert des compétences aussi fondamentales que parler, se laver, s'habiller, obéir aux grands, protéger les plus petits (c'est-à-dire la convivialité entre personnes d'âges différents), partager aliments et cadeaux avec ceux qui l'entourent, participer à des jeux collectifs en respectant des règles, prier les dieux si la famille est pratiquante, distinguer de façon primaire ce qui est bien de ce qui est mal selon les principes de la communauté auquel il appartient, etc. Tout cela compose ce que les chercheurs appellent la socialisation primaire. […]
Après l'école, les amis, les collègues de travail, etc., réaliseront la socialisation secondaire qui le mènera à des connaissances et des compétences plus spécialisées.

Fernando Savater, *Pour l'éducation*, éd. Payot & Rivages, 1998.

8. Expliquer. Quelle est la différence entre la socialisation primaire et la socialisation secondaire ?
9. Décrire. Quels sont les agents qui interviennent durant la socialisation primaire ? la socialisation secondaire ?

BILAN

EXERCICE D'AUTO-ÉVALUATION → corrigés pp. 178-179.

Les affirmations suivantes sont-elles vraies ou fausses ? Justifiez vos réponses.

1. La socialisation correspond à l'apprentissage de la vie en société. V F
2. Les normes sont des idéaux qui orientent les comportements des individus. V F
3. La socialisation est un processus qui s'achève à l'adolescence. V F
4. La famille est le seul agent de socialisation. V F
5. Les agents de socialisation sont de plus en plus nombreux au cours de la vie. V F

FAIRE LE POINT

Après avoir expliqué le processus de socialisation, vous montrerez la diversité et la complémentarité des agents de socialisation.

2. Quels sont les différents modes de socialisation ?

DÉCOUVRIR

Doc. 1 — La socialisation des enfants par les adultes

On distingue trois grands modes de socialisation :
– la **socialisation par imitation** : les enfants imitent leurs parents en particulier et les adultes en général (par exemple, dans leurs jeux les enfants apprennent à devenir des adultes en endossant leurs divers rôles) ;
– la **socialisation par injonction** : les adultes donnent des ordres aux enfants (par exemple, afin d'inculquer des conduites) ;
– la **socialisation par interaction** entre l'individu et son environnement (les individus se comportent les uns en fonction des autres).

Aurélie Talon-Hallard, © Nathan, 2010.

Claire Bretécher, *Les Frustrés*, 1996, « J'élève mon enfant » (t. 1), « La grande fille » (t. 1), « Un couple » (t. 3), © Claire Bretécher – *Les Frustrés*/Dargaud, 2008.

1. Illustrer. Faites correspondre chaque illustration à un mode de socialisation.

Vignettes 1 à 3 • • socialisation par imitation
Vignettes 4 à 6 • • socialisation par injonction
Vignettes 7 à 9 • • socialisation par interaction

Doc. 2 — Les enfants transmettent aussi des savoirs aux parents

Les savoir-faire de l'enfant constituent par exemple un relais de socialisation informatique. [...] La capacité technique de l'enfant s'alimente dans un univers culturel technologique qui lui est contemporain. L'adulte doit faire un travail de traduction plus difficile pour intégrer la nouveauté technologique dans son espace de compréhension. [...] Parmi les utilisateurs quotidiens ou hebdomadaires d'Internet, 19 % des parents se décrivent comme débutants, alors qu'ils sont simplement 7 % pour les enfants. [...] Savoir utiliser la messagerie instantanée, télécharger de la musique ou résoudre un problème semble être encore des prérogatives juvéniles. [...] Les enfants d'origine modeste sont souvent qualifiés, par leurs proches, comme la personne la plus compétente en ce domaine et sont mandatés pour s'occuper de l'informatique.

Laurence Le Douarin, *Le Couple, l'Ordinateur, la Famille*, éd. Payot & Rivages, 2007.

Taux d'équipement en micro-ordinateurs et Internet selon l'âge (en %)

	Micro-ordinateurs	Internet
16-24 ans	89,8	77,2
25-39 ans	92,0	85,8
40-59 ans	82,5	77,3
60 et plus	40,2	36,8
Ensemble	69,7	64,8

Source : Insee, 2010.

2. Lire. Faites une phrase présentant l'information apportée par la donnée entourée en rouge.

3. Expliquer. Pourquoi l'utilisation de l'informatique et d'Internet inverse la transmission des savoirs au sein de la famille ? Aidez-vous du tableau et du texte pour répondre.

4. Illustrer. Trouvez d'autres exemples qui illustrent le mode de socialisation inversée.

POINT NOTION — Les nouveaux modes de socialisation

La **socialisation inversée** (des enfants vers leurs parents) et la **socialisation horizontale** (au sein d'un groupe de pairs ; par exemple entre jeunes) sont deux autres modes de socialisation qui se développent dans nos sociétés modernes, en lien avec l'évolution des nouvelles techniques d'information et de communication et les nouvelles pratiques sociales.

Doc.3 Les groupes de pairs, un nouveau mode de socialisation

Jusqu'à présent, l'organisation sociale autour de la culture se construisait beaucoup par la transmission familiale, à travers le rôle éducatif des parents, mais aujourd'hui, elle semble s'effectuer de plus en plus au sein même des groupes de pairs[1] ; elle engendre des changements dans les formes de socialisation. [...]

Le phénomène de massification[2] fait que, désormais, les enfants vont avoir une expérience scolaire plus longue : 75 % des jeunes de 20 ans sont encore scolarisés. Et cette expérience de la scolarité devient une expérience centrale pendant l'âge juvénile, car elle tend à renforcer le temps passé avec les autres, ce qui n'a pas toujours été le cas. [...]

Par ailleurs, on observe un phénomène de territorialisation des cultures dans le foyer, avec des chambres d'enfants, qui, désormais, sont très équipées en matériels technologiques (Internet, téléphone mobile) et qui permettent à l'enfant d'avoir une activité culturelle intense et en réseau avec ceux de son âge. [Ces] enfants, par l'intermédiaire de blogs[3] par exemple, ont créé un espace d'échanges public qui devient en quelque sorte un espace privé interdit aux adultes.

Dominique Pasquier, « Une instance suprême de socialisation », *L'École des parents*, n° 559, septembre 2006.

1. Groupes de personnes ayant un même niveau statutaire : groupe d'élèves, d'amis, de membres d'un club de sport...
2. Accès généralisé à la scolarité pour toutes les catégories sociales.
3. Plus de la moitié des adolescents possèdent un blog et, entre 18 et 24 ans, un tiers des adolescents a un site personnel (source Credoc, 2008).

5. Définir. De quel groupe de pairs est-il question dans ce texte ?
6. Expliquer. En quoi l'allongement de la scolarité favorise-t-il le développement d'une socialisation entre jeunes ?
7. Expliquer. En quoi les nouvelles technologies favorisent-elles le développement d'une socialisation entre jeunes ?

Doc.4 Socialisation et rôles sociaux

La notion de rôle renvoie à une réalité assez courante. Chaque jour, nous sommes amenés à endosser un certain nombre de « rôles » en fonction de notre position sociale. Être père ou mère de famille, professeur ou médecin, député ou militant d'un parti politique, arbitre dans un match de football, voisin, etc., voilà autant de « rôles » sociaux définis en fonction des attentes de l'entourage. [...] Assumer un rôle social, c'est toujours revêtir un certain costume social, comme le fait l'acteur qui joue sur une scène. Les rôles sociaux peuvent apparaître comme des corsets contraignants et artificiels qui entravent notre spontanéité et notre liberté d'action. En même temps, ils ont pour fonction de normaliser et de stabiliser les relations entre personnes, de définir un cadre de référence permettant aux individus de se repérer dans une situation.

Jean-François Dortier, *Les Sciences humaines, panorama des connaissances*, Sciences humaines, 2002.

> **POINT NOTION**
>
> **Qu'est-ce qu'un rôle social ?**
> Un **rôle social** correspond au comportement et au modèle de conduite attendus d'un individu en fonction de sa position dans la sphère sociale.

8. Expliquer. Quelle est la fonction principale des rôles sociaux ?
9. Illustrer. Quel est le rôle social du père de famille ? du médecin ? de l'arbitre d'un match de football ?
10. Décrire. Quels peuvent être les inconvénients des rôles sociaux ?

BILAN

EXERCICE D'AUTO-ÉVALUATION → corrigés pp. 178-179.

Les affirmations suivantes sont-elles vraies ou fausses ? Justifiez vos réponses.

1. Il existe différents modes de socialisation. V F
2. La socialisation par imitation consiste à donner des ordres. V F
3. Les nouvelles technologies sont mieux maîtrisées par les enfants que par leurs parents. V F
4. La socialisation entre jeunes est de plus en plus longue aujourd'hui. V F
5. Les rôles sociaux permettent aux individus d'avoir un cadre de référence dans leurs relations. V F

FAIRE LE POINT

Après avoir défini les principaux modes de socialisation, vous montrerez que ces modes évoluent aujourd'hui, en particulier pour les jeunes.

3. Les garçons et les filles sont-ils socialisés de la même façon ?

DÉCOUVRIR

Doc.1 Des jouets pour divertir...

1. Décrire. À quoi rêve la petite fille sur la 1re image ? le petit garçon sur la 2e image ?

2. Expliquer. Pourquoi la petite fille et le petit garçon sur la 3e image peuvent-ils être considérés comme « marginaux » ?

3. Illustrer. Trouvez d'autres exemples de jouets et d'activités associés aux filles d'une part et aux garçons d'autre part.

> **POINT NOTION**
>
> **Socialisation différenciée et stéréotype**
>
> La **socialisation différenciée** signifie que les pratiques éducatives sont différentes chez les filles et les garçons, dès le plus jeune âge.
>
> Un **stéréotype** est un modèle de comportement attribué au sexe ou à d'autres critères prédéterminés (nationalité, métier...).

Dessin de Plantu.

Doc.2 ... ou pour intégrer dès le plus jeune âge des rôles sexués ?

La famille est le premier lieu dans lequel l'enfant fait l'expérience de la différence des sexes. En effet, dès sa naissance, et même avant, l'enfant est pensé, projeté, et agi en tant que fille ou garçon par ses parents, et plus largement par son entourage familial et extra-familial. En conséquence, son environnement est défini en fonction du sexe assigné à la naissance : jouets, jeux, activités d'apprentissage, interactions, pratiques éducatives, etc., sont autant de modalités par lesquelles les partenaires de l'enfant vont interagir avec lui et lui signifier son appartenance groupale. L'ensemble de ces éléments définissent des expériences de socialisation au sein de la famille, différentes pour les filles et les garçons. [...]

C'est surtout dans les premières années de la vie de l'enfant que les parents manifestent de telles différences dans la socialisation des filles et des garçons, au moins jusqu'à ce que les enfants puissent s'identifier eux-mêmes comme fille ou garçon.

Véronique Rouyer, Chantal Zaouche-Gaudron, « La socialisation des filles et des garçons au sein de la famille : enjeux pour le développement », in Anne Dafflon-Novelle, *Filles-garçons, socialisation différenciée ?*, PUG, 2006.

4. Expliquer. Quel exemple de socialisation différenciée est donné dans ce texte ?

5. Analyser. De quelle manière la famille attribue-t-elle des rôles masculins ou féminins dès le plus jeune âge ?

Doc.3 Garçons et filles, les modes d'éducation se rapprochent-ils ?

On observe depuis quelques années une convergence croissante dans les modes de vie des enfants. [...] Si les filles continuent de recevoir un peu moins d'argent de poche que les garçons, les écarts diminuent. Le souci de la tenue vestimentaire apparaît cependant plus tôt chez les filles (vers le CM1), mais les garçons attachent désormais davantage d'importance à leur habillement.

Ce rapprochement est la conséquence des changements qui se sont produits dans l'éducation dispensée par les parents. Ils sont eux-mêmes liés à la moindre différenciation des rôles masculins et féminins dans la vie sociale, professionnelle et familiale. [...]

La convergence des comportements est moins apparente en ce qui concerne les activités de loisirs. Certaines activités restent distinctes, en particulier les pratiques sportives [...]. L'usage des équipements électroniques est également différencié. Les garçons de 8 à 10 ans passent plus de 17 heures par semaine devant la télévision. [...] Les filles du même âge y consacrent moins de 15 heures. [...] Elles préfèrent les séries télévisées, alors que les garçons apprécient les dessins animés et les émissions de sport.

Gérard Mermet, *Francoscopie*, 2003, Larousse/Vuef, 2002.

6. Décrire. Dans quels domaines la socialisation des filles et des garçons se rapproche-t-elle ?

7. Expliquer. Quelles sont les raisons de ces évolutions ?

PARTIE 5 . Individus et cultures

Doc. 4 — Quelle répartition des rôles dans la famille ?

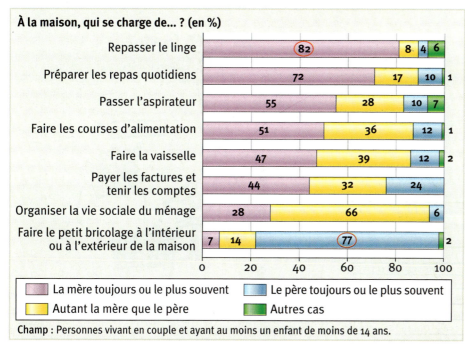

Champ : Personnes vivant en couple et ayant au moins un enfant de moins de 14 ans.

Source : Enquête GGS-ERFI, DRESS, avril 2007.

8. Lire. Pour chaque donnée entourée en rouge, rédigez une phrase présentant l'information apportée.

9. Expliquer. Pourquoi peut-on affirmer que certaines tâches domestiques restent toujours aujourd'hui le quasi-monopole des femmes ? d'autres le quasi-monopole des hommes ?

Doc. 5 — Une lente évolution...

Le partage égalitaire des tâches dans le couple avance lentement. Le bastion le plus irréductiblement laissé aux femmes est le nettoyage du linge. Même l'homme le plus doué est d'ailleurs incapable d'apprendre le fonctionnement du lave-linge. En fait, le linge est un véritable « analyseur social ». C'est lui que l'adolescent très émancipé continue à rapporter chez ses parents pour le lavage. C'est un reflet d'engagement plus sûr que toutes les déclarations officielles. Habiter ensemble est un signe, mais passer du « pressing » au premier lave-linge marque la consolidation véritable. Ensuite, par des interactions subtiles, c'est petit à petit que la femme va prendre en charge l'intégralité du linge des deux. Et si l'homme continue de s'occuper de quelques chemises à lui, c'est le signe que le couple est très égalitariste.

D'après Jean-Claude Kaufmann, *La Trame conjugale : analyse du couple par son linge*, Nathan, 2000 ; et Jean-Michel Morin, *Précis de sociologie*, Nathan, 2004.

10. Décrire. Comment évolue le partage des tâches domestiques dans le couple ? Quelle est la tâche qui est encore très majoritairement accomplie par les femmes ?

11. Expliquer. Que signifie la phrase soulignée ?

BILAN

EXERCICE D'AUTO-ÉVALUATION → corrigés pp. 178-179.

Complétez le texte ci-dessous avec les mots suivants :
répartition – socialisés – différenciée – intériorisent – femme – attentes – bricolage – évolution.

> Les garçons et les filles ne sont pas ... de la même façon. Dès leur plus jeune âge, ils ... par le biais des jouets ou des ... de leurs parents des comportements différents. Si on note une ... dans l'éducation dispensée par les parents, l'empreinte de cette socialisation ... se retrouve ensuite à l'âge adulte dans les tâches associées à chaque sexe. En témoigne la ... des tâches ménagères : c'est la ... qui assure toujours ou le plus souvent le repassage du linge, la préparation des repas, le passage de l'aspirateur et les courses ; en revanche, l'homme assure seul le ... dans plus de trois quarts des ménages.

FAIRE LE POINT

Après avoir expliqué pourquoi la socialisation des filles et des garçons est dite différenciée, vous montrerez les évolutions que celle-ci connaît depuis plusieurs années.

4. La famille favorise-t-elle la reproduction sociale ?

DÉCOUVRIR

Doc. 1 — Comment choisir son futur conjoint ?

Une énigme reste à résoudre. Pourquoi la liberté amoureuse ne provoque-t-elle pas davantage de bouleversements dans la grille des correspondances sociales ? L'espace où se déroule le choix du conjoint est socialement construit de telle manière que n'importe qui ne rencontre pas n'importe qui. [Il existe] un « triangle des rencontres » entre les « lieux publics », les « lieux réservés » et les « lieux privés ». Chaque catégorie socioprofessionnelle se situe à un endroit précis entre ces trois pôles. Les membres des classes populaires se rencontrent dans les lieux publics (fêtes, foires, bals, rue, café, centre commercial) ; les classes supérieures à capital intellectuel dans les lieux réservés dont l'accès est symboliquement ou matériellement contrôlé (association, lieu d'études, boîte, animation culturelle, sport) ; les cadres du privé, patrons ou professions libérales dans les lieux privés (domicile, fête de famille, entre amis…). Il est difficile de démêler ce qui est le fait d'une stratégie délibérée d'élection/exclusion sociale, de ce qui est non conscient : l'ouvrière va-t-elle au bal pour trouver un ouvrier, c'est-à-dire une personne détenant une bonne probabilité de devenir un conjoint, ou bien trouve-t-elle un ouvrier simplement parce qu'elle a l'habitude d'aller au bal ? Que l'un ou l'autre aspect soit dominant, le cadre ordinaire de sa sociabilité aura dessiné un cercle de choix. La fréquentation de lieux définis aura défini ce que seront les fréquentations.

Jean-Claude Kaufmann, *Sociologie du couple*, PUF (coll. Que sais-je ?), 2003.

POINT NOTION — Qu'est-ce que l'homogamie ?

L'**homogamie** désigne le fait de choisir son conjoint dans le même milieu social que le sien ou un milieu social proche.

1. **Décrire.** Quels sont les trois lieux de rencontre évoqués dans le texte ? À quelle catégorie socioprofessionnelle correspond chacun de ces lieux ?
2. **Expliquer.** Que signifie la phrase soulignée ?
3. **Analyser.** L'homogamie est-elle volontaire ou inconsciente ?

Doc. 2 — Qui se ressemble s'assemble ?

Femmes vivant en couple selon leur groupe social et celui de leur conjoint

En %	Groupe social de la femme							
Groupe social de l'homme	1	2	3	4	5	6	7	Total
1• Agriculteur	72,1	3,7	1,4	2,3	2,4	3,7	5,6	5,6
2• Indépendant non agricole	4,4	37,9	8,7	8,7	8,8	7	8,7	9,6
3• Cadre ou prof. intell. sup.	1,6	9,7	47,1	24,4	9,3	3,7	10,5	13,2
4• Profession intermédiaire	3,1	14	25	31,4	19,7	12,7	11,6	19,4
5• Employé	4,1	11,2	8,2	13,7	18,8	13,4	14,7	15,3
6• Ouvrier	14,6	23,3	8,5	18,9	40,6	59,2	46,1	36,3
7• Sans activité professionnelle	0,1	0,2	1,1	0,6	0,4	0,3	2,8	0,6
Total	100	100	100	100	100	100	100	100

Insee, enquête « Étude de l'histoire familiale », 1999. Données sociales 2006.

Champ : Femmes vivant en ménage ordinaire, en couple ou ayant déjà vécu en couple.

4. **Lire.** Pour chaque donnée entourée en rouge, rédigez une phrase présentant l'information apportée.
5. **Expliquer.** À quoi correspondent les chiffres de la diagonale du tableau ?
6. **Décrire.** Dans quelles catégories sociales l'homogamie est-elle la plus forte ?
7. **Analyser.** Comment pouvez-vous expliquer ce constat ?

Doc. 3 — Tel père, tel fils ?

Catégorie socioprofessionnelle du fils en fonction de celle du père en 2003

En % Catégorie socioprofessionnelle du fils	Catégorie socioprofessionnelle du père						
	Agriculteur	Artisan, commerçant, chef d'entreprise	Cadre et profession intellectuelle supérieure	Profession intermédiaire	Employé	Ouvrier	Ensemble
Agriculteur	(88)	2	1	1	1	7	100
Artisan, commerçant, chef d'entreprise	12	29	6	10	7	36	100
Cadre et prof. intell. sup.	8	14	24	20	11	23	100
Profession intermédiaire	11	12	9	16	11	41	100
Employé	13	10	5	9	14	(49)	100
Ouvrier	18	9	2	6	7	58	100
Ensemble	16	12	8	11	9	43	100

Source : Insee, enquête IFOP, 2003, dans *Données sociales*, 2006.

Champ : Hommes actifs ayant un emploi ou anciens actifs ayant eu un emploi âgés de 40 à 59 ans en 2003.

8. Lire. Pour chaque donnée entourée, rédigez une phrase présentant l'information apportée.

9. Décrire. Quelles données du tableau traduisent une forte reproduction sociale entre les pères et les fils ?

10. Analyser. En prenant l'exemple des cadres, montrez que la mobilité professionnelle des fils par rapport aux pères (changement de CSP) peut être une mobilité ascendante.

Doc. 4 — La « reproduction » des inégalités

Comme en matière de scolarité, le système de « reproduction sociale » est apparent dans les écarts de patrimoine. La mobilité professionnelle et sociale entre les générations reste peu développée, de sorte que les enfants de familles aisées sont ainsi plus nombreux que les autres à occuper des postes salariés à revenus élevés ou à exercer des activités non salariées impliquant la constitution d'un capital professionnel. L'importance des écarts entre les héritages perçus par les différentes catégories sociales tend également à accroître ces inégalités. Enfin, les patrimoines les plus élevés obtiennent des rendements et des plus-values supérieurs à ceux des patrimoines plus faibles. Leurs propriétaires bénéficient en effet d'une meilleure information sur les occasions existantes, d'un meilleur service de la part des intermédiaires financiers et de frais réduits (en proportion des investissements) sur les opérations effectuées. Chacun de ces facteurs va dans le sens d'un renforcement des inégalités.

Gérard Mermet, *Francoscopie*, Larousse, 2007.

POINT NOTION

Qu'est-ce que la reproduction sociale ?

C'est le processus par lequel les positions sociales se perpétuent dans le temps, de génération en génération. Les mécanismes de la **reproduction sociale** sont multiples : transmission du capital économique, héritage culturel, utilisation des relations, etc.

11. Décrire. Quelles sont les conséquences d'une mobilité peu développée pour les enfants de familles aisées ? Quel autre facteur tend à accroître les inégalités de patrimoine ?

12. Analyser. Pourquoi les patrimoines les plus élevés ont-ils de meilleurs rendements que les autres ?

BILAN

EXERCICE D'AUTO-ÉVALUATION → corrigés pp. 178-179.

Les affirmations suivantes sont-elles vraies ou fausses ? Justifiez vos réponses.

1. La fréquentation de certains lieux détermine en partie les fréquentations des individus. V F
2. L'homogamie est toujours très présente en particulier chez les agriculteurs et les employés. V F
3. Les fils d'ouvriers deviennent rarement ouvriers eux-mêmes. V F
4. Seuls 24 % des cadres ont un père cadre. V F
5. Les écarts de patrimoine et d'héritage renforcent les inégalités entre les individus. V F

FAIRE LE POINT

À l'aide des documents présentés dans cette double page, vous rédigerez une courte synthèse pour montrer le poids de la famille dans la reproduction sociale.

5 École et famille : complémentarité ou opposition ?

DÉCOUVRIR

Doc. 1 Fille ou fils de...

Dessin de Gérard Mathieu.

1. Décrire. D'après vous, ces deux familles appartiennent-elles au même milieu social ?

2. Expliquer. Quelles sont les attentes de chacune de ces familles vis-à-vis de leur fille ? Cette représentation ne vous semble-t-elle pas un peu caricaturale ?

Doc. 2 La scolarisation des jeunes de 18 ans selon leur origine sociale

En %	Agriculteurs, artisans, commerçants, chefs d'entreprise	Cadres et professions intellectuelles supérieures	Professions intermédiaires	Employés	Ouvriers	Retraités et inactifs	Non renseigné
Université	9,2	30,7	13	12,3	10,5	13,2	11,1
IUT	11,9	28,3	16,3	14,7	14,7	9,1	5
STS	12,8	16,1	14,7	17	21,3	13,4	4,7
CPGE	10,9	50,8	12,8	9,5	6,3	6,3	3,4
Écoles d'ingénieurs universitaires	10,1	48,1	13,8	7,4	6,6	10,1	3,9
Écoles d'ingénieurs	11,9	47,9	11,7	6,5	5,1	7,2	9,7
Écoles de commerce	14,9	37,9	7,2	6	2,2	4,7	27,1
Écoles paramédicales et sociales	11,9	18,9	12,1	19	17,6	2,1	18,4

Source : Ministère de l'Éducation nationale, 2012.

3. Lire. Quel pourcentage de fils d'ouvriers a eu accès à l'université en 2012 ?

4. Expliquer. Dans quelle mesure la poursuite d'études après le baccalauréat est-elle liée à la catégorie socioprofessionnelle des parents ?

Doc. 3 — Le poids de la famille est à relativiser…

L'institution scolaire assure la certification, les diplômes, forme de label de qualité, selon des critères qui lui sont propres. La famille, même bien dotée scolairement, ne peut qu'intervenir indirectement dans ce processus. Un fils ou une fille de polytechnicien n'a pas de points supplémentaires pour le concours d'entrée à cette école : il peut très bien ne pas réussir (même si les chances sont plus grandes). […]

Le fait que l'école ait quasiment le monopole de la certification n'exclut pas du jeu les familles. Les parents peuvent créer le meilleur environnement extra-scolaire pour leurs enfants et choisir tel ou tel établissement scolaire. Une grande part des familles qui choisissent l'enseignement privé a un comportement non pas de « consommateur » mais d'investisseur averti.

François de Singly, *Sociologie de la famille contemporaine*, A. Colin (coll. 128), 2007.

5. Décrire. Quel est le rôle de l'institution scolaire aujourd'hui ?

6. Expliquer. Dans quelle mesure les parents peuvent-ils aider à la réussite scolaire de leurs enfants ?

Doc. 4 — … mais l'inégale dotation en capital culturel persiste

Avec *Les Héritiers* paru en 1964, les sociologues Pierre Bourdieu et Jean-Claude Passeron proposent une analyse des inégalités sociales d'accès et de réussite à l'université et plus largement à l'école. À leurs yeux, ce sont avant tout des mécanismes de type culturel, et non des raisons économiques, qui expliquent ces inégalités. À côté du « capital culturel » dont disposent les jeunes issus des classes aisées, à savoir tous ces éléments (livres, œuvres d'art, voyages, accès aux médias…) qui composent un environnement propice aux apprentissages, c'est plus largement « l'héritage culturel » qui constitue la dimension la plus discriminante et la plus décisive en termes de réussite scolaire. L'héritage culturel comporte plusieurs facettes. Un premier aspect, c'est l'inégale maîtrise d'outils intellectuels : grâce aux interactions dont ils ont bénéficié dans leur famille, les enfants des catégories aisées font preuve en moyenne d'un niveau de développement opératoire plus précoce, ainsi que d'un type de langage mieux adapté aux exigences de l'école. Cette diversité d'héritage culturel, l'école l'ignore et se montre « indifférente aux différences ». Les héritiers vont donc voir reconnus et transformés en avantages scolaires les savoirs, savoir-être, savoir-paraître qu'ils tirent de leur milieu familial, alors que les élèves issus de milieux sociaux éloignés de l'institution scolaire ont tout à apprendre.

D'après Marie Duru-Bellat et Agnès Van Zanten, *Sociologie de l'école*, A. Colin, 1992.

> **POINT NOTION**
>
> **Qu'est-ce que le capital culturel ?**
> C'est l'ensemble des ressources culturelles (langage, capacités intellectuelles, possession d'objets culturels, etc.) transmises d'une génération à l'autre dans le cadre de la famille et de l'entourage.

7. Décrire. Quels sont les deux facteurs susceptibles d'influencer la réussite à l'école ? Lequel est le plus important selon P. Bourdieu et J.-C. Passeron ?

8. Expliquer. Quelles sont les différences entre le « capital culturel » et l'« héritage culturel » ?

9. Analyser. Quels avantages ont les « héritiers » par rapport aux autres dans le cadre de l'école ?

BILAN

EXERCICE D'AUTO-ÉVALUATION → corrigés pp. 178-179.

Complétez le texte ci-dessous avec les mots suivants :
professionnelles – économique – réussite – origine sociale – scolaires – culturel – milieu familial – social – mêmes.

> *A priori*, l'école est une institution censée donner les … chances de … à tous les élèves. Pourtant, on constate que les individus ont des chances de réussite … et … différentes en fonction de leur … . C'est la différence de capital … qui explique en grande partie l'action du … sur la réussite scolaire. Mais le capital … et le capital … peuvent aussi avoir une influence sur la réussite des individus.

FAIRE LE POINT

Après avoir montré que la famille peut avoir une influence sur la réussite scolaire des enfants, vous nuancerez ce constat.

SYNTHÈSE : Comment devenons-nous des acteurs sociaux ?

L'ESSENTIEL

A. Qu'est-ce que la socialisation ?

▶ La **socialisation** est le processus d'apprentissage qui permet à l'individu d'apprendre et d'intégrer les **valeurs**, les **normes**, les pratiques sociales propres à la société dans laquelle il vit. Ce processus commence dès l'enfance (socialisation primaire) et se prolonge tout au long de la vie (socialisation secondaire). Les agents de socialisation sont nombreux : tout d'abord, la famille et l'école, mais aussi les groupes de pairs, le travail, les médias...

B. Les différents modes de socialisation

▶ La socialisation peut s'effectuer selon trois grands modes : par imitation (apprentissage par les jeux), par injonction (ordres ou demandes explicites), par interaction (chaque membre de la famille trouve sa place en fonction de celle des autres). Avec le développement des nouvelles technologies mais aussi l'allongement de la période de scolarisation, de nouvelles formes de socialisation apparaissent : une socialisation inversée, des jeunes vers les adultes, et une socialisation horizontale, entre groupes de pairs (par exemple, les jeunes entre eux).

C. La socialisation différenciée selon le sexe

▶ Aujourd'hui encore, les comportements des filles et des garçons, et les stéréotypes qui leur sont liés, résultent en partie d'une **socialisation différenciée** selon le sexe, dès le plus jeune âge. Même si de réels changements s'opèrent dans l'éducation des enfants, la persistance de l'inégale répartition des tâches domestiques et familiales dans le couple traduit la lenteur de l'évolution d'une génération à l'autre.

D. La famille facteur de reproduction sociale ?

▶ La **reproduction sociale** est le phénomène par lequel la société maintient les positions et les structures sociales d'une génération à une autre. Elle se traduit par le fait que des enfants issus de certaines catégories sociales (ouvriers, cadres) ont une plus grande probabilité de rester dans leur CSP d'origine. L'**homogamie**, la transmission du capital économique, les relations familiales et l'héritage culturel renforcent cette reproduction sociale.

E. L'école et la famille fournissent-elles les mêmes chances à tous ?

▶ L'école dispense le même enseignement à tous les élèves selon un principe démocratique. Elle est censée offrir à tous la même égalité des chances. Pourtant, on constate que la réussite scolaire et professionnelle des élèves dépend pour partie de leur milieu social et familial, notamment en raison de l'inégale dotation en **capital culturel**.

LES NOTIONS À CONNAÎTRE

■ **Capital culturel**
Ensemble des ressources culturelles : langage, capacités intellectuelles, savoir et savoir-faire, possession d'objets culturels divers (livres...), diplômes et titres scolaires.

■ **Homogamie**
Fait de choisir son conjoint dans un milieu social identique ou proche du sien.

■ **Normes**
Les normes sont des règles de conduite en usage dans une société ou un groupe donnés. Elles traduisent les valeurs dominantes d'une société (lois, règles de conduite ou principes que l'on doit respecter).

■ **Reproduction sociale**
Processus par lequel les positions sociales se perpétuent dans le temps, de génération en génération : maintien des inégalités, des rapports sociaux...

■ **Socialisation**
Ensemble des mécanismes par lesquels les individus font l'apprentissage des rapports sociaux entre les hommes et assimilent les normes, les valeurs et les croyances d'une société ou d'une collectivité.

■ **Socialisation différenciée**
Elle signifie que les pratiques éducatives sont différentes chez les filles et les garçons, dès le plus jeune âge.

■ **Valeurs**
Principes moraux, idéaux, permettant de classer les actions et les comportements d'une société ou d'un groupe social jugés souhaitables ou non. Elles se traduisent par des normes.

SCHÉMA DE SYNTHÈSE

Comment devenons-nous des acteurs sociaux ?

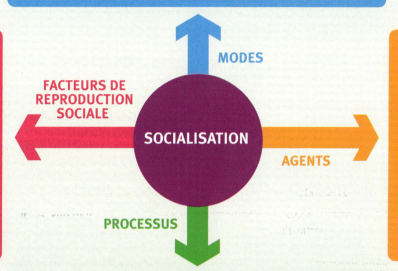

- **Socialisation des enfants par les adultes**
  – imitation
  – injonction
  – interaction
- **Nouveaux modes de socialisation**
  – socialisation inversée
  – socialisation horizontale

MODES

FACTEURS DE REPRODUCTION SOCIALE

SOCIALISATION

AGENTS

PROCESSUS

- Socialisation différenciée
- Homogamie
- Faible mobilité professionnelle
- Inégale dotation en capital culturel

- Famille
- École
- Travail
- Groupe de pairs
- etc.

- Acquisition de modèles culturels (normes, valeurs…)
- Adaptation à l'environnement social (famille, travail…)

POUR ALLER PLUS LOIN

Sites Internet à consulter

▶ **www.insee.fr**
L'Insee mène des enquêtes périodiques ou ponctuelles auprès des ménages sur différents thèmes (Conditions de vie – Société, Enseignement – Éducation).

▶ **www.inegalites.fr**
L'Observatoire des inégalités cherche à établir un état des lieux des inégalités le plus complet possible et publie régulièrement des analyses sur ce phénomène.

À lire

▶ Elena Gianini Belotti, *Du côté des petites filles*, éd. Des femmes-Antoinette Fouque, 2010 (1re éd. 1974).
Cet ouvrage met en évidence, à travers une enquête dans les familles, les crèches et les écoles, les stéréotypes associés aux filles et aux garçons.

▶ Claude Thélot, ***Tel père, tel fils ? Position sociale et origine familiale***, éd. Hachette Littératures (coll. Pluriel), 2004 (1re éd. 1982).
Cet ouvrage analyse le rôle de l'école et celui de l'origine sociale dans la société française des années 1980.

▶ Christian Baudelot et Roger Establet, ***Allez les filles ! Une révolution silencieuse***, éd. du Seuil (coll. Points), 2006 (1re éd. 1992).
De la maternelle à la fac, les filles sont les meilleures, mais sur le marché du travail, elles ne sont ni les premières ni les mieux payées… Pourquoi ?

À voir

▶ ***Neuilly sa mère !***, de Gabriel Julien-Laferrière, 2009.
Alors qu'il a grandi dans une cité, Sami est confié à sa tante qui vit à Neuilly-sur-Seine : la rencontre de deux univers différents.

▶ ***Les Beaux Gosses***, de Riad Sattouf, 2009.
Les aventures amoureuses d'Hervé et de ses amis, collégiens désespérés en pleine puberté. Un film sur la crise d'adolescence et le monde secret des garçons.

EXERCICES

VÉRIFIER SES CONNAISSANCES

1 Vrai ou faux ?
Les affirmations suivantes sont-elles vraies ou fausses ? Justifiez vos réponses.

a. La socialisation est un processus actif, évolutif, qui dure toute la vie.   V   F

b. La socialisation inversée et la socialisation horizontale sont des modes traditionnels de socialisation.   V   F

c. Les stéréotypes liés au sexe ont complètement disparu dans notre société.   V   F

d. La famille ne joue aucun rôle dans la reproduction sociale.   V   F

e. L'école s'est démocratisée mais reste un facteur de reproduction sociale.   V   F

2 Les mécanismes de la socialisation
Recopiez et remplissez le schéma ci-dessous avec les mots ou expressions suivants :

reproduction sociale – stéréotypes – homogamie – inégalité des chances – maintien de la CSP entre père et fils.

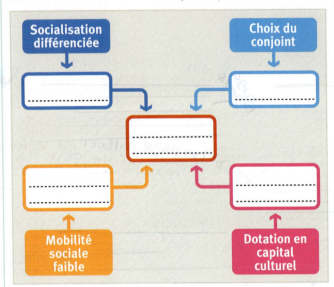

3 Le choix des jouets par les enfants

> J'ai eu l'occasion d'observer souvent dans les crèches où on laisse à l'enfant le libre choix des jouets, de ses objets et de ses activités, que les fillettes jouent tout autant que les garçonnets avec des petites voitures, des avions, des bateaux, etc., jusqu'à trois ans environ. J'ai vu des petites filles de 18 mois à 20 mois passer des heures et des heures à sortir d'un sachet de toile une quantité de petites voitures, d'avions, d'hélicoptères, de petits trains, les aligner sur un tapis, et les déplacer avec le même plaisir et la même concentration que les petits garçons. De la même manière, on peut observer des petits garçons qui passent une matinée à faire la lessive, à nettoyer les petites tables, à cirer les chaussures. Plus tard, ce phénomène disparaît. Les enfants ont déjà appris à demander le « bon » jouet, car ils savent que le « mauvais » leur sera refusé.
>
> Elena Gianini Belotti, *Du côté des petites filles*, éd. Des femmes-Antoinette Fouque, 2010 (1re éd. 1974).

a. Pourquoi les petits garçons et les petites filles jouent-ils indifféremment avec tous les jouets jusqu'à 3 ans ?

b. Que se passe-t-il plus tard et pourquoi ?

c. Que veut dire l'auteur par « bon » et « mauvais » jouet ?

APPROFONDIR SES CONNAISSANCES

4 Les jeux vidéo : amis ou ennemis ?

> Prescrire l'usage des jeux vidéo aux enfants agités, agressifs, en échec scolaire. Idée saugrenue, dangereuse même, jugeront d'emblée les parents les plus ouverts. Pourtant de nombreuses études ont montré que la pratique du jeu vidéo développait diverses compétences. D'abord la capacité de traiter des informations en parallèle : pouvoir manier plusieurs données à la fois en les contrôlant, et savoir gérer des systèmes d'interruption des tâches. Ils améliorent également la gestion de l'inattendu : évaluer une situation et prendre une bonne décision. Enfin, ils accroissent les capacités d'anticipation. En résumé, ces jeux développent l'adaptabilité à des situations très différentes.
>
> D'après P. Krémet, « Jeux vidéo, s'ils étaient bons pour les enfants ? », *Le Monde 2*, n° 141, 28 octobre 2006.

a. Quelles compétences développent les jeux vidéo ?

b. En quoi sont-ils une forme de socialisation ?

5 L'obtention du baccalauréat selon le niveau de diplôme du père ou de la mère

		Probabilité d'obtention du baccalauréat en %
Diplôme du père	Aucun diplôme	38,1
	CAP-BEP	57,6
	Baccalauréat technique	82,4
	Autre baccalauréat	88,1
	Baccalauréat +3 et plus	95,6
Diplôme de la mère	Aucun diplôme	33
	CAP-BEP	65,9
	Baccalauréat technique	82,7
	Autre baccalauréat	88,1
	Baccalauréat +3 et plus	97,5

Source : Données sociales 2006, Insee Référence.

a. Quels liens peut-on établir entre le niveau de diplôme des parents et la probabilité d'obtention du baccalauréat ?

b. Avec quelle notion vue pp. 138-139 peut-on justifier ce constat ?

Comment expliquer les différences de pratiques culturelles ?

CHAPITRE 10

Des élèves au musée d'art moderne de Strasbourg.
43 % des jeunes vont au musée avec l'école.

Un concert au festival du Printemps de Bourges.
86 % des jeunes de 12-25 ans vont au concert avec leurs amis.

PLAN DU CHAPITRE

1	Culture et pratiques culturelles : de quoi parle-t-on ?	144
2	Les pratiques culturelles sont-elles uniformes ?	146
3	Un média de masse peut-il favoriser l'accès à la culture savante ?	148
4	Le numérique bouleverse-t-il les pratiques culturelles des Français ?	150
5	Comment se choisissent les pratiques de loisirs ? L'exemple du sport	152
>	Synthèse	154
>	Exercices	156

1. Culture et pratiques culturelles : de quoi parle-t-on ?

DÉCOUVRIR

Doc. 1 Manger : une pratique culturelle ?

1. **Comparer.** Que font les personnes sur ces photographies ? Le font-elles de la même façon ?
2. **Définir.** Selon vous, qu'est-ce qu'une pratique culturelle ? Manger en est-il une ?
3. **Illustrer.** Citez trois activités qui vous paraissent correspondre à des pratiques culturelles.

Doc. 2 Culture et pratiques culturelles, une réalité complexe

Il n'existe pas de définition officielle des pratiques culturelles. Toute pratique est culturelle, au sens où elle fait intervenir la culture des personnes, les manières de faire et de penser propres à une collectivité humaine. Faire la vaisselle, plier le linge ou nettoyer la voiture sont des gestes culturels.

Le plus souvent, l'expression désigne des activités en relation avec une définition « savante » de la culture : le voisinage ou la pratique d'un art. Les enquêtes sur les pratiques sont réalisées par le ministère de la Culture dans une optique un peu plus large : on y associe la fréquentation des équipements culturels, les pratiques en amateur, la lecture, l'audiovisuel domestique (y compris la télévision) et les sorties. Les pratiques culturelles ne se confondent pas avec l'ensemble des loisirs, en particulier parce que le ministère [à la différence de l'Insee] écarte le sport de sa définition (mais pas le fait d'assister à un spectacle sportif). En revanche, le bricolage ou le jardinage sont inclus dans l'enquête.

Louis Maurin, « Comment évoluent les pratiques culturelles », *Alternatives économiques*, avril 2010.

> **POINT NOTION**
>
> **Culture savante, culture de masse et culture populaire**
>
> La **culture savante**, socialement valorisée, désigne les savoirs « supérieurs » et les dispositions esthétiques des personnes à haut niveau d'instruction.
>
> La **culture de masse** est l'ensemble des messages et des valeurs véhiculés par les médias (presse, radio, télévision, publicité) et autres entreprises culturelles (industrie du cinéma, du disque, parcs de loisirs).
>
> La **culture populaire** est souvent utilisée comme un synonyme de « culture de masse », mais désigne également les loisirs et spectacles appréciés par le plus grand nombre ou plus spécifiquement par les catégories sociales dites « populaires » (employés, ouvriers, petits artisans et commerçants…).

4. **Expliquer.** Pourquoi l'auteur du texte considère-t-il que faire la vaisselle est une pratique culturelle ?
5. **Définir.** Qu'est-ce qu'une « pratique en amateur » ?
6. **Expliquer.** Comment le ministère de la Culture définit-il les pratiques culturelles ?

Doc.3 L'évolution de quelques pratiques culturelles en France

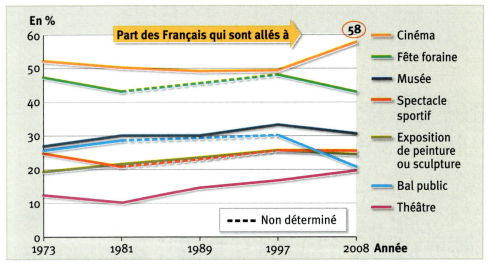

Source : Ministère de la Culture, Enquêtes sur les pratiques culturelles.

7. Lire. Faites une phrase présentant l'information apportée par la donnée entourée en rouge.

8. Distinguer. Quelles vous semblent être les pratiques relevant de la culture savante, et celles relevant de la culture populaire ?

9. Comparer. Quelles sont les pratiques qui progressent le plus ? Quelles sont celles qui régressent ?

Doc.4 Des pratiques culturelles différenciées

% de personnes ayant déclaré, pour les 12 derniers mois...	Avoir regardé la télévision tous les jours ou presque	Ne jamais avoir été au cinéma	Ne pas avoir lu de livre	Avoir assisté à un concert de musique classique
CSP du chef de ménage				
Agriculteurs	89	57	39	3
Cadres et prof. intell. sup.	77	22	7	31
Ouvriers	94	54	38	1
Sexe				
Hommes	86	42	29	7
Femmes	89	44	19	8
Âge				
15-19 ans	77	10	21	5
35-44 ans	83	34	25	8
55-64 ans	92	56	24	11
Ensemble	**87**	**43**	**24**	**7**

Source : Ministère de la Culture, « Les pratiques culturelles des Français à l'heure du numérique », enquête 2008.

10. Lire. Pour chaque donnée entourée en rouge, faites une phrase présentant l'information apportée.

11. Comparer. En quoi les pratiques culturelles des ouvriers et des cadres se différencient-elles ?

12. Comparer. Les hommes et les femmes ont-ils des pratiques culturelles similaires ?

13. Comparer. Les jeunes lisent-ils moins que les adultes ?

BILAN

EXERCICE D'AUTO-ÉVALUATION → corrigés pp. 178-179.

Les affirmations suivantes sont-elles vraies ou fausses ? Justifiez vos réponses.

1. « Pratiques artistiques » et « pratiques culturelles » sont deux notions synonymes.
2. Pour l'Insee, le sport fait partie des pratiques culturelles, mais pas pour le ministère de la Culture.
3. Les Français fréquentent de moins en moins les théâtres.
4. Les hommes regardent davantage la télévision que les femmes.
5. Les jeunes vont plus souvent au cinéma que les adultes.

FAIRE LE POINT

Pourquoi peut-on parler d'une extrême diversité des pratiques culturelles ?

Chapitre 10. Comment expliquer les différences de pratiques culturelles ?

2 Les pratiques culturelles sont-elles uniformes ?

DÉCOUVRIR

Doc. 1 Quatre types de lectures

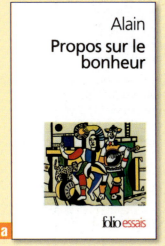

a

b

c

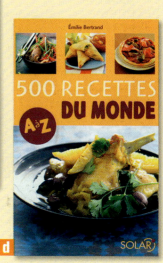

d

1. Expliquer. Selon vous, quels sont les lecteurs visés par chacune de ces publications ? Certains lecteurs peuvent-ils en lire plusieurs ?

2. Argumenter. Lire, est-ce toujours « se cultiver » ?

Doc. 2 Les préférences de lecture selon l'âge, le sexe et le milieu social

La lecture de quotidiens est une activité plutôt masculine, quel que soit le contenu ou le mode d'accès, et cette propriété ancienne se vérifie dans les jeunes générations […].

Tous les genres littéraires sont […] majoritairement féminins : les femmes représentent 92 % du lectorat des romans sentimentaux, 82 % de celui des biographies romancées et plus des deux tiers de celui des romans contemporains ou de la littérature classique. Les hommes, quand ils lisent, privilégient plutôt les livres d'histoire, les essais, les livres de sciences et techniques, les bandes dessinées et les mangas.

La catégorie « romans autres que policiers » exprime avec force cette prédilection des femmes pour la fiction : les lectrices sont presque trois fois plus nombreuses que leurs homologues masculins à en faire leur genre préféré, quel que soit leur âge ou leur milieu social. […]

Les livres d'histoire et les bandes dessinées (et mangas) ont en commun d'être des genres majoritairement masculins tout en s'opposant au plan de l'âge. La lecture des premiers augmente régulièrement avec l'âge des lecteurs pour culminer au-delà de 65 ans, à l'inverse de la bande dessinée qui est citée par les plus jeunes : 35 % des lecteurs de 15-19 ans et plus de la moitié (54 %) des lycéens garçons en font leur genre de livre préféré.

Quant aux livres pratiques, plus souvent choisis par les personnes de 45-64 ans de milieu populaire, ils apparaissent souvent comme une catégorie refuge pour les faibles lecteurs […].

Danielle Steel illustre une certaine littérature féminine populaire qui n'a pas d'équivalent côté masculin.

Olivier Donnat, *Les Pratiques culturelles des Français à l'ère du numérique, Enquête 2008*, La Découverte/ministère de la Culture et de la Communication, 2009.

3. Lire. Quel est le pourcentage de femmes dans le lectorat de livres sentimentaux tels ceux écrits par Danielle Steel ?

4. Expliquer. Qu'est-ce qu'un livre pratique ? Qui sont les principaux lecteurs de livres pratiques ?

5. Déduire. Les informations données dans ce texte confirment-elles vos réponses à la question 1 ?

6. Synthétiser. Mettez en évidence la diversité des préférences de lecture selon le sexe, l'âge et le milieu social.

Doc. 3 — La lecture, une pratique culturelle aujourd'hui valorisée

Bien loin des perversions prêtées à la télévision, au cinéma ou même à la musique (incitation à la violence ou à la paresse, dépravation des mœurs, etc.), la lecture apparaît comme la plus légitime des pratiques culturelles. Qu'elle soit scolaire ou de loisirs, professionnelle ou distractive, la lecture est aujourd'hui parée de vertus que nul excès ne semble assombrir. Il n'en a pas toujours été ainsi.

Alors qu'elle symbolise aujourd'hui l'univers des pratiques savantes, la lecture a historiquement été l'un des vecteurs de la diffusion de la culture de masse, à travers la diffusion des illustrés, des feuilletons ou des romans sentimentaux. Durant tout le xixe siècle et, plus largement, jusqu'à l'apparition des médias audiovisuels qui ont supplanté ce qui était considéré alors comme de « mauvaises lectures », <u>la lecture a souvent été perçue au sein des classes supérieures comme une passion dangereuse pour l'ordre social.</u> […]

La légitimité de la lecture s'est sans aucun doute construite par opposition à l'émergence de l'industrie du divertissement audiovisuel, mais elle s'enracine aussi dans les propriétés de la lecture elle-même. En particulier, le fait qu'elle soit une activité essentiellement solitaire, silencieuse, intériorisée, matrice de tous les apprentissages intellectuels et instrument principal de la circulation des idées. Et c'est en cela que consiste l'enjeu social de la lecture : l'acquisition des aptitudes de lecteur conditionne la plupart des inégalités socio-culturelles. De là, l'attention toute particulière qui entoure la mesure des habitudes de lecture et leur évolution.

Philippe Coulangeon, *Sociologie des pratiques culturelles*, La Découverte (coll. Repères), 2005.

7. Expliquer. Qu'est-ce qu'une « mauvaise lecture » ?
8. Expliquer. Que signifie la phrase soulignée ?
9. Analyser. Pourquoi la lecture est elle aujourd'hui « la plus légitime des pratiques culturelles » ?

Doc. 4 — Lecture et milieu social

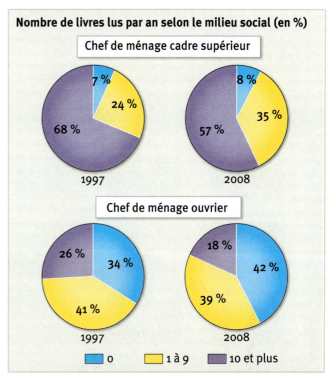

Source : *Pratiques culturelles 2008*, DEPS, ministère de la Culture et de la Communication, 2009.

10. Comparer. En quoi les pratiques de lecture des cadres supérieurs et des ouvriers diffèrent-elles ?
11. Décrire. Comment ont évolué leurs pratiques respectives entre 1997 et 2008 ?
12. Analyser. Quelles hypothèses peut-on faire pour expliquer ces évolutions ?
13. Déduire. En vous appuyant sur le document 3, expliquez pourquoi les évolutions constatées sont parfois considérées comme préoccupantes.

BILAN

EXERCICE D'AUTO-ÉVALUATION → corrigés pp. 178-179.

Lisez le texte ci-dessous, puis faites un tableau sur le modèle suivant et complétez-le.

Annie Ernaux est une romancière française issue d'un milieu modeste (ses parents, d'abord ouvriers, ont tenu deux cafés-épiceries dans des quartiers populaires). Après des études à Rouen, elle présente avec succès l'agrégation de lettres modernes. Son roman autobiographique, *La Place*, a obtenu le prix Renaudot en 1984.

Dans cet ouvrage, elle évoque son grand-père, ouvrier agricole au début du xxe siècle, et écrit : « Ce qui le rendait violent, surtout, c'était de voir chez lui quelqu'un de la famille plongé dans un livre ou un journal. Il n'avait pas eu le temps d'apprendre à lire et à écrire. Compter, il savait. »

H. Thammavongsa, © Nathan, 2010.

L'aversion du grand-père d'Annie Ernaux pour la lecture peut s'expliquer par…	Le goût d'Annie Ernaux pour la lecture peut s'expliquer par…

FAIRE LE POINT

Pourquoi peut-on dire qu'il y a plusieurs types de lectures et de lecteurs ?
Pourquoi la lecture est-elle devenue la pratique culturelle la plus légitime ?

3. Un média de masse peut-il favoriser l'accès à la culture savante ?

DÉCOUVRIR

Doc.1 Une télévision ou des télévisions ?

1. **Décrire.** Quels sont les programmes proposés par chacune de ces chaînes ?
2. **Comparer.** En quoi vous semblent-ils se différencier ?
3. **Expliquer.** Quelle différence peut-on établir entre « culture » et « divertissement » ?

POINT NOTION — Les médias de masse

Les **médias de masse** touchent une large audience. On en distingue traditionnellement cinq : la télévision, qui est considérée comme le principal média de masse, la radio, la presse écrite, le cinéma, la publicité. On peut désormais y inclure le Web.

Doc.2 La télévision, loisir passif ou outil de démocratisation culturelle ?

Le téléspectateur – à la différence du cinéphile – est réputé relativement superficiel et passif. Un grand nombre d'études sur l'audience de la télévision ont ainsi conclu qu'elle était généralement regardée avec un niveau d'attention plutôt bas, ce qu'atteste la variété de ses usages secondaires, télé « bruit de fond ». Cependant, ce téléspectateur superficiel et passif est aussi par définition particulièrement ouvert à la pluralité des contenus proposés à son (in)attention. Face au défilement continu des images, les téléspectateurs les plus assidus sont ainsi présumés être aussi ceux qui consomment la plus grande diversité de programmes, des jeux et divertissements aux magazines d'information, des *soap operas* (sagas sentimentales) aux documentaires et aux programmes culturels. [...] C'est d'ailleurs cette caractéristique qu'invoquent les défenseurs de la télévision lorsqu'ils soulignent l'enjeu de ce *all purpose medium* (média généraliste) pour celles et ceux qui, privés d'accès à la plupart des autres pratiques culturelles, peuvent se saisir de la télévision comme d'un authentique outil de démocratisation culturelle.

Philippe Coulangeon, *Sociologie des pratiques culturelles*, La Découverte (coll. Repères), 2005.

4. **Décrire.** Pourquoi le téléspectateur est-il réputé « relativement superficiel et passif » ?
5. **Illustrer.** Donnez des exemples de programmes de divertissement, de magazines d'information, de *soap operas*, de documentaires et de programmes culturels.
6. **Expliquer.** Que signifie la phrase soulignée ?

Doc. 3 Qui sont les téléspectateurs les plus assidus ?

Fréquence d'écoute de la télévision selon le niveau de diplôme

Sur 100 personnes de chaque groupe	Tous les jours ou presque	De « rarement » à 4 jours par semaine	Jamais ou pratiquement jamais
Aucun, CEP	94	5	1
CAP, BEP	91	7	2
BEPC	92	6	2
Baccalauréat	88	9	3
Bac + 2 ou + 3	82	16	2
Bac + 4 et plus	67	27	6
Élève, étudiant	74	22	4
Ensemble	87	11	2

Source : D'après *Pratiques culturelles 2008*, DEPS, ministère de la Culture et de la Communication, 2009.

7. Expliquer. Pourquoi peut-on dire que la télévision constitue l'un des principaux loisirs culturels ?

8. Comparer. Qui sont les téléspectateurs les plus assidus ?

9. Synthétiser. En vous appuyant aussi sur le document 4 de la page 145, indiquez quel lien on peut établir entre assiduité télévisuelle et fréquentation des cinémas.

10. Déduire. Que peut représenter la télévision pour les téléspectateurs les plus assidus ?

Doc. 4 Quels programmes sont regardés et pendant combien de temps ?

Fréquence d'écoute de différentes catégories de programmes selon la durée hebdomadaire d'écoute de la télévision

En %	Variétés, jeux	Feuilletons, séries	Magazines d'information et documentaires	Programmes culturels
Moins de 7 heures	29	21	47	34
De 7 à 12 heures	54	36	72	49
De 13 à 20 heures	66	47	78	53
De 21 à 30 heures	76	59	76	52
Plus de 30 heures	81	71	75	46
Ensemble	63	47	72	49

Source : Enquête « Participation culturelle et sportive », Insee, mai 2003.

Lecture : Parmi les personnes regardant en moyenne la télévision moins de 7 heures par semaine, 29 % ont regardé plusieurs fois des émissions de variétés ou des jeux télévisés au cours des 12 mois précédant l'enquête, contre 81 % pour ceux qui regardent la télévision plus de 30 heures par semaine.

11. Lire. Pour chaque donnée entourée en rouge, rédigez une phrase présentant l'information apportée.

12. Décrire. Quels sont les programmes les plus fréquemment regardés par les téléspectateurs les plus assidus (plus de 30 heures par semaine) ?

13. Analyser. Les données de ce tableau confirment-elles l'idée développée dans la phrase soulignée du document 2 ?

BILAN

EXERCICE D'AUTO-ÉVALUATION → corrigés pp. 178-179.

Pour chaque proposition, choisissez la réponse adéquate.

1 Comme exemple de programme culturel, on peut citer :
 a. *Plus belle la vie*, sur France 3.
 b. *D'Art d'art*, sur France 2.
 c. *Koh Lanta*, sur TF1.

2 En moyenne, le pourcentage de personnes ne regardant jamais la télévision est de :
 a. 10 %. b. 5 %. c. 2 %.

3 En fonction de leur niveau de diplôme, les téléspectateurs les plus assidus sont :
 a. Les diplômés à Bac +4 et plus.
 b. Les non-diplômés ou les titulaires d'un CEP.
 c. Les titulaires du baccalauréat.

4 Les téléspectateurs les moins assidus regardent plus fréquemment :
 a. Des feuilletons ou des séries.
 b. Des magazines d'information et des documentaires.
 c. Des programmes culturels.

5 Les téléspectateurs qui ont le plus regardé les programmes culturels au cours de l'année 2008 sont ceux regardant la télévision :
 a. Moins de 7 heures par semaine.
 b. De 13 à 20 heures par semaine.
 c. Plus de 30 heures par semaine.

FAIRE LE POINT

Un média de masse comme la télévision peut-il être autre chose qu'un divertissement ?

4. Le numérique bouleverse-t-il les pratiques culturelles des Français ?

DÉCOUVRIR

Doc. 1 Le numérique, entre fascination et inquiétude

*Les écrans, ça rend accro...
... ça reste à prouver*
de Michael Stora
(Hachette Littératures)

Dans une société où les images deviennent des repères culturels, les écrans sont susceptibles de révéler les fantasmes. Télévision, jeux vidéo, blogs, chats... Le psychologue et psychanalyste Michael Stora nous livre sa vision, plutôt positive, de la montée en puissance des médias électroniques. Interactivité, narration sensorielle, toute-puissance narcissique... Et si le virtuel et ses images, bien dosés, étaient plus porteurs d'opportunités que de dangers ?

*Zap l'écran, vive la vie !
GSM, télé, ordi : comment les maîtriser ?*
de Patrice Gilly (éd. Couleur livres)

Seuls devant l'écran, nous sommes reliés au monde entier. Un clic, un zap, ça part ou ça démarre. Les jeunes sont captés, parents et éducateurs sont dépassés. La parole s'impose pour renouer cette relation noyée dans les pixels, pour éclaircir l'œil saturé de contenus profus, diffus. Mêlant information et analyse, ce livre témoigne de l'urgence d'ouvrir les vannes du sens critique pour maîtriser les écrans mirages. Sortir du virtuel pour exister réellement : un, entier, et non plus fragmenté selon nos écrans formatés.

1. Lire. À quels écrans ces deux livres font-ils allusion ?

2. Expliquer. Quel débat soulèvent-ils ?

Doc. 2 Utiliser Internet, sortir et lire

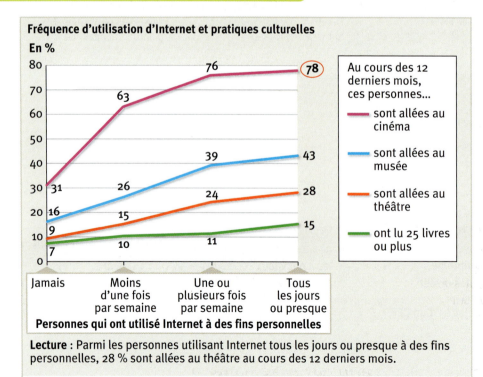

Lecture : Parmi les personnes utilisant Internet tous les jours ou presque à des fins personnelles, 28 % sont allées au théâtre au cours des 12 derniers mois.

Source : *Pratiques culturelles 2008*, DEPS, ministère de la Culture et de la Communication, 2009.

3. Lire. Faites une phrase présentant l'information apportée par la donnée entourée en rouge.

4. Comparer. Calculez l'écart entre la fréquentation du théâtre des personnes utilisant Internet tous les jours ou presque et celles ne l'utilisant jamais.

5. Déduire. Une utilisation fréquente d'Internet freine-t-elle les sorties ?

6. Analyser. Quelles hypothèses pouvez-vous faire pour expliquer ce fait ?

Doc.3 Nouveaux écrans contre télévision ?

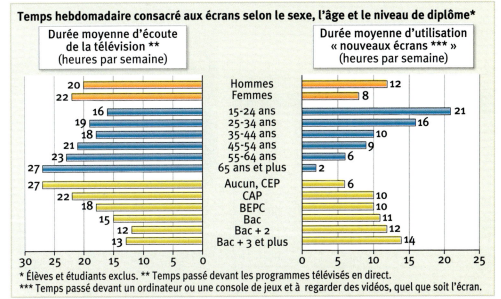

Temps hebdomadaire consacré aux écrans selon le sexe, l'âge et le niveau de diplôme*

* Élèves et étudiants exclus. ** Temps passé devant les programmes télévisés en direct.
*** Temps passé devant un ordinateur ou une console de jeux et à regarder des vidéos, quel que soit l'écran.

Source : *Pratiques culturelles 2008*, DEPS, ministère de la Culture et de la Coommunication, 2009.

POINT NOTION

Les « nouveaux écrans »

Les « nouveaux écrans » (écrans d'ordinateurs, de téléphones portables...) sont indissociables de la « révolution numérique » (diffusion des TIC) qui donne accès à des contenus dématérialisés (musique, jeux...).

7. Décrire. Qui sont les principaux téléspectateurs ? Les principaux utilisateurs des « nouveaux écrans » ?

8. Comparer. Que constatez-vous ? Quelles relations pouvez-vous établir avec ce qui a été observé dans le doc. 2 ?

Doc.4 Une (r)évolution des pratiques culturelles liées à l'utilisation des TIC ?

Dans l'environnement domestique, l'ordinateur et les nouvelles technologies sont à l'origine de nouvelles activités de loisirs, en particulier chez les jeunes [...]. Pour plus d'un utilisateur à domicile sur cinq, l'usage de l'informatique s'inscrit ainsi dans une pratique à caractère artistique ou culturel : dessiner, écrire, traiter des images numériques, des photos, du son ou de la vidéo [...].

L'équipement des ménages en micro-ordinateurs a connu en France une progression spectaculaire depuis le milieu des années 1990. Si seuls 14 % des ménages possédaient un micro-ordinateur à domicile en 1995, ils étaient 23 % en 1999 et 59 % en 2008 [...]. Cette diffusion de la micro-informatique dans l'environnement domestique s'accompagne toutefois de très fortes inégalités selon les catégories sociales. Ainsi, en 2007, 93 % des ménages de cadres possèdent un micro-ordinateur à domicile, pour 63,5 % des ménages ouvriers. [...]. L'intensité et la nature des usages sont aussi fortement différenciées selon le sexe et l'âge. Près de deux fois plus fréquent chez les hommes que chez les femmes, l'usage quotidien du micro-ordinateur apparaît aussi sensiblement plus ludique chez les premiers [...]. De même, si l'utilisation quotidienne tend à diminuer en fonction de l'avancée en âge, c'est dans le type d'usage du micro-ordinateur que les classes d'âge se différencient le plus fortement.

Philippe Coulangeon, *Sociologie des pratiques culturelles*, La Découverte (coll. Repères), 2005.

9. Expliquer. Quelles évolutions les TIC (technologies de l'information et de la communication) apportent-elles dans les pratiques culturelles ?

10. Comparer. Montrez que l'on retrouve avec les TIC des clivages observés pour d'autres pratiques culturelles.

BILAN

EXERCICE D'AUTO-ÉVALUATION → corrigés pp. 178-179.

Les affirmations suivantes sont-elles vraies ou fausses ? Justifiez vos réponses.

1. Le taux d'équipement des ménages en micro-ordinateurs a doublé entre 1995 et 2008. V F
2. Les 15-24 ans passent en moyenne plus de temps devant les « nouveaux écrans » que les plus de 25 ans. V F
3. Plus on regarde la télévision, plus on est accro aux nouveaux écrans. V F
4. Moins on est diplômé, plus on utilise les nouveaux écrans. V F
5. Plus on passe de temps sur Internet, moins on fait de sorties culturelles. V F

FAIRE LE POINT

Le numérique bouleverse-t-il les pratiques culturelles des Français ? Justifiez votre réponse.

5 Comment se choisissent les pratiques de loisirs ? L'exemple du sport

DÉCOUVRIR

Doc. 1 Les jeunes et le sport

Jeunes pratiquant un sport selon le :	Garçons (%)	Filles (%)	Ensemble (%)
Niveau du diplôme des parents			
Sans	64	44	52
Inférieur au baccalauréat	71	55	65
Baccalauréat	77	71	75
Supérieur au baccalauréat	92	76	83
Revenu mensuel du foyer			
Inférieur à 1830 euros	75	45	60
De 1830 à 2745 euros	75	67	71
Supérieur à 2745 euros	83	74	80
Ensemble	77	60	69

Champ : Jeunes de 12 à 17 ans.

Source : Enquête Pratique sportive des jeunes, ministère des Sports, novembre 2001.

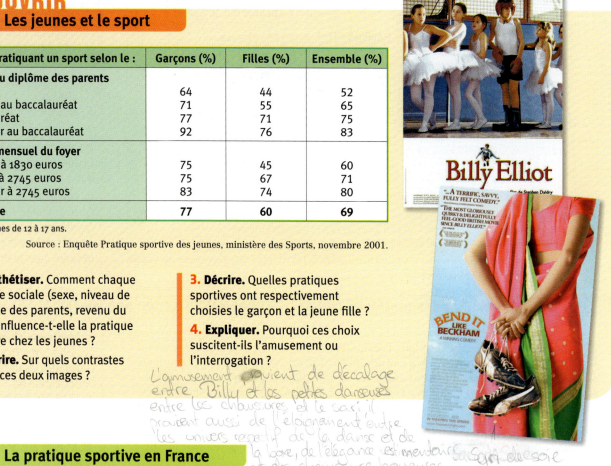

1. Synthétiser. Comment chaque variable sociale (sexe, niveau de diplôme des parents, revenu du foyer) influence-t-elle la pratique sportive chez les jeunes ?

2. Décrire. Sur quels contrastes jouent ces deux images ?

3. Décrire. Quelles pratiques sportives ont respectivement choisies le garçon et la jeune fille ?

4. Expliquer. Pourquoi ces choix suscitent-ils l'amusement ou l'interrogation ?

Doc. 2 La pratique sportive en France

En 2003, 71 % des personnes de 15 ans ou plus pratiquent une activité physique ou sportive, même occasionnellement.

Les jeunes gens sont les plus investis dans le sport (pratique des sports collectifs, souvent abandonnés par la suite au profit d'autres disciplines) et ont l'exclusivité de certains sports qui sont une question d'âge et de génération.

Les seniors quant à eux s'orientent plus (au moins 10 % d'entre eux) vers le vélo, la natation, la gymnastique, la randonnée et la pétanque.

Les femmes sont largement majoritaires pour la danse, la gymnastique, l'équitation, et nettement minoritaires pour la chasse, le football, le rugby, les sports de combat.

Étudier ou être diplômé, travailler ou bien encore avoir un niveau de vie élevé (notamment pour les sports dont l'équipement est onéreux) favorisent la pratique sportive et réduisent les différences entre hommes et femmes (qui sont beaucoup moins fortes dans les jeunes générations). Les jeunes, les personnes diplômées ou bien insérées socialement ont la pratique sportive la plus diversifiée et utilisent donc plus les structures institutionnelles. 88 % des diplômés de l'enseignement supérieur ont pratiqué une activité physique ou sportive en 2003, contre 60 % des personnes titulaires d'un diplôme inférieur au bac ou sans diplôme. Les étudiants, les cadres et les personnes exerçant une profession intermédiaire sont les plus sportifs : neuf sur dix ont une pratique sportive. Ces catégories de personnes sont aussi très actives en matière de sorties et de pratiques culturelles.

Source : Lara Muller, « La pratique sportive en France, reflet du milieu social », *Données sociales*, Insee, 2006.

5. Expliquer. Quelles sont les variables sociales qui déterminent la pratique sportive ?

6. Comparer. En quoi les pratiques sportives des jeunes et des seniors se distinguent-elles ?

7. Illustrer. Donnez des exemples de sports spécifiquement pratiqués par des jeunes.

8. Expliquer. Pourquoi les personnes bien insérées socialement ont-elles les pratiques sportives les plus diversifiées ?

Doc.3 Chaque sport a ses valeurs sociales, éthiques et esthétiques

Selon Pierre Bourdieu, « les sports les plus typiquement populaires, le football et le rugby, la lutte ou la boxe » sont stigmatisés par les classes favorisées : trop répandus, un public trop populaire, trop bruyant, trop enclin à des émotions collectives souvent sans retenue, à la limite vulgaire avec des « valeurs et vertus comme force, résistance au mal, contact physique, esprit de sacrifice et de soumission à la discipline collective », à l'opposé des valeurs des classes dominantes qui affichent davantage le fair-play, le jeu pour le plaisir et pour l'individu, et qui pratiquent plus volontiers le golf, l'équitation, l'escrime, le polo et le tennis. Mais le tennis s'est depuis en partie démocratisé, alors qu'à l'opposé certains sports populaires comme le football sont désormais prisés par des milieux plus huppés et par les intellectuels, comme c'était déjà le cas en Italie ou en Amérique latine, où ce sport a presque la place d'une religion.

Les sports marquent une appartenance à un groupe social qui s'exprime jusque dans des façons de tenir son corps, et qui peuvent aussi symboliser une culture : au football, le style plus artistique des Brésiliens a longtemps été opposé à celui plus physique des Allemands et des Anglais même si la circulation des joueurs entre les clubs, expression de la mondialisation, a atténué les différences de style.

É. Taïeb, © Nathan, 2010.

9. Expliquer. En quoi chaque sport a-t-il des aspects socialement et culturellement distinctifs ?

10. Déduire. Pourquoi cela est-il susceptible d'évoluer ?

11. Expliquer. Que signifie la phrase soulignée ?

Doc.4 Le sport comme facteur d'identification

Créé en 1899, le Barça (FC Barcelone) a pour devise « *Més que un Club* » (« Plus qu'un club »). Il incarne l'identité régionale (le site officiel a une version catalane), une ancienne forme de résistance au franquisme et, toujours aujourd'hui, au « centralisme castillan ». Alors que Franco, à la tête d'un régime autoritaire et replié sur lui-même, essayait d'améliorer son image et celle de l'Espagne en instrumentalisant le Real Madrid au sommet de l'Europe dans les années 1950, le stade du Barça a permis d'affirmer l'identité catalane à travers des drapeaux et des chants, y compris après le retour à la démocratie au milieu des années 1970. Et comme ce club de football est l'un des rares à appartenir à ses « socios » (membres associés, 175 000 en 2009, avec comme principe : 1 homme = 1 voix) et non à des actionnaires, le président y est élu démocratiquement. En 2010, son président, l'avocat Joan Laporta, se lance en politique sur des listes indépendantistes catalanes.

Si les joueurs du cru sont majoritaires, le Barça a toujours accueilli de très grands joueurs étrangers à l'image d'une ville accueillant des migrants. Enfin, outre un jeu spectaculaire, l'identité du club c'est aussi un maillot longtemps vierge de toute publicité mais floqué depuis 2006 du sigle de l'Unicef (agence de l'Organisation des Nations unies consacrée à l'amélioration et à la promotion de la condition des enfants) à qui le Barça verse de l'argent. Cependant, depuis l'été 2011, pour des raisons économiques, le Barça a ajouté un lucratif sponsor qatari sur son maillot.

É. Taïeb, © Nathan, 2012.

12. Expliquer. Que représente le FC Barcelone pour les Catalans ?

13. Décrire. De quelle manière la culture catalane est-elle représentée par le club ?

14. Résumer. Pourquoi le FC Barcelone est-il considéré comme un club très différent des autres ?

BILAN

EXERCICE D'AUTO-ÉVALUATION → corrigés pp. 178-179

Indiquez si les affirmations suivantes sont vraies ou fausses. Justifiez vos réponses.

1. Le sport est pratiqué également par les filles et les garçons. V F
2. La pratique sportive varie selon de nombreux critères sociaux. V F
3. Chaque sport a des valeurs spécifiques. V F
4. Le sport marque le plus souvent une appartenance à un groupe social. V F
5. Le sport peut être une caisse de résonance politique. V F

FAIRE LE POINT

À partir de l'exemple du sport, montrez la diversité des pratiques de loisirs.

SYNTHÈSE : Comment expliquer les différences de pratiques culturelles ?

L'ESSENTIEL

A Des pratiques culturelles variées...

▶ S'alimenter ou faire la vaisselle relèvent de la **culture** de chacun, car des valeurs et des normes sont en jeu dans les diverses manières d'exercer ces activités quotidiennes.

▶ Toutefois, le ministère de la Culture donne une définition plus restrictive des **pratiques culturelles**, les limitant aux sorties (cinéma, théâtre...), aux pratiques de loisirs (lecture, télévision...) et aux pratiques en amateur (danse, bricolage...). L'Insee propose une définition assez proche, en y intégrant les pratiques sportives.

B ... et socialement marquées

▶ Les pratiques culturelles varient tout d'abord selon l'âge : les jeunes vont plus au cinéma, utilisent plus les « **nouveaux écrans** », lisent davantage et sont plus sportifs que les personnes plus âgées.

▶ Les pratiques diffèrent aussi selon le sexe (les femmes lisent et regardent plus la télévision que les hommes, et n'ont pas les mêmes goûts), les qualifications et le milieu social (les cadres vont plus au cinéma, au théâtre et au musée que les autres CSP ; ils ne choisissent pas les mêmes sports que les ouvriers).

C Quel est l'impact du numérique sur les pratiques culturelles ?

▶ Avec l'essor des **technologies de l'information et de la communication (TIC)** et la croissance des taux d'équipement des ménages en matériel numérique, l'accès à des contenus dématérialisés (musique, jeux...) a été facilité. Ce phénomène est qualifié de « **révolution numérique** ».

▶ Cela a favorisé le développement de nouvelles pratiques en amateur. Toutefois, on observe des permanences : si les plus qualifiés et les jeunes utilisent intensivement les « nouveaux écrans », ils continuent à sortir et à lire plus que les autres catégories, même si le nombre de livres lus décroît.

D La culture savante s'oppose-t-elle à la culture populaire ?

▶ La légitimité plus ou moins forte des pratiques culturelles, le fait qu'elles diffèrent selon le milieu social, conduit à opérer une distinction entre pratiques relevant de la **culture savante** (concerts de musique classique, expositions de peinture...) et la **culture de masse** (diffusée par les médias de masse : la presse écrite, la radio, la télévision...) ou **culture populaire** (fêtes foraines...).

▶ Cette opposition est à nuancer, parce que les divertissements n'excluent pas l'accès à la culture légitime et que les catégories populaires accèdent, au moins en partie, à la culture savante grâce aux médias de masse.

LES NOTIONS À CONNAÎTRE

■ **Culture**
Système cohérent de valeurs, de normes, de pratiques sociales et culturelles caractéristiques d'un groupe ou d'une société donnés.

■ **Culture de masse**
Ensemble des messages et des valeurs véhiculés par les médias de masse (presse, radio, télévision, publicité) et autres entreprises culturelles (cinéma, musique...).

■ **Culture populaire**
Souvent utilisée comme un synonyme de « culture de masse », elle désigne également les loisirs et spectacles appréciés par le plus grand nombre ou plus spécifiquement par les catégories sociales dites « populaires » (employés, ouvriers, petits artisans et commerçants...).

■ **Culture savante**
Socialement valorisée, elle désigne les savoirs « supérieurs » et les dispositions esthétiques des personnes à haut niveau d'instruction.

■ **Nouveaux écrans**
Écrans d'ordinateurs, de téléphones portables, de consoles de jeux, mais aussi de téléviseurs lorsqu'ils sont utilisés pour jouer ou regarder des vidéos.

■ **Pratiques culturelles**
Bien qu'il n'existe pas de définition unique de la notion, on y inclut la plupart du temps les sorties dites culturelles (cinéma, spectacles vivants), les pratiques en amateur (sport, pratique instrumentale, danse, théâtre, etc.) et de nombreux loisirs (télévision, lecture, musique).

■ **Révolution numérique**
Diffusion rapide des TIC facilitant la communication en réseau et l'accès à des contenus informationnels et culturels.

■ **TIC**
Technologies de l'information et de la communication liées à l'informatique et permettant la communication en réseau et l'accès à des contenus dématérialisés (écrits et contenus audiovisuels).

SCHÉMA DE SYNTHÈSE

Comment expliquer les différences de pratiques culturelles ?

La culture est un système cohérent de valeurs, de normes, de pratiques sociales et de **pratiques culturelles**.

Pratiques en amateur
- pratiques sportives (pour l'Insee)
- pratique de la musique (instrument, chant)
- bricolage
- écriture
- théâtre
- danse
- photographie et vidéo, etc.

Sorties culturelles
- cinéma
- théâtre et spectacles vivants
- fréquentation des musées
- fêtes foraines, etc.

Activités de loisirs
- lecture
- regarder la télévision
- écouter de la musique
- utiliser les « nouveaux écrans », etc.

Les pratiques culturelles varient selon l'âge, le sexe et le milieu social. Certaines pratiques relèvent de la culture savante, d'autres de la culture de masse ou de la culture populaire.

POUR ALLER PLUS LOIN

Sites Internet à consulter

▸ **www.pratiquesculturelles.culture.gouv.fr**
Sur le site du ministère de la Culture, les résultats complets de l'enquête sur les pratiques culturelles des Français à l'ère du numérique, dirigée par Olivier Donnat.

▸ **www.insee.fr**
Le site de l'Insee donne accès à de nombreuses études, notamment à celles sur les pratiques sportives réalisées par Lara Muller.

À lire

Deux ouvrages de référence :
▸ Pierre Bourdieu, *La Distinction*, éd. de Minuit, 1979.
▸ Bernard Lahire, *La Culture des individus. Dissonances culturelles et distinction de soi*, La Découverte, 2006.

Deux ouvrages de synthèse :
▸ Philippe Coulangeon, *Sociologie des pratiques culturelles*, La Découverte, 2005.
▸ Laurent Fleury, *Sociologie de la culture et des pratiques culturelles*, éd. A. Colin, 2010.

À voir

▸ *Le Goût des autres*, d'Agnès Jaoui, 2000.
La rencontre entre un chef d'entreprise plutôt porté sur les divertissements populaires et une comédienne de théâtre.

▸ *Billy Elliot*, de Stephen Daldry, 2000.
Billy, fils d'un mineur en grève dans l'Angleterre des années 1980, fait partie d'un club de boxe. Mais il découvre la danse classique…

▸ *Joue-la comme Beckham*, de Gurinder Chadha, 2002.
Jessminder aime passionnément le football qu'elle pratique en cachette car cela convient mal à une jeune fille d'origine indienne…

Chapitre 10. Comment expliquer les différences de pratiques culturelles ?

EXERCICES

VÉRIFIER SES CONNAISSANCES

1 Les préférences cinématographiques selon l'âge

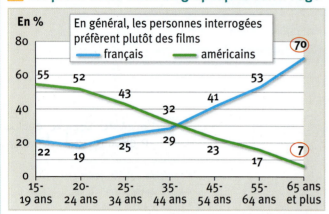

Source : *Pratiques culturelles 2008*, DEPS, ministère de la Culture et de la Communication, 2009.

a. Pour chaque donnée entourée en rouge, rédigez une phrase expliquant l'information apportée.

b. En quoi les goûts cinématographiques des jeunes et des plus de 65 ans se distinguent-ils ?

c. Pourquoi peut-on dire que le cinéma relève à la fois de la culture savante et d'un divertissement populaire ?

2 La fréquentation des musées selon la CSP

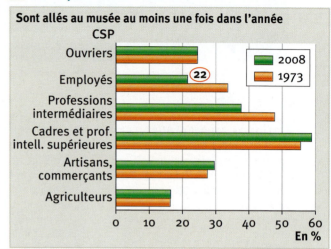

Source : Ministère de la Culture, Pratiques culturelles des français, 2008.

a. Rédigez une phrase expliquant l'information apportée par la donnée entourée en rouge.

b. Montrez que la fréquentation des musées et son évolution distinguent les cadres des autres catégories socioprofessionnelles.

APPROFONDIR SES CONNAISSANCES

3 Doit-on parler de différences ou d'inégalités dans les pratiques culturelles ?

En 2006, l'Observatoire des inégalités a publié « L'état des inégalités en France 2007 ». Voici le point de vue de Pierre Boisard, CNRS, rapporteur au Conseil de l'emploi des revenus et de la cohésion sociale (Cerc).

Sans nier le grand intérêt de ce recueil on peut se demander si la présentation sans commentaire approfondi de certains tableaux ne porte pas le risque d'induire des représentations fausses sur les « inégalités » ainsi dépeintes. […] Si certaines différences de niveaux de vie relèvent sans conteste d'une distribution inégalitaire, en revanche peut-on automatiquement qualifier d'inégalitaires les différences dans les pratiques culturelles ? Une norme implicite du bien préside à cette assimilation de certaines différences à des inégalités. Le cadre supérieur serait l'idéal à atteindre, non seulement pour son niveau de vie mais aussi […] pour ses pratiques culturelles : il lit plus, va plus souvent au cinéma et va voir des expositions d'un niveau supérieur. <u>Cette conception normative de l'égalité déprécie de fait certaines pratiques des classes populaires qui préfèrent regarder la télé ou jouer aux boules plutôt que de se rendre dans des expositions d'art moderne encensées par des publications élitistes bien souvent illisibles.</u>

Source : www.inegalites.fr

a. Pourquoi certaines différences dans les pratiques culturelles peuvent-elles être considérées comme des inégalités ?

b. Pourquoi l'auteur remet-il en cause cette interprétation ?

c. Quelle idée l'auteur développe-t-il dans la phrase soulignée ?

4 Des pratiques « dissonantes » chez chaque individu

La frontière entre la « haute culture » et la « sous-culture » ou le « simple divertissement » ne sépare pas seulement les classes sociales, mais partage les différentes pratiques et préférences culturelles des mêmes individus, dans toutes les classes de la société. Une majorité d'individus présentent des profils dissonants qui associent des pratiques culturelles allant des plus légitimes aux moins légitimes.

[…] Une nouvelle image du monde social apparaît alors, qui ne néglige pas les singularités individuelles et évite la caricature culturelle des groupes. Dans cette perspective, est qualifié de « dissonant légitime » un individu ayant des pratiques considérées habituellement comme très légitimes (visite de la Tate Gallery et fréquentation d'artistes plasticiens) tout en sacrifiant à telle ou telle pratique peu légitime (assister à des matchs de football ou de volley-ball). Inversement, tel autre individu doté d'un faible capital culturel pourra être qualifié de « dissonant illégitime » s'il rompt l'homogénéité d'habitudes culturelles perçues comme faiblement légitimes (karaoké par exemple) par telle ou telle pratique davantage valorisée (programmes d'Arte ou spectacles de danse classique).

D'après Bernard Lahire, *La Culture des individus. Dissonances culturelles et distinction de soi*, La Découverte, 2004.
Présentation de l'ouvrage sur le site www.melchior.fr

a. Que sont les « profils dissonants » dont parle l'auteur ?

b. Donnez d'autres exemples de ce que pourrait être un « profil dissonant ».

SOMMAIRE

FLASH MÉTHODE

OUTILS

1. Calculer un pourcentage de répartition — 158
2. Calculer un taux de variation et un coefficient multiplicateur — 159
3. Calculer un indice simple — 160
4. Calculer une moyenne et une médiane — 161
5. Calculer une élasticité-prix et une élasticité-revenu — 162

SAVOIR-FAIRE

6. Interpréter un tableau statistique — 163
7. Interpréter un diagramme de répartition — 164
8. Interpréter une série chronologique — 165
9. Interpréter un texte en SES — 166
10. Prendre des notes en SES — 167
11. Analyser une image — 168

INFORMATIQUE

12. Construire des représentations graphiques avec les logiciels Excel et Calc — 169
13. Construire un sondage sur Internet — 171

FLASH MÉTHODE OUTILS

1 Calculer un pourcentage de répartition

Le taux de réussite au baccalauréat en 2009 était de 86 %.

En 2009, le taux d'équipement des ménages en micro-ordinateurs était supérieur à 60 %.

Comprendre la notion

■ **Définition :** Le **pourcentage de répartition** permet de transformer des données chiffrées en valeurs absolues (euros, kilogrammes, milliers d'élèves, etc.) en valeurs relatives exprimées en pourcentage (%). Pour calculer un pourcentage de répartition, il suffit de calculer une proportion en % entre la partie (sous-ensemble) et le tout (ensemble).

■ **Formule :** (Sous-ensemble/Ensemble) x 100

⚠ Un pourcentage de répartition est toujours compris entre 0 et 100 %.

■ **Exemple :** Pour mesurer le taux de réussite au baccalauréat en 2009, il faut diviser le nombre d'élèves ayant obtenu ce diplôme (sous-ensemble) par le nombre total de candidats à cette épreuve (l'ensemble) et multiplier ce résultat par 100.

■ **Formulation du résultat :** En 2009, sur l'ensemble des candidats inscrits au baccalauréat, 86 % ont obtenu ce diplôme.

Exercice corrigé

Exercice Les différentes compositions de la famille en France

Types de familles	Nombre de familles	Répartition des familles (en %)
Couple avec enfant(s)	7 756 684	44,8
Couple sans enfant	7 199 655	41,6
Famille monoparentale	2 358 624	13,6
Ensemble des familles	**17 314 963**	**100**

Source : Insee, Recensement 2006.

1. Combien de familles l'Insee a-t-il recensées en 2006 sur le territoire français ?
D'après l'Insee, il y avait en France 17 314 963 familles en 2006.

2. Calculez le pourcentage de familles constituées de couples avec enfant(s) ?
(7 756 864/17 314 963) x 100 = 44,8 %. Sur l'ensemble des familles recensées en 2006 par l'Insee sur le territoire français, 44,8 % étaient constitués de couples avec enfant(s).

3. Complétez la dernière colonne du tableau.
Couples sans enfant : (7 199 655/17 314 963) x 100 = 41,6 %.
Familles monoparentales : (2 358 624/17 314 963) x 100 = 13,6 %.

Exercices d'entraînement

Exercice 1 Étude statistique d'une pratique culturelle : le cinéma

Fréquentation par type de films (en 2006)	En millions d'entrées	En % des entrées
Films français	84,8	…
Films américains	86,3	…
Autres films	…	9,2
Total	188,4	100

Source : Centre national du cinéma, 2006.

1. Faites une phrase présentant l'information apportée par la donnée entourée en rouge.

2. Calculez le pourcentage correspondant à la fréquentation des films français puis faites une phrase formulant le résultat obtenu.

3. Complétez le tableau.

Exercice 2 Population totale par sexe et âge en France au 1er janvier 2010

En milliers	Hommes	Femmes	Ensemble
Moins de 20 ans	8 153	7 790	15 943
De 20 à 64 ans	18 713	19 250	37 963
65 ans ou plus	4 441	6 321	10 762
Population totale	**31 307**	**33 361**	**64 668**

Source : Insee.

1. Pour chaque donnée entourée en rouge, faites une phrase présentant l'information apportée.
⚠ Pour répondre aux questions suivantes, lisez bien l'intitulé pour savoir quels sont l'ensemble et le sous-ensemble.

2. Sur l'ensemble de la population âgée entre 20 et 64 ans, quelle est la part de femmes ?

3. Sur l'ensemble de la population féminine, quelle est la part des 20-64 ans ?

OUTILS FLASH MÉTHODE 2

Calculer un taux de variation et un coefficient multiplicateur

Entre 2008 et 2009, les ventes de CD ont diminué de 6 %.

Entre 1980 et 2008, le nombre total de chômeurs a été multiplié par 2.

Comprendre les notions

■ **Définitions** : Le **taux de variation** et le **coefficient multiplicateur** permettent de mesurer l'évolution relative d'une variable dans le temps entre une date de départ et une date d'arrivée.
• Pour calculer un taux de variation entre deux dates, il suffit de calculer un écart relatif en pourcentage entre la valeur de départ (Vd) et la valeur d'arrivée (Va).
• Pour calculer un coefficient multiplicateur, il suffit de faire le rapport entre la valeur d'arrivée et la valeur de départ.

■ **Formules** :
• **Taux de variation** = **[(Va – Vd)/Vd] x 100**

(Va – Vd) se note parfois ΔV et le taux de variation [(Va – Vd)/Vd] x 100 peut s'écrire $(\Delta V/V) \times 100$

• **Coefficient multiplicateur** = **Va/Vd**

⚠ Le coefficient multiplicateur ne possède pas d'unité.

■ **Exemples** :
• Pour mesurer le taux de variation des ventes de CD entre 2008 et 2009, il faut connaître la valeur de départ (Vd = le nombre de CD vendus en 2008), ainsi que la valeur d'arrivée (Va = nombre de CD vendus en 2009).
• Pour mesurer le coefficient multiplicateur du nombre de chômeurs, il faut connaître le nombre de chômeurs en 1980 (valeur de départ) et le nombre de chômeurs en 2008 (valeur d'arrivée).

■ **Formulation des résultats** : Entre 2008 et 2009, les ventes de CD ont diminué de 6 %. Entre 1980 et 2008, le nombre total de chômeurs a été multiplié par deux.

⚠ Un taux de variation négatif signifie que Va < Vd, ce qui correspond à une diminution.

Exercice corrigé

Exercice Chiffre d'affaires total du e-commerce en France

Année	2005	2006	2007	2008
Chiffre d'affaires en milliards d'euros	8,7	11,9	16	20

Source : Bilan du e-commerce, KPMG, 2009.

1. Formulez une phrase avec la donnée de l'année 2008.
D'après KPMG, le chiffre d'affaires total du e-commerce en 2008 était de 20 milliards d'euros.

2. Calculez le taux de variation entre 2007 et 2008.
[(20 – 16)/16] x 100 = 25 %. D'après KPMG, le chiffre d'affaires du e-commerce a augmenté de 25 % entre 2007 et 2008.

3. Calculez le coefficient multiplicateur et le taux de variation entre 2005 et 2008.
Coefficient multiplicateur : 20/8,7 = 2,3. Taux de variation : [(20 – 8,7)/8,7] x 100 = + 130 %. D'après KPMG, le chiffre d'affaires du e-commerce en France a été multiplié par 2,3 entre 2005 et 2008, ce qui correspond à une augmentation de 130 %.

⚠ Quand l'écart entre deux données est important, le taux de variation peut être supérieur à 100 %. Dans ce cas de figure, on utilisera de préférence le coefficient multiplicateur plutôt que le taux de variation.

Exercices d'entraînement

Exercice 1 Progression du nombre de sites marchands sur Internet en France

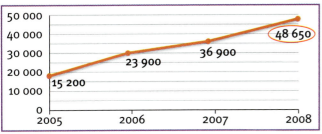

Source : FEDAV, 2009.

1. Rédigez une phrase présentant l'information apportée par la donnée entourée en rouge.

2. Calculez l'écart relatif entre 2007 et 2008 en utilisant l'outil adéquat.

3. Peut-on affirmer que le nombre de sites marchands sur Internet a été multiplié par 5 entre 2005 et 2008 ? Justifiez.

Exercice 2 Évolution du nombre de foyers français possédant une connexion Internet

Année	2001	2003	2005	2007	2009
Abonnements Internet (en millions)	5,20	6,88	9,53	11,32	15,10

Source : ARCEP, 2010.

1. Rédigez une phrase présentant l'information apportée par la donnée entourée en rouge.

2. Calculez le taux de variation entre 2007 et 2009.

3. Calculez l'écart relatif entre 2001 et 2009 en utilisant l'outil adéquat.

3 FLASH MÉTHODE OUTILS

Calculer un indice simple

À la clôture de la Bourse de Paris le 16 avril 2010, l'indice CAC 40 était de 4 068 points.

L'indice des prix à la consommation n'a augmenté que de 0,1 point pour l'année 2009.

Comprendre la notion

■ **Définition :** Un **indice** est un outil statistique qui permet de mesurer facilement l'évolution d'une variable économique. Pour calculer un indice à une date quelconque (t), il faut définir une *date de référence* (to) et lui octroyer une valeur de référence appelée *indice de base* (1, 100 ou 1 000 selon les cas). L'unité de l'indice s'appelle le *point*.

■ **Formule :** Indice (t) = [Valeur (t)/Valeur (to)] x base

■ **Exemple :** L'indice CAC 40 est un indicateur qui synthétise la valeur des 40 plus grandes entreprises cotées à la Bourse de Paris. La date de référence est le 31 décembre 1987 et la valeur de base est 1 000 points. On en déduit facilement qu'entre cette date et le 16 avril 2010 l'indice a augmenté de 3 068 points ou a été multiplié environ par 4.

■ **Formulation du résultat :** L'indice CAC 40 valait 4 068 points à la clôture de la Bourse de Paris le 16 avril 2010 (indice base 1 000 au 31 décembre 1987).

⚠ Lorsqu'on utilise un indice, il faut toujours préciser la date de référence et la base.

Exercice corrigé

Exercice Évolution du prix du baril de pétrole léger à la Bourse de New York (en dollars)

	1er janvier 2007	1er juillet 2007	1er janvier 2008	1er juillet 2008	1er janvier 2009	1er juillet 2009
Valeur en dollars	57	71	99	144	42	72
Indice (base 100 le 1er janvier 2007)	100	124,6	173,7	252,6	73,7	126,3

Source : Institut français du pétrole, 2010.

1. Pour chaque donnée entourée en rouge, rédigez une phrase présentant l'information apportée.
D'après l'Institut français du pétrole, le prix du baril de pétrole léger à New York était de 72 $ le 1er juillet 2009, ce qui correspond à un indice de 126,3 points (indice base 100 au 1er janvier 2007).

2. Calculez l'indice à la date du 1er juillet 2008.
Indice (t = 01/07/2008) = [Valeur (01/07/2008)/Valeur (01/01/2007)] x base = (144/57) x 100 = 252,6 points. L'indice du prix du baril au 1er juillet 2008 était de 306,4 points (indice base 100 au 1er janvier 2007). Ce qui signifie qu'entre ces deux dates le prix du baril a été multiplié par 3 environ.

3. Complétez le tableau.
$\frac{173,7 \times 57}{100} = 99$ et $\frac{42}{57} \times 100 = 73,7$.

4. Quelle est la signification d'un indice inférieur à 100 ?
Un indice inférieur à 100 signifie que le prix du baril à cette date est inférieur au prix à la date de référence (1er janvier 2007).

Exercices d'entraînement

Exercice 1 Évolution du nombre de candidats au baccalauréat en France

Année	1970	1980	1990	2000	2009
Candidats en milliers	249	348	525	650	622
Indice	47,4	...	100	...	...

Source : Ministère de l'Éducation nationale, 2010.

1. Pour chaque donnée entourée en rouge, rédigez une phrase présentant l'information apportée.

2. Calculez l'indice du nombre de candidats au baccalauréat en 2000 puis complétez le tableau.

3. Peut-on affirmer que l'indice n'a fait qu'augmenter entre 1970 et 2009 ? Justifiez votre réponse.

Exercice 2 Évolution du prix du pain (baguette au kilo)

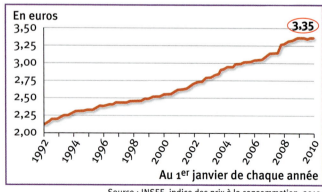

Source : INSEE, indice des prix à la consommation, 2010.

1. Rédigez une phrase présentant l'information apportée par la donnée entourée en rouge.

2. En prenant comme date de référence le 1er janvier 2000 (base 100), calculez l'indice au 1er janvier 1992 et au 1er janvier 2010.

OUTILS FLASH MÉTHODE 4

Calculer une moyenne et une médiane

En 2009, en France, le salaire net médian est de 1 600 € par mois pour un temps plein.

En 2008, le nombre moyen d'enfants par femme en France était de 2.

Comprendre les notions

■ **Définitions** : La **moyenne** exprime la grandeur qu'aurait chacun des éléments d'une population statistique s'ils étaient tous identiques (deux enfants par femme en moyenne en 2008 en France).

La **médiane** est la valeur qui partage en deux parties égales une population (en 2009, il y a autant de personnes travaillant à temps plein qui gagnent plus de 1600 € net par mois que de personnes qui gagnent moins).

Exercices corrigés

Exercice 1 Salaire mensuel net en euros par ordre décroissant d'une équipe de football amateur

Joueurs	1	2	3	4	5	6	7	8	9	10	11	12	13
Salaires en milliers d'euros	3,6	3,2	3,0	2,7	2,5	2,4	2,3	1,8	1,6	1,6	1,5	1,4	1,4

1. Calculez le salaire moyen de cette équipe.
(3,6 + 3,2 + 3 + 2,7 + 2,5 + 2,4 + 2,3 + 1,8 + 1,6 + 1,6 + 1,5 + 1,4 + 1,4)/13 = 2,2.
Le salaire mensuel net moyen de cette équipe de football est de 2 200 €.

2. Calculez la médiane.
Il y a 13 joueurs dans cette population statistique. Donc, en prenant le salaire du 7e joueur, on peut affirmer que le salaire mensuel net médian est de 2 300 €. En effet, il y a autant de joueurs qui ont un salaire supérieur à 2 300 € que de joueurs qui ont un salaire inférieur.

Exercice 2 Notes et coefficients en mathématique d'un élève de 2de au premier trimestre

Type de devoir	Devoir sur table	Devoir maison	Devoir commun à toutes les classes de 2de du lycée
Coefficient du contrôle	2	1	4
Notes de Karim	12	7	14

1. Calculez la moyenne simple.
(12 + 7 + 14)/3 = 11. La moyenne de Karim ce trimestre est de 11/20.

2. Calculez la moyenne pondérée en prenant en compte les coefficients.
[(12 x 2)+(7 x v1)+(14 x 4)]/(2 + 1 + 4) = 12,4

3. Comment expliquer cet écart entre les deux moyennes ?
Karim a mieux réussi le devoir qui comptait le plus ce trimestre (coefficient 4), alors qu'il a raté le devoir qui comptait le moins (coefficient 1), d'où sa moyenne pondérée supérieure à sa moyenne simple.

Exercices d'entraînement

Exercice 1 Budget alimentation dans l'ordre croissant de 8 familles habitant un immeuble de Lyon (en euros par mois)

Famille	1	2	3	4	5	6	7	8
Budget	450	500	520	580	610	630	690	720

1. Calculez le budget moyen et rédigez une phrase pour présenter votre résultat.

2. Calculez le budget médian et rédigez une phrase pour présenter votre résultat.
⚠ Lorsque l'on a une population avec un nombre pair d'éléments (8 familles), la médiane est égale au budget moyen entre les familles 4 et 5.

Exercice 2 Jérémie va-t-il obtenir une mention au baccalauréat ES ?

Matières du baccalauréat	Français	Math.	Philo	Hist. Géo.	LV1	LV2	SES et spécialité	EPS	SVT	TPE
Notes obtenues	7	17	8	16	6	6	17	10	8	10
Coefficient des matières	4	5	4	5	3	3	7 + 2	2	2	2

1. Dans combien de matières Jérémie a-t-il obtenu la moyenne au baccalauréat ?
À votre avis, peut-il espérer une mention ?

2. Calculez la moyenne pondérée et vérifiez la pertinence de votre réponse à la question précédente.

FLASH MÉTHODE OUTILS

5 Calculer une élasticité-prix et une élasticité-revenu

Faible élasticité-prix des consommations d'énergie des ménages.
Étude Insee, 2009.

Forte élasticité-revenu des dépenses de santé des ménages.
Étude Insee, 2000.

Comprendre les notions

■ **Définition** : L'élasticité-prix (e_p) est un outil économique qui permet de mesurer si de la demande d'un bien est sensible aux variations de son prix. Pour calculer une élasticité-prix, il suffit de faire un rapport entre le taux de variation de la demande ($\Delta D/D$) x 100 et le taux de variation du prix ($\Delta P/P$) x 100.
→ Rappel taux de variation : voir Flash Méthode 2.
■ **Formule** : $e_p = [(\Delta D/D) \times 100] / [(\Delta P/P) \times 100]$

■ **Définition** : L'élasticité-revenu (e_R) permet de mesurer si la demande d'un bien d'un ménage est sensible aux variations de son revenu. Pour mesurer l'élasticité-revenu, il suffit de faire le rapport entre le taux de variation de la demande ($\Delta D/D$) x 100 et le taux de variation du revenu ($\Delta R/R$) x 100.
■ **Formule** : $e_R = [(\Delta D/D) \times 100]/[(\Delta R/R) \times 100]$

Exercices corrigés

Exercice 1 — L'élasticité-prix des carburants

Résultat d'une étude de 2009 de l'Insee : quand le prix des carburants augmente sur une courte période de 25 %, les consommateurs réduisent leur dépense (demande) de carburants de 5 %.

1. Calculez l'élasticité-prix.
($\Delta P/P$) x 100 = 25 % et ($\Delta D/D$) x 100 = – 5 %.
Donc, e_p = – 5/25 = – 0,2.

2. Pourquoi l'élasticité-prix est-elle généralement négative ?
En général, la demande d'un bien par un consommateur a tendance a diminué ($\Delta D/D < 0$) quand le prix augmente $\Delta P/P > 0$) ; et réciproquement.

3. Quelle est la signification d'une élasticité-prix proche de 0 ?
Une élasticité-prix proche de 0 signifie que les dépenses de carburants ne baissent quasiment pas quand son prix augmente. En effet, même si le prix augmente, les consommateurs ne peuvent à court terme réduire leur consommation d'essence car ils doivent souvent utiliser leur voiture pour aller travailler.

Exercice 2 — L'élasticité-revenu des dépenses de santé

Une étude sur les déterminants des dépenses de santé dans les pays développés montre que celles-ci dépendent étroitement du revenu des ménages : quand le revenu augmente de 10 %, les dépenses de santé augmentent de 14 %.

1. Calculez l'élasticité-revenu.
($\Delta D/D$) x 100 = 14 % et ($\Delta R/R$) x 100 = 10 % Donc, e_R = 14 % / 10 % = 1,4.

2. Pourquoi l'élasticité-revenu est-elle généralement positive ?
En général, la demande d'un bien par un consommateur a tendance a augmenté ($\Delta D/D > 0$) quand son revenu augmente ($\Delta R/R > 0$) ; et réciproquement.

3. Que signifie une élasticité-revenu supérieure à 1 ?
Une élasticité-revenu supérieure à 1 signifie que les dépenses de consommation sont très sensibles au revenu d'un ménage. Si son revenu augmente de 10 %, ses dépenses de santé augmentent encore plus vite (14 %). Les économistes appellent ce type de biens les « biens supérieurs ». Un bien dont l'élasticité est comprise entre 0 et 1 est qualifié de « bien normal ».

Exercices d'entraînement

Exercice 1 — Enquête sur le budget de la famille Dupond

En euros	Prix en 2000	Prix en 2008	Dépense mensuelle en 2000	Dépense mensuelle en 2008
Pain et céréales	2	2,2	30	29,1
Légumes frais	10	10,2	60	48
Viande de volailles	20	18	40	44

1. Calculez les taux de variation du prix et de la demande (dépense) entre 2000 et 2008 pour le poste budgétaire « Pain et céréales ». Quelle est l'élasticité-prix de ce bien ?

2. Faites le même exercice pour les deux autres biens.

3. Quel est le bien le moins élastique ? À votre avis, pourquoi en est-il ainsi ?

Exercice 2 — Suite de l'enquête sur le budget de la famille Dupond

En euros	Dépense mensuelle en 2000	Dépense mensuelle en 2008
Alimentation	1 000	1 050
dont pommes de terre	40	33,2
Loisirs (cinéma, restaurant, etc.)	500	750

1. Calculez le taux de variation des dépenses du poste alimentation entre 2000 et 2008. Sachant qu'entre ces deux dates le revenu de la famille Dupond a augmenté de 10 %, quelle est l'élasticité-revenu de ce poste budgétaire ?

2. Faites le même exercice pour les deux autres postes de dépense.

3. Quel est le bien « supérieur », et quel est le bien « normal » ?

4. Pourquoi l'élasticité-revenu de la pomme de terre est-elle négative ?

SAVOIR-FAIRE FLASH MÉTHODE 6

Interpréter un tableau statistique

Comprendre la notion

■ **Définition** : Un **tableau statistique** est un document qui permet de représenter de manière synthétique de nombreuses données chiffrées.

MÉTHODE

Pour étudier correctement un tableau statistique, il faut préalablement :
→ lire attentivement le titre du tableau pour connaître le thème étudié ;
→ repérer l'unité (par exemple, si l'unité est le millier, le lecteur doit rajouter 3 zéros au nombre écrit pour obtenir le nombre réel) ;
→ repérer les intitulés en ligne (horizontale) et en colonne (verticale) ;
→ repérer la source du document.

Après ce travail préalable, vous êtes en mesure de formuler une phrase avec chaque donnée chiffrée du tableau et surtout d'en dégager les informations principales.

Exercice corrigé

Création d'entreprises en 2008 en France selon le nombre de salariés

Nombre de salariés	Nombre d'entreprises en milliers	Nombre d'entreprises en %
0 salarié [1]	285,9	87,4
1 à 2 salariés	30,1	9,2
3 à 9 salariés	7,8	2,4
10 salariés ou plus	3,3	1
Ensemble	327,1	100

Source : Insee, REE (Répertoire des Entreprises et des Établissements – Sirene).

[1]. Une entreprise avec 0 salarié correspond à un travailleur indépendant qui n'a pas de salarié (un artisan par exemple).

1. Présentez ce tableau en reprenant les quatre points de la méthode.
D'après le titre, ce tableau porte sur la création d'entreprises sur le territoire français en 2008. L'unité est le millier pour la deuxième colonne, et le % pour la troisième. Les cinq intitulés en ligne correspondent au nombre de salariés des entreprises créées dont le total pour la dernière ligne. En colonne, nous avons la quantité d'entreprises créées en milliers d'entreprises (2e colonne) et en % (3e colonne). L'Insee recense chaque année les créations d'entreprises sur le territoire.

2. Formulez une phrase présentant les informations apportées par les données entourées en rouge.
D'après l'Insee, 3 300 entreprises de plus de 10 salariés ont été créées sur le territoire en 2008, ce qui correspond à seulement 1 % du total des créations d'entreprises.

3. Quel est le constat général qu'il faut retenir de ce document ?
En 2008, il y a eu 327 100 créations d'entreprises dont une très grande majorité concerne des petites entreprises (99 %) et seulement 1 % des entreprises de plus de 10 salariés.

Exercices d'entraînement

Exercice 1 — Volume de production des constructeurs automobiles français en 2009

Production d'automobiles (en milliers)	En France	Hors de France	Total
Citroën	404	760	1 164
Peugeot	657,2	941,3	1 598,5
Renault	428,3	1 615,8	2 044,1
Total	1 489,5	3 317,1	4 806,6

Source : Comité des constructeurs français d'automobiles, 2009.

1. Pour chaque donnée entourée en rouge, rédigez une phrase présentant l'information apportée.

2. Sur l'ensemble des voitures produites par Peugeot, combien ont été produites hors de France ?

3. Sur l'ensemble des voitures produites en France par ces trois constructeurs, combien ont été produites par Renault ?

Exercice 2 — Taux de chômage en fonction de l'âge et du sexe en 2009

En %	Hommes	Femmes	Ensemble
15-24 ans	24,7	22,8	23,9
25-49	7,5	8,7	8,1
50 et plus	5,8	6,3	6
Ensemble	8,8	9,4	9,1

Source : Insee, Enquête Emploi, 2009.

1. Présentez ce tableau en reprenant les quatre points de la méthode.

2. Pour chaque donnée entourée en rouge, rédigez une phrase présentant l'information apportée.

3. Peut-on dire qu'il existe une inégalité face au chômage en fonction de l'âge et du sexe ?

FLASH MÉTHODE SAVOIR-FAIRE 7
Interpréter un diagramme de répartition

Comprendre la notion

■ **Définition** : Un **diagramme de répartition** est une représentation graphique qui permet de visualiser des pourcentages de répartition. → Rappel pourcentage de répartition : voir Flash méthode 1.

Il existe différents types de diagrammes : circulaire, semi-circulaire, ou en bandes.

MÉTHODE

Pour étudier correctement un diagramme de répartition, il faut préalablement :
→ lire attentivement le titre pour connaître le thème étudié ;
→ repérer la nature du diagramme (circulaire, en bandes, etc.) ;
→ repérer les intitulés des éléments qui remplissent le diagramme ;
→ repérer la source du document.

Après ce travail préalable, vous êtes en mesure de formuler une phrase avec n'importe quelle donnée chiffrée du diagramme et surtout d'en dégager les informations principales.

Exercice corrigé

Répartition des ressources financières de l'association des Restos du cœur en 2009

1. Présentez le document en suivant la méthode exposée plus haut.
Ce document est un diagramme en bandes représentant la répartition en % des ressources financières de l'association des Restos du cœur en 2009. Les ressources sont regroupées en 4 sous-ensembles dont la somme fait 100 %, ces chiffres proviennent du site officiel de l'association.

2. Faites une phrase expliquant la signification de la donnée entourée en rouge.
D'après le site officiel des Restos du cœur, 40,7 % des ressources totales proviennent des dons faits par les particuliers.

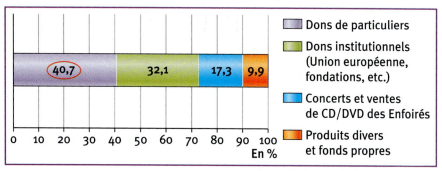

Source : Site Internet des Restos du cœur, 2010.

3. Quelle est l'importance des dons dans le fonctionnement de cette association ?
Les dons de particuliers et d'institutions représentent quasiment les trois quarts des ressources totales (75 %). Cette proportion est propre aux associations qui ne pourraient fonctionner sans cette générosité.

Exercices d'entraînement

Exercice 1 Coefficients budgétaires de la consommation des ménages en 2008

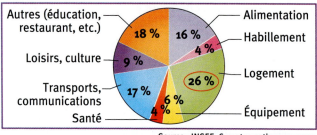

Source : INSEE, Comptes nationaux, 2009.

1. Présentez le diagramme en suivant la méthode exposée plus haut.

2. Faites une phrase expliquant la signification de la donnée entourée en rouge.

3. Quels sont les trois postes budgétaires les plus importants ?

⚠ La rubrique « Autres » (à 18 %) ne fait pas partie des postes importants car elle est composée d'une multitude de petits postes budgétaires différents que le statisticien a regroupés pour des raisons de commodité.

Exercice 2 Parts d'audience nationale en 2009 à la télévision

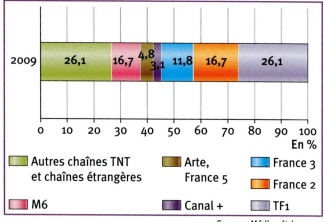

Source : Médiamétrie, 2010.

1. Présentez le document en suivant la méthode exposée plus haut.

2. Quelles sont les parts d'audience de France 2 en 2009 ?

3. Peut-on dire que les parts d'audience du groupe France Télévisions (France 2, 3 et 5 notamment) dépassent celles de TF1 ?

SAVOIR-FAIRE FLASH MÉTHODE 8

Interpréter une série chronologique

Comprendre la notion

■ **Définition :**
Une **série chronologique** est un graphique qui représente l'évolution d'une variable dans le temps.

MÉTHODE

Pour étudier correctement une série chronologique, il faut préalablement :
→ lire attentivement le titre pour connaître le thème étudié ;
→ repérer la variable étudiée placée sur l'axe des ordonnées ;
→ repérer l'échelle de temps sur l'axe des abscisses ;
→ repérer la source du document.

Après ce travail préalable, vous êtes en mesure de formuler une phrase avec n'importe quelle donnée chiffrée de la série chronologique et surtout de décrire les évolutions des courbes (croissantes, décroissantes ou stagnantes).

Exercice corrigé

Évolution du prix de l'action de l'entreprise L'Oréal

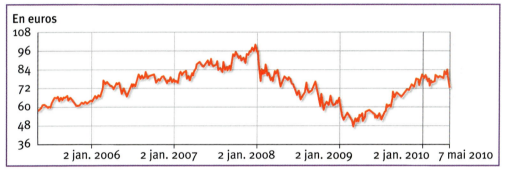

Source : NYSE-Euronext.

1. Présentez cette série chronologique en utilisant la méthode exposée plus haut.
Ce document présente l'évolution du prix de l'action L'Oréal. Sur l'axe des ordonnées est présenté le prix de l'action en euros (entre 46 € et 96 €) et sur l'axe des abscisses les années (de 2006 à 2010). NYSE-Euronext est la société qui gère la Bourse de Paris où est cotée la société L'Oréal.

2. Quel était le prix de l'action L'Oréal le 7 mai 2010 ?
Le prix de l'action était d'environ 72 € le 7 mai 2010.

3. Décrivez l'évolution du prix de l'action L'Oréal entre 2006 et 2010.
On peut distinguer trois périodes : de janvier 2006 à janvier 2008, le prix de l'action est passé de 66 € à 98 €. De février 2008 à mars 2009, le prix chute pour atteindre 47 €. Enfin, depuis cette date, le prix augmente pour atteindre environ 80 € en avril 2010.

Exercices d'entraînement

Exercice 1 Évolution du taux de chômage

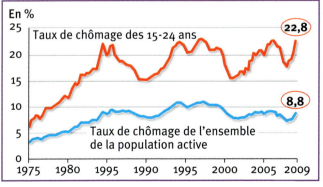

Source : Insee, Enquête Emploi, 2010.

1. Présentez cette série chronologique en utilisant la méthode exposée plus haut.
2. Pour chaque donnée entourée en rouge, rédigez une phrase présentant l'information apportée.
3. Comparez l'évolution du taux de chômage des jeunes avec celle de l'ensemble de la population active.

Exercice 2 Évolution de la population active par secteur

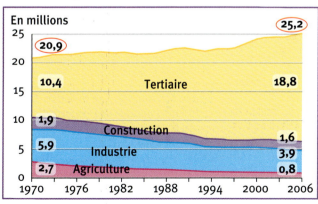

Source : *Alternatives économiques*, hors-série, n° 82, octobre 2009.

1. Présentez ce graphique en utilisant la méthode exposée plus haut.
2. Pour chaque donnée entourée en rouge, rédigez une phrase présentant l'information apportée.
3. Décrivez l'évolution des secteurs secondaire (industrie et construction) et tertiaire, de 1970 à 2006.

9 FLASH MÉTHODE SAVOIR-FAIRE
Interpréter un texte en SES

Comprendre la notion

Définition : Un **texte en SES** présente de manière littéraire des notions, des arguments ou des données chiffrées. Il existe différents types de textes : les textes qui présentent et analysent une notion, les textes où l'auteur défend un point de vue, ou encore les textes qui exposent des arguments contradictoires pour comprendre les enjeux d'un débat.

MÉTHODE
Pour étudier correctement un texte, il faut :
→ lire attentivement le titre pour connaître le thème étudié ;
→ connaître la source ;
→ souligner les mots clefs (notions, chiffres importants, arguments, etc.) ;
→ définir le type de texte étudié (descriptif, engagé, etc.) ;
→ dégager les idées essentielles et repérer la structure du texte.

Exercice corrigé

La mesure du niveau de vie

Avec 1 000 euros par mois, on ne vit pas de la même façon selon que l'on est seul ou que l'on doit faire manger une famille nombreuse. Aussi, l'Insee utilise le concept « d'unité de consommation » : il permet de mesurer (par des enquêtes de consommation) le surcroît de dépenses qu'implique la présence d'une ou plusieurs personnes supplémentaires dans le ménage, à niveau de vie constant. La première personne compte pour 1 unité de consommation, les suivantes pour 0,5 chacune, sauf s'il s'agit d'enfants de moins de 14 ans, qui comptent pour 0,3 chacun.

Quand on parle du niveau de vie, on fait donc référence aux ressources effectivement perçues dans un ménage divisé par le nombre d'unités de consommation du ménage. Il ne faut donc pas confondre niveau de vie (qui est une notion individuelle) et revenu (qui concerne le ménage tout entier, quel que soit le nombre de personnes qui le composent).

Louis Maurin, *Alternatives économiques*, n° 254, janvier 2007.

1. Quelle est la notion essentielle définie dans ce texte ?
La notion centrale est celle de niveau du vie qui prend en compte à la fois les revenus d'un ménage, mais aussi sa composition (nombre d'unités de consommation).

2. Quel est le nombre d'unités de consommation d'un ménage constitué d'un couple et de deux enfants dont l'un a moins de 14 ans ?
Le premier adulte vaut 1, le deuxième vaut 0,5. L'enfant de plus de 14 ans vaut aussi 0,5 et celui de moins de 14 ans vaut 0,3. Ce qui fait en tout 2,3 unités de consommation.

3. Quelles sont la nature du texte et sa structure ?
Ce texte est de nature descriptive présentant de manière neutre deux notions utiles en SES. Le premier paragraphe présente la notion d'unité de consommation et le deuxième la notion de niveau de vie.

Exercice d'entraînement

Exercice 1 Coup de pouce au SMIC, coup de pied à l'emploi

Chaque année, le 1er juillet, on assiste au traditionnel coup de pouce gouvernemental au SMIC. Mais cette politique, qui consiste à relever chaque année le salaire minimum, a au moins trois effets pervers.

Le premier revient à élever le coût du travail non qualifié. Car, pour une entreprise, il n'y a aucun intérêt économique à dépenser chaque mois plus de 1 300 euros pour une main-d'œuvre sans aucune qualification, alors qu'un jeune diplômé lui revient à peine plus cher.

Le deuxième effet de cette politique de revalorisation annuelle vise la compétitivité des entreprises françaises. Au cours des cinq dernières années, le salaire minimum a augmenté de plus 20 % en France. En revanche, le salaire moyen a diminué de 10 % en Allemagne. Dans ces conditions, il ne faut pas s'étonner que, devant cette hausse régulière du coût du travail, les entreprises non seulement restreignent leurs embauches, mais aussi poursuivent leurs restructurations et, pour les plus fragiles, aillent produire ailleurs. Ce qui fait de ces coups de pouce au SMIC de vrais coups de pied à l'emploi.

Le dernier effet de ce relèvement annuel du salaire minimum, c'est qu'aujourd'hui une proportion record de la population active est désormais payée au SMIC. Pas moins de 16 %. On a assisté progressivement à une « smicardisation » de la société française. Et le problème, c'est qu'un employé qui était jusqu'ici embauché au-dessus du SMIC vivait avec l'espoir et l'ambition de s'en écarter le plus vite possible, alors que maintenant il vit avec la peur d'être rattrapé et englobé par lui.

Yves de Kerdrel, *Le Figaro*, 15 octobre 2007.

1. Pourquoi l'augmentation du SMIC pénalise-t-elle particulièrement les salariés peu qualifiés ?

2. Expliquez la phrase soulignée.

3. La « smicardisation » de la société française est-elle une bonne chose selon l'auteur ? Justifiez votre réponse.

4. Quelles sont la nature de ce texte et sa structure ? Pourquoi est-il important de lire le nom de la source de ce document pour avoir une indication sur la sensibilité politique de l'auteur ?

SAVOIR-FAIRE FLASH MÉTHODE 10

Prendre des notes en SES

Comprendre la notion

■ La prise de notes est une difficulté nouvelle pour un collégien qui entre au lycée. Les professeurs de lycée dictent de moins en moins leur cours, d'où la nécessité de s'entraîner dès le début de l'année à cet exercice.

MÉTHODE

Pour prendre des notes, il faut **sélectionner les informations** importantes, **utiliser des abréviations** pour les noter, et enfin **retravailler ses notes** à la maison pour les remettre au propre.

1. Sélectionner l'information importante

En général, il faut prendre des notes quand le professeur :
→ **annonce le titre** d'un chapitre de son plan de cours ;
→ **donne une définition** d'une notion ;
→ **insiste sur une idée** en la reformulant plusieurs fois ;
→ **utilise le tableau** pour noter une notion, un schéma...

Inversement, il n'est pas toujours nécessaire de noter quand le professeur :
→ **multiplie les exemples** sur un même sujet ;
→ **reformule** une explication que vous venez de noter précédemment ;
→ **répond** à la question d'un élève.

⚠ Deux pièges sont à éviter :
- Vouloir tout noter « mot à mot » au risque de perdre le fil de la leçon au bout de quelques minutes !
- Se laisser « bercer » par la parole du professeur sans faire l'effort de noter et se retrouver avec une feuille blanche à la fin de la leçon !

2. Utiliser des abréviations

Quand l'élève pense qu'il faut noter une idée, il doit le faire rapidement tout en écoutant les explications du professeur afin de ne pas perdre le fil. D'où l'intérêt d'utiliser des abréviations pour gagner du temps.

Quelques abréviations courantes :

tx = taux	± = plus ou moins	nb = nombre
qq = quelque	/ = le rapport	pb = problème
tjs = toujours	pts = points	⚠ = attention
Δ = variation	bcp = beaucoup	ex = exemple
c.a.d. = c'est-à-dire	tps = temps	svt = souvent
♀ = femme	♂ = homme	ê = être
→ = entraîne	↑ = augmente	↓ = diminue
› = supérieur	‹ = inférieur	≠ = différence

Quelques abréviations spécifiques aux SES :

eco = économie	S = épargne	C = consommation
CA = chiffre d'affaires	M = importation	X = exportation
PA = population active	P = production	P^e = productivité
I = investissement	K = capital	W = travail
VA = valeur ajoutée	CI = consommations intermédiaires	R = revenu
Π = profits	tx i = taux d'intérêt	chô = chômage

Remarque. Chaque élève peut inventer ses propres abréviations, l'essentiel est de garder toujours les mêmes pour ne pas faire de confusion.

Exemple 1.
« Le taux de chômage des femmes est plus élevé que celui des hommes » devient :
« tx chô ♀ › tx chô ♂ ».

Exemple 2.
« La baisse des profits des entreprises a entraîné une diminution de l'investissement, ce qui risque de freiner la création d'emplois » devient :
« ↓ Π entreprises → ↓ I → ↓ créat° emplois ».

3. Reprendre ses notes à la maison

Il faut retravailler ses notes le soir même ou le lendemain afin de :
→ **mettre au propre** le plan, les définitions, les schémas, etc. ;
→ **compléter les passages** que vous n'avez pas eu le temps de bien noter pendant le cours. En effet, si le professeur est allé trop vite pour vous pendant quelques minutes, il vaut mieux laisser un passage blanc sur votre feuille afin de ne pas perdre le fil conducteur de la leçon ;
→ **vérifier que les idées notées sont compréhensibles** en ajoutant dans la marge des informations complémentaires (référence à un document du manuel par exemple). Profitez-en pour noter des questions à poser à votre professeur lors du prochain cours.

Exercices d'entraînement

Exercice 1 **En classe**, par groupe de deux élèves : un des élèves lit un document texte (par exemple doc. 3 p. 21) ou un texte de synthèse (« l'essentiel », par exemple, p. 126) pendant que l'autre essaie de prendre des notes. Relisez vos notes pour vérifier qu'elles résument bien le texte et ensuite inversez les rôles.

Exercice 2 **À la maison**, pendant le journal de 20 heures à la télévision, entraînez-vous à prendre des notes le temps d'un reportage puis, en fin d'année, à prendre en notes le journal dans sa globalité.

Exercice 3 **En classe**, choisissez une des vidéos du manuel numérique enrichi (par exemple, celle sur les inégalités hommes-femmes au travail, p. 114) et prenez des notes. Un des élèves fera à la classe une présentation de la vidéo choisie à partir de ses notes.

11 FLASH MÉTHODE SAVOIR-FAIRE
Analyser une image

Comprendre la notion

■ **Définition** : Une **image** permet de matérialiser une idée grâce à un support visuel comme une photographie ou un dessin.

MÉTHODE

Voici les trois étapes à respecter pour analyser correctement une image :
→ **décrire l'image** : présenter les personnages représentés, décrire le lieu ou la situation, noter les inscriptions éventuelles et relever le nom de l'auteur du dessin ou de la photo ;
→ **expliquer les symboles** : les éléments constitutifs d'une photographie ou d'un dessin ont une signification. Il faut donc chercher les symboles implicites et comprendre les liens qu'ils entretiennent avec les notions étudiées en SES ;
→ **analyser le message de l'image** : une photographie ou un dessin satirique cherche toujours à faire passer un message. Quel est-il ? Êtes-vous forcément de l'avis de l'auteur ?

Exercice corrigé

1. Décrivez cette image.
Cette image représente une jeune fille dont le front est marqué du logo de la société de vêtements de sport Nike. Au-dessus d'elle, il est inscrit la mention « rentrée sans marques ».

2. Expliquez les symboles de cette image.
La marque sur le front peut être interprétée comme la marque au fer rouge que les éleveurs font sur les animaux pour les identifier. La mention inscrite en haut de l'image fait référence à la rentrée des classes de septembre, période où les adolescents sont particulièrement friands de marques vestimentaires.

3. Quel est le message de cette image ?
L'auteur souhaite nous mettre en garde contre l'attirance parfois disproportionnée des adolescents pour les marques. Plus généralement, cette image nous invite à réfléchir sur les effets de distinction et d'imitation (notions étudiées dans le chapitre 2 du manuel, pp. 34-35).

Source : Campagne « Démarque-toi », 2001.
http://demarque-toi.skyrock.com

Exercices d'entraînement

Exercice 1

Source : Fondation Abbé Pierre, 2010.

1. Décrivez cette image.
2. Expliquez les liens entre l'image et le texte.
3. Quel message la fondation Abbé Pierre cherche-t-elle à faire passer ?

Exercice 2

1. Décrivez cette image.
2. Expliquez l'effet comique de la situation et le lien avec la notion de pouvoir d'achat.
3. Quel est le message de ce dessin satirique ?

INFORMATIQUE FLASH MÉTHODE 12

Construire des représentations graphiques avec les logiciels Excel ou Calc

OBJECTIF — Utiliser le logiciel Excel pour construire des graphiques vous sera très utile tout au long de vos études et notamment pour votre futur TPE de la classe de Première. Il existe des logiciels « libres » gratuits qui fonctionnent comme Excel, comme par exemple le logiciel Calc sur Open Office.

→ Présentation interactive dans le manuel numérique enrichi.

I. Construire un tableau statistique

■ Après avoir recherché les définitions des **trois secteurs d'activité (primaire, secondaire et tertiaire)**, ouvrez un document sur Excel ou Calc et reproduisez le tableau suivant (→ **téléchargeable dans le manuel numérique enrichi**).

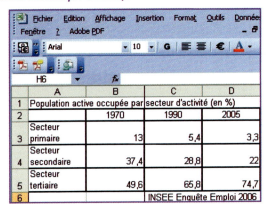

Vous remarquerez que chaque **cellule** possède des coordonnées, par exemple le chiffre 13 % correspond à la cellule B3.

II. Construire un diagramme circulaire

■ Cliquez sur l'icône pour construire un graphique et sélectionnez le **graphique en secteurs**.

■ Appuyez sur l'icône pour sélectionner les **données** à prendre en compte. Pour l'année 1970, sélectionnez les cellules **B3, B4 et B5**. Attention : ne sélectionnez pas la cellule B2 car le chiffre 1970 ne doit pas être pris en compte dans les calculs !

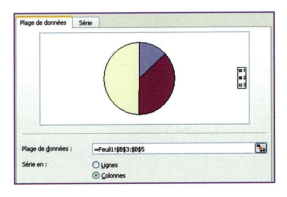

■ Cliquez ensuite sur **Série** pour définir votre légende. Pour le **nom**, cliquez sur la **cellule B2** et, pour **l'étiquette de catégories**, sélectionnez les **cellules A3 à A5**.

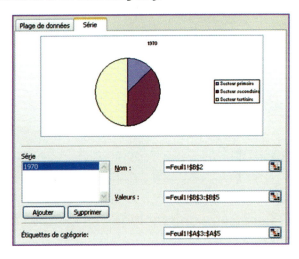

■ Complétez le titre et éditez votre diagramme. Entraînez-vous à construire un diagramme pour l'année 2005.

III. Construire un diagramme en bandes

■ Cliquez sur l'icône de construction de graphique, sélectionnez l'**histogramme** et plus particulièrement le troisième sous-type de graphique.

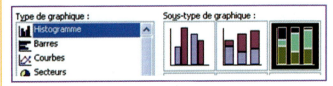

■ Sélectionnez d'abord toutes les données du tableau, soit **les neuf cellules de B3 à B5, C3 à C5 et D3 à D5**.

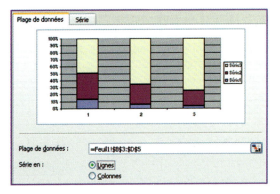

■ Cliquez ensuite sur **Série** pour préciser votre légende. Pour **l'étiquette de l'axe des abscisses**, sélectionnez **les cellules B2 à C2** correspondant aux années.

Pour la **série 1**, cliquez sur la **cellule A3** correspondant au secteur primaire, pour la **série 2**, cliquez sur **A4** et, enfin, pour la **série 3**, cliquez sur **A5**.

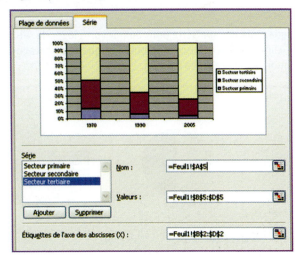

IV. Construire un graphique en courbe

■ Cliquez sur l'icône [icône] de construction de graphique et sélectionnez **le graphique en courbe** et plus particulièrement le quatrième sous-type de graphique.

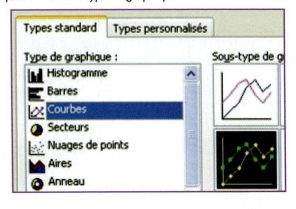

■ Sélectionnez les **neuf données** comme pour le diagramme précédent.

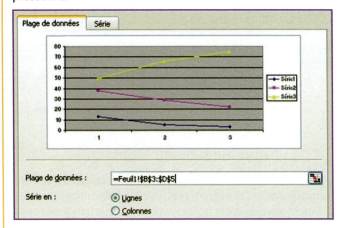

■ Cliquez ensuite sur **Série** pour préciser votre légende en suivant exactement les mêmes indications que pour le diagramme étudié précédemment.

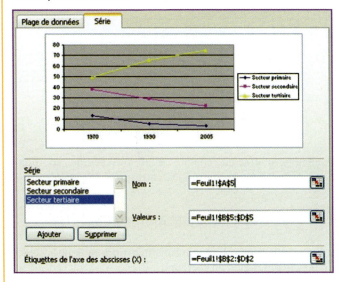

■ Complétez le titre et éditez.

Exercice d'application

À partir du tableau suivant, construisez deux diagrammes circulaires pour 1960 et 2007 et un graphique en courbe.
(→ **tableau téléchargeable dans le manuel numérique enrichi**)

	Coefficients budgétaires			
	1960	1975	1990	2007
Alimentation	38	30	27	25
Logement	16	20	18	19
Transport	11	15	18	18
Habillement et autres produits pour la personne	14	13	11	9
Santé	2	2	3	4
Communication, loisirs, culture	10	12	13	16
Services divers	9	8	10	9

Source : Insee, Cinquante ans de consommation, 2009.

INFORMATIQUE FLASH MÉTHODE 13

Construire un sondage sur Internet avec le site

■ **Objectif.** Ce logiciel libre permet de construire gratuitement un sondage, de collecter les réponses des personnes sondées, et enfin d'analyser statistiquement ces réponses.

→ Présentation interactive dans le manuel numérique enrichi.

MÉTHODE

Pour construire un sondage, il faut respecter les étapes suivantes :
→ définir un thème ou un sujet d'étude ;
→ élaborer un questionnaire composé de plusieurs questions avec, pour chacune d'entre elles, plusieurs réponses possibles ;
→ faire passer le sondage à une multitude de personnes grâce à Internet ;
→ analyser les résultats afin de réaliser une synthèse.

⚠ La technique d'échantillonnage d'un sondage est volontairement mise de côté et sera étudiée en cycle terminal.

Exemple de sondage

« Que font les élèves après le lycée ? »
Enquête nationale menée auprès de lycéens du 01/05/2010 au 30/06/2014.

Participer à ce sondage

www.votations.com/survey_fr.aspx?surveyid=e9ab79f08cc4371837e07996293bdec

(→ lien hypertexte dans le manuel numérique enrichi).

Extrait du questionnaire

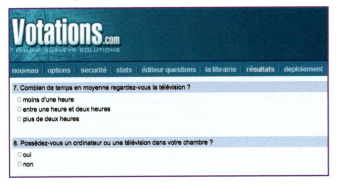

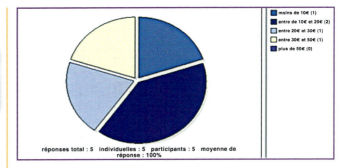

⚠ Pour des raisons de sécurité et de confidentialité, l'accès direct aux réponses des personnes sondées est réservé à **l'administrateur** du sondage. Vous retrouverez cependant sur **le site compagnon du manuel** tous les résultats actualisés nécessaires pour élaborer une synthèse de cette enquête.

Analyser les résultats

Le menu « **stats** » de ce logiciel permet de visualiser le nombre de personnes qui ont participé à ce sondage, et le menu « **résultats** » permet de construire des graphiques ou des tableaux croisant deux questions :

• Quel est en moyenne votre budget d'argent de poche par semaine ?
☐ moins de 10 €   ☐ entre 10 et 20 €
☐ entre 20 et 30 €   ☐ entre 30 et 50 €
☐ plus de 50 €

• Diriez-vous que vous habitez dans un quartier…
☐ très favorisé   ☐ moyennement favorisé
☐ un peu défavorisé   ☐ assez défavorisé

Construire votre propre sondage

Allez sur le site www.votations.com, inscrivez-vous gratuitement avec une adresse e-mail (1) puis suivez les instructions. Le **compte administrateur** ainsi créé vous permet de créer ou de modifier votre questionnaire (menu « **éditeur questions** »), de diffuser votre étude (menu « **déploiement** »), et enfin d'analyser les résultats des personnes qui ont répondu aux questions en visitant votre site (menus « **stats** » et « **résultats** »).

(1) les adresses gratuites ne sont pas valides, il faut utiliser l'adresse de votre fournisseur d'accès à Internet (Orange, Free, Numéricâble, etc.).

LEXIQUE

A

- **Action :** titre de propriété d'une part du capital d'une société anonyme, qui donne droit à une participation aux bénéfices sous forme de dividendes.
Les actions de certaines grandes sociétés sont cotées en bourse, où elles peuvent être rachetées et revendues.

- **Administrations publiques :** unités de production dont le rôle est de mettre à la disposition de la population des services non marchands et d'effectuer des opérations de redistribution des revenus.

- **Agents de socialisation :** groupes ou institutions participant à la socialisation des individus.

- **Associations :** unités de production dont l'objectif n'est pas le profit. Leurs activités sont diverses. Certaines ne sont présentes que sur le territoire national, d'autres étendent leurs activités à l'échelle internationale.

- **Bien collectif :** bien ou service qui possède deux caractères indépendants : la non-exclusion et la non-rivalité des consommateurs.

B

- **Bien économique :** bien produit par du travail humain.

- **Bien naturel :** bien disponible gratuitement dans la nature et dont la production ne nécessite aucun travail humain.

- **Bien public mondial :** bien collectif dont la sauvegarde bénéficie à l'humanité toute entière, générations présentes et futures.

- **Biens :** créations concrètes et matérielles du travail humain. Ils sont **durables** s'ils peuvent être utilisés plusieurs fois et **non durables** (ou périssables) s'ils sont détruits après leur première utilisation ou si leur durée de vie est très courte.

- **Biocapacité :** capacité de la planète à produire des ressources renouvelables (champs, pâturages, forêts, zones de pêche, etc.) et à absorber les déchets découlant de la consommation humaine.

C

- **Capital circulant :** biens de production incorporés ou totalement détruits dans la fabrication d'un produit (consommations intermédiaires).

- **Capital culturel :** ensemble des ressources culturelles : langage, capacités intellectuelles, savoir et savoir-faire, possession d'objets culturels divers (livres...), diplômes et titres scolaires.

- **Capital fixe :** biens de production durables utilisés pendant plus d'un an dans le processus de production (biens d'équipements).

- **Capital humain :** ensemble des connaissances, qualifications, compétences, et caractéristiques individuelles qui facilitent la création du bien-être personnel, social et économique.

- **Catégories socioprofessionnelles (CSP) :** regroupements d'individus ayant le même statut professionnel ; la nomenclature actuelle établie par l'Insee en 1982 est dite des « professions et catégories socioprofessionnelles ».

- **Chiffre d'affaires (CA) :** valeur des biens ou services vendus par une entreprise.

- **Chômage :** situation des personnes (de 15 ans et plus), privées d'emploi et en recherchant un.

- **Chômeurs au sens du BIT :** un chômeur au sens du BIT (Bureau international du travail) est une personne en âge de travailler (conventionnellement 15 ans ou plus), qui n'a pas travaillé au cours de la semaine de l'enquête Emploi de l'Insee, est disponible pour travailler dans les deux semaines et a entrepris des démarches effectives de recherche d'emploi ou a trouvé un emploi qui commence dans les trois mois.

- **Coefficient budgétaire :** part (en %) que représente un poste de consommation par rapport au budget total d'un ménage.

- **Combinaison productive :** quantité de capital et de travail nécessaires à la réalisation d'un certain volume de production.

- **Consommation :** utilisation, pour satisfaire un besoin, d'un bien ou d'un service.

- **Consommation finale effective des ménages :** somme des dépenses de consommation finale (directement financées par les ménages) et de la consommation non-marchande (ensemble des services individualisables fournis aux ménages à titre gratuit ou semi-gratuit).

- **Consommations intermédiaires :** biens et services transformés (matières premières) ou détruits (énergies, gaz, électricité) dans le processus de production.

- **Consommation ostentatoire :** définie par l'économiste Thorstein Veblen (1857-1929), la consommation ostentatoire correspond à une consommation dont la motivation principale est d'émettre des signes, de faire apparaître le statut social d'un individu ou d'exprimer son appartenance à un groupe.

- **Cotisations sociales :** sommes prélevées sur la rémunération totale des salariés au profit de la Sécurité sociale.

- **Coût salarial :** ensemble des dépenses supportées par l'employeur pour l'emploi d'un salarié. Il comprend un coût direct (salaire net plus cotisations sociales salariales, différents avantages salariaux), et un coût indirect (cotisations sociales patronales, autres charges comme le transport, la formation).

- **Coût social :** coût supplémentaire engendré pour réparer les effets externes négatifs produits par les marchés : disparition d'espèces animales, la déforestation, la pollution de l'air ou des rivières, l'accumulation de déchets ménagers...

- **Coûts de production :** ensemble des dépenses liées à la production et à la commercialisation d'un bien ou d'un service. On distingue les coûts fixes qui sont indépendants du volume de production, et les coûts variables qui dépendent de la quantité produite.

- **Crédit :** mécanisme par lequel un débiteur (ménage ou entreprise) obtient de la monnaie d'un créancier (généralement une banque) en échange de la promesse d'un paiement différé de la contrepartie, majoré d'un intérêt.

- **Culture :** système cohérent de valeurs, de normes, de pratiques sociales et culturelles caractéristiques d'un groupe ou d'une société donnés.

- **Culture de masse :** ensemble des messages et des valeurs véhiculés par les médias de masse (presse, radio, télévision, publicité) et autres entreprises culturelles (cinéma, musique...).

- **Culture populaire :** souvent utilisée comme un synonyme de « culture de masse », elle désigne également les loisirs et spectacles appréciés par le plus grand nombre ou plus spécifiquement par les catégories sociales dites « populaires » (employés, ouvriers, petits artisans et commerçants...).

- **Culture savante :** socialement valorisée, elle désigne les savoirs « supérieurs » et les dispositions esthétiques des personnes à haut niveau d'instruction.

D

- **Demande :** quantité d'un bien (ou d'un service) qu'un individu ou un ensemble d'individus souhaite acheter pour un prix donné.

- **Demande effective :** la demande effective est la demande solvable (qui a un pouvoir d'achat) anticipée par les entreprises (investissement et consommation).

- **Demandeur d'emploi :** un demandeur d'emploi est une personne qui est inscrite à Pôle emploi (service public de l'emploi qui gère des offres d'emploi et les allocations des chômeurs), est enregistrée dans l'une des catégories définies par Pôle emploi en fonction de sa disponibilité, du type de contrat recherché et du temps de travail souhaité.

- **Déversement des emplois :** phénomène d'évolution de la structure des emplois consécutive à l'introduction d'un progrès technique dans un secteur d'activité : du secteur primaire au secteur secondaire puis tertiaire.

E

- **Économie d'échelle :** diminution du coût unitaire d'un produit lorsque la production augmente.

- **Effets d'imitation :** propagation dans une société de comportements à partir d'un modèle : par exemple, imitation des types de consommation d'un groupe social par un autre.

- **Effets de distinction :** recherche d'éléments de vie qui permettent de ne pas agir comme les autres, de se distinguer des autres.

- **Effet de signe :** les objets consommés sont porteurs de signes et permettent à un individu d'indiquer aux autres sa position sociale, son appartenance à un groupe social spécifique, ou la position sociale qu'il souhaiterait atteindre.

- **Effet externe ou externalité :** effet positif ou négatif provoqué par une entreprise, un consommateur ou l'État sur l'activité d'un autre agent économique ou sur la société tout entière et qui ne donne lieu à aucune compensation monétaire.

- **Égalité des chances à l'école :** elle suppose que, indépendamment de leur origine sociale, les individus ont la même probabilité de réussite scolaire.

- **Élasticité :** outil économique permettant de mesurer si la demande d'un bien est sensible à la variation relative du prix (élasticité-prix) ou du revenus (élasticité-revenu).

- **Élasticité-prix :** variation relative de la demande d'un bien (ou d'un service) en réponse à la variation relative du prix de ce bien.

- **Élasticité-revenu :** variation relative de la demande d'un bien en fonction de la variation relative du revenu.

- **Emploi :** exercice d'une activité professionnelle déclarée et rémunérée.

- **Emploi typique/atypique :** l'emploi typique correspond à un emploi à plein temps, stable (CDI), assorti de garanties protégeant le salarié. L'emploi atypique est celui qui ne correspond pas à ce modèle : emploi soit à temps plein mais précaire (CDD, intérim), soit à temps partiel, peu protégé.

- **Empreinte écologique :** indicateur de ce que l'homme utilise comme capital renouvelable à des fins de production, de consommation et d'absorption des déchets. Elle se mesure en hectares globaux.

- **Entreprise :** unité de production réalisant une production marchande, c'est-à-dire vendue sur un marché à un prix au moins égal au coût de production.

- **Entreprises publiques :** entreprises appartenant majoritairement ou en totalité à l'État.

- **Épargne :** part du revenu disponible qui n'est pas consommée.

F

- **Facteurs de production :** ils correspondent aux ressources utilisées par une unité productive pour produire des biens et des services et qui ne sont pas détruits au cours de la production. Ils sont *complémentaires* quand on ne peut changer un facteur d'un type par un autre sans réduire le volume de production, et *substituables* dans le cas contraire.

- **Ferme informatique :** bâtiments rassemblant des ordinateurs géants aux capacités de stockage très élevés.

G

- **Gaz à effet de serre :** ensemble des gaz naturellement produits par la terre ou rejetés par l'activité économique qui retiennent prisonnière à l'intérieur de l'atmosphère la chaleur du soleil.

- **Groupe :** ensemble d'entreprises dont les activités sont coordonnées par un même centre de décision.

LEXIQUE

- **Groupe de pairs :** groupe constitué d'individus semblables (condisciples, collègues, etc.).

- **Homogamie :** fait de choisir son conjoint dans un milieu social identique ou proche du sien.

- **Incitation :** action politique visant à orienter les décisions des agents économiques dans une direction que ces derniers n'auraient pas choisie spontanément.

- **Industrie :** ensemble des activités de transformation sur une grande échelle des matières premières en biens de production ou de consommation.

- **Intérêts :** « loyer de l'argent prêté », c'est-à-dire la rémunération de l'argent prêté.

- **Loisirs :** occupations ou divertissements auxquels s'adonnent les individus pendant leur temps libre.

- **Marché :** lieu réel ou fictif de rencontre entre une offre (les vendeurs) et une demande (les acheteurs) qui aboutit à la formation d'un prix.

- **Nationalisation :** rachat par l'État de la majorité des parts d'une entreprise privée.

- **Normes :** les normes sont des règles de conduite en usage dans une société ou un groupe donnés. Elles traduisent les valeurs dominantes d'une société (lois, règles de conduite ou principes que l'on doit respecter).

- **Normes techniques :** règles ou procédures édictées par les pouvoirs publics qui définissent les caractéristiques des biens produits et des processus de production dans le but de contraindre les actions des agents économiques.

- **Nouveaux écrans :** écrans d'ordinateurs, de téléphones portables, de consoles de jeux, mais aussi de téléviseurs lorsqu'ils sont utilisés pour jouer ou regarder des vidéos.

- **Offre :** quantité d'un bien (ou d'un service) proposée sur un marché à un prix donné.

- **PIB :** le produit intérieur brut mesure la production à l'intérieur d'un territoire. Il est égal à la somme des valeurs ajoutées, augmenté de la TVA et des droits de douanes nets des subventions à l'importation.

- **Population active :** ensemble des individus exerçant ou déclarant chercher à exercer une activité rémunérée. Elle regroupe donc la population active occupée (ou population active ayant un emploi) et les chômeurs.

- **Population active occupée :** population active sans les chômeurs.

- **Population inactive :** ensemble des personnes qui n'exercent pas et ne cherchent pas à exercer une activité rémunérée.

- **Pouvoir d'achat :** quantité de biens et de services qu'un individu peut se procurer avec son revenu disponible. Il dépend donc de son revenu disponible mais aussi de l'évolution des prix à la consommation.

- **Pratiques culturelles :** bien qu'il n'existe pas de définition unique de la notion, on y inclut la plupart du temps les sorties dites culturelles (cinéma, spectacles vivants), les pratiques en amateur (sport, pratique instrumentale, danse, théâtre, etc.) et de nombreux loisirs (télévision, lecture, musique).

- **Prestations sociales :** versements à but social effectués au profit des ménages par les administrations publiques (et de manière résiduelle par les entreprises), à savoir : retraites, indemnités journalières de maladie ou de chômage, pensions d'invalidité, remboursement des dépenses de santé, prestations familiales, allocations de logement, etc.

- **Privatisation :** vente par l'État de la majorité des parts d'une entreprise publique.

- **Prix :** quantité de monnaie correspondant à la valeur d'un bien sur un marché.

- **Production marchande :** Production de biens et de services destinés à être vendus sur le marché afin de faire du profit.

- **Production non marchande :** production fournie à titre gratuit ou quasi gratuit.

- **Productivité du travail :** mesure de l'efficacité du travail. On la calcule généralement en rapportant la quantité produite à la quantité de travail utilisée pour la produire (heures de travail ou effectifs employés).

- **Progrès technique :** ensemble des innovations qui entraînent une transformation ou un bouleversement des moyens et méthodes de production.

- **Qualification de l'emploi :** elle correspond aux aptitudes (théoriques et/ou pratiques) exigées du salarié par l'employeur pour occuper un emploi, compte tenu des caractéristiques techniques du poste.

- **Qualification des individus :** elle désigne l'ensemble des connaissances et savoir-faire acquis par l'individu.

- **Reproduction sociale :** processus par lequel les positions sociales se perpétuent dans le temps, de génération en génération : maintien des inégalités, des rapports sociaux...

■ **Revenu disponible :** revenu restant après avoir ajouté au revenu primaire les prestations sociales et soustrait les impôts et les cotisations sociales.

■ **Revenus primaires :** revenus que les agents tirent de leur activité et de leur patrimoine, déduction faite des intérêts des emprunts souscrits.

■ **Révolution numérique :** diffusion rapide des TIC facilitant la communication en réseau et l'accès à des contenus informationnels et culturels.

■ **Rôle social :** comportement et modèle de conduite attendus d'un individu en fonction de sa position dans la sphère sociale.

■ **Salaire :** revenu perçu par le salarié en contre partie du travail fourni à l'employeur dans le cadre d'un contrat de travail.

■ **Salarié :** un salarié vend sa capacité de travail à l'employeur qui détient les moyens de production contre une rémunération généralement fixe, dans un cadre défini par un contrat de travail, qui marque la position subordonnée du salarié.

■ **Services :** créations immatérielles du travail humain sans transformation de matière, à l'inverse de la production de biens.

■ **SMIC :** salaire minimum interprofessionnel de croissance : salaire en dessous duquel un travailleur ne peut être légalement employé. A remplacé le SMIG en 1969.

■ **Socialisation :** ensemble des mécanismes par lesquels les individus font l'apprentissage des rapports sociaux entre les hommes et assimilent les normes, les valeurs et les croyances d'une société ou d'une collectivité.

■ **Socialisation primaire / secondaire :** la socialisation primaire s'effectue pendant l'enfance. La socialisation secondaire se poursuit tout au long de la vie.

■ **Société de consommation :** société dont le mécanisme principal est la consommation des ménages sans cesse stimulée par les nouveautés et la publicité.

■ **Taux d'activité :** rapport entre la population active et la population totale correspondante. On distingue notamment des taux d'activité par âge et par genre.

■ **Taux d'emploi :** rapport entre la population active occupée et la population totale.

■ **Taux de chômage :** part du nombre de chômeurs par rapport au nombre d'actifs.

■ **TIC :** technologies de l'information et de la communication liées à l'informatique et permettant la communication en réseau et l'accès à des contenus dématérialisés (écrits et contenus audiovisuels).

■ **Travail :** activité rémunérée ou non pouvant impliquer un effort par lequel l'homme transforme son environnement naturel et social.

■ **Valeur ajoutée :** mesure de la richesse créée par l'entreprise lors de son activité productive. Elle est calculée en retranchant à la valeur de la production celle des consommations intermédiaires.

■ **Valeurs :** principes moraux, idéaux, permettant de classer les actions et les comportements d'une société ou d'un groupe social jugés souhaitables ou non. Elles se traduisent par des normes.

INDEX

A
Administration publique : 48-49, 52-53.
Alimentation (sociologie de) : 32-33.
Association : 50-53.
Auto-entrepreneur : 45-46.

B
Bien : 43, 52-53.
Bien collectif : 91.
Bien de consommation finale : 43, 52-53.
Bien de production : 43, 52-53.
Bien durable : 43, 52-53.
Bien non durable : 43, 52-53.
Bien public mondial : 95.
Biocapacité : 88-89.
Budget général de l'État : 49.

C
Capital circulant : 57.
Capital culturel : 139.
Capital fixe : 57.
Capital humain : 106-107.
Chômage : 104-105, 114.
Chômeurs au sens du BIT : 126.
Coefficient budgétaire : 23.
Combinaison productive : 58-59.
Concurrence : 61, 78-79.
Consommation : 22-25.
Consommation ostentatoire : 35, 38.
Coopérative : 47.
Cotisations sociales : 48.
Coût : 76-77.
Coût salarial : 122, 126.
Coût social : 90-96.
Coûts de production : 60-61.
Culture : 144, 156.
Culture de masse : 144, 148-149.
Culture populaire : 144.
Culture savante : 144.

D
Délocalisation : 124.
Demande : 74-75.
Demande effective : 121, 126.
Demandeurs d'emploi : 116, 126.
Dette de l'État : 49.
Déversement : 67.
Diplôme : 103-107, 109-111.

E
Économies d'échelle : 76-77.
Effets d'imitation : 34-35, 38-39.
Effets de distinction : 34-35, 38-39.
Effets de signes : 34-35, 38-39.
Effets externes (ou externalités) : 90, 91, 96.
Égalité des chances à l'école : 108-109.
Élasticité : 23, 25.
Élasticité-prix : 24-25.
Élasticité-revenu : 22-23.
Emploi temporaire : 107.
Emploi : 66-67, 100-101, 114.
Empreinte écologique : 88-89, 96.
Entreprise : 44-47, 52.
Entreprise individuelle : 45.
Entreprise privée : 46-47, 52-53.
Entreprise publique : 45, 47, 53.
Épargne : 16-19.
Externalités (ou effets externes) : 90, 91, 96.

F
Facteurs de production : 56, 58.
Ferme informatique : 86.
Fonction publique : 48-49.

G
Gaz à effet de serre : 86, 96.
Groupe : 54.

H
Homogamie : 136.

I
Incitation : 93, 96.
Industrie : 118.
Intérêt : 16, 20.

L
Loi de l'offre et de la demande : 91.
Loisirs : 152-153.

M
Marché : 72-73.
Marché des droits à polluer : 92.
Marge commerciale : 76-77.
Médias de masse : 148.
Mode : 36, 38-39.

N
Nationalisation : 45, 47.
Normes techniques : 94-96.
Nouveaux écrans : 151.
Nuage informatique : 86.

O
Offre : 76-77.

P
PIB : 70, 98, 120.
Politiques incitatives ou contraignantes : 96-98.
Pollution d'origine humaine : 85-86, 96.
Population active : 101, 114.
Population active occupée (emploi) : 101, 114, 118, 126.
Population active totale : 118, 126.
Population inactive : 101, 114.
Pouvoir d'achat : 15, 28, 124.
Pratiques culturelles : 144-145, 147, 150-151.
Prestations sociales : 49.
Privatisation : 45, 47.
Prix : 76-77.
Production : 42.
Production domestique : 42-43, 52.
Production marchande : 43, 47, 52.
Production non marchande : 43, 52.
Production souterraine : 42.
Productivité : 64-65, 66-67, 70.
Progrès technique : 65.
Publicité : 37, 38, 40.

Q
Qualification de l'emploi : 102-103, 114.
Qualification des individus : 102-103, 114.

R
Redistribution : 48.
Reproduction sociale : 137.
Revenu disponible : 15.
Revenu primaire : 14.
Révolution numérique : 151.
RSA : 48.

S
SA : 45.
Salaire : 62.
Salaire (et salarié) : 126.
Salaire brut/net : 14.
Salaire médian : 106, 114.
SARL : 45.
SCOP : 47.
Secteur public : 48.
Service : 43, 48-49, 53, 118.
Services marchands : 43.
Services non marchands : 43, 48, 49.
SMIC : 123.
Socialisation : 130.
Société : 45.
Société de consommation : 30-31, 34, 37, 38-39, 40.
Sport (sociologie du) : 152-153.
Statut juridique : 45.

T
Taux d'activité : 101.
Taux d'emploi : 101.
Taux de chômage : 104-105, 114, 116, 126.
TIC : 151.
Travail : 100-101.
Valeur ajoutée : 62-63.
Valeurs : 153.

RÉPONSES AUX EXERCICES D'AUTO-ÉVALUATION

Introduction

▶ **p. 9**

1. V
2. F
3. V
4. V
5. F

▶ **p. 11**

Domaines concernés	Possibilités offertes	Inconvénients
Social	Sociabilité accrue, élargissement du nombre d'amis.	Exposition plus forte à la publicité avec la montée des annonceurs, temps passé et dépendance.
Économique	Élargissement du potentiel de recrutement, meilleure adéquation entre le poste et le profil de l'individu.	Informations privées connues par l'employeur, divulgation d'éléments jugés confidentiels par l'entreprise. Réduction de la productivité des salariés.
Politique	Participation active de l'électeur. Démocratie directe.	
Juridique	Une liberté d'expression accrue.	Une protection de l'espace privé plus difficile à assurer.

Chapitre 1

▶ **p. 15**

1. V
2. F
3. V
4. F
5. F

▶ **p. 17**

revenu disponible ; épargner ; intérêts, patrimoine ; augmente ; épargne ; taux ; décourager ; consommer

▶ **p. 19**

A1c ; B2e ; B3b et d ; B4b ; B5b ; B6a ; B7b et d

▶ **p. 21**

1. Crédit
2. Intérêts
3. Revolving
4. Surendettement
5. Immobilier
6. TEG

▶ **p. 23**

1. c
2. a
3. b
4. a

▶ **p. 25**

1. F
2. F
3. V
4. F
5. F

Chapitre 2

▶ **p. 31**

consommation ; télévision ; téléphone portable ; taux d'équipement ; diffusion massive ; saturation ; inégalités ; culturelles.

▶ **p. 33**

1. V
2. F
3. V (en partie)
4. F
5. V

▶ **p. 35**

matériel ; sociale ; liberté de choix ; augmenter ; économie ; catégorie sociale ; imiter ; distinctives ; ostentatoires.

▶ **p. 37**

1. F
2. F
3. F
4. V
5. V

Chapitre 3

▶ **p. 43**

1. domestique
2. bien, service
3. marchand, non marchand
4. consommation, production
5. durable, non durable

▶ **p. 45**

1. F
2. F
3. V
4. F
5. V

▶ **p. 47**

1. SCOP
2. État
3. Publique
4. EDF
5. Rôle.
A. Statut
B. Privée

▶ **p. 49**

nombreuses ; sécurité ; éducation ; justice ; prestations sociales ; patron ; 5,4 millions ; fonction publique ; dépenses ; cotisations sociales ; impôts.

▶ **p. 51**

1. F
2. F
3. V
4. F
5. F

Chapitre 4

▶ p. 57

a. Non
b. Oui : facteur de production travail
c. Oui : facteur de production capital fixe
d. Oui : facteur de production capital fixe
e. Oui : facteur de production travail
f. Non

▶ p. 59

1. V
2. V
3. F
4. F
5. F (ce n'est pas toujours vrai)

▶ p. 61

1. F
2. F
3. V
4. V
5. V

▶ p. 63

1. Elle mesure les richesses produites par une unité productive.
2. Le secteur tertiaire.
3. Oui.
4. Les travailleurs et les propriétaires du capital.
5. Il est resté globalement stable, même si depuis une trentaine d'années la répartition s'est faite en faveur du facteur capital.

▶ p. 65

1. F
2. V
3. V
4. F (ce n'est pas forcément vrai)
5. V

▶ p. 67

1. V
2. V
3. V
4. F
5. V

Chapitre 5

▶ p. 73

prix ; formalités administratives ; marchés ; acheteurs ; vendeurs ; prix ; produits ; règles.

▶ p. 75

1. b
2. b
3. a
4. a

▶ p. 77

1. V
2. F
3. F
4. F
5. F

▶ p. 79

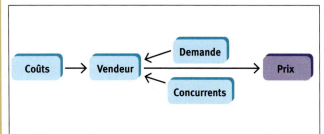

▶ p. 81

1. c
2. d

Chapitre 6

▶ p. 87

1. a. Émission de méthane ; b. Engrais.
2. c. Consommation d'électricité ; d. Émission d'halocarbures.
3. e. Transports.
4. f. Consommation d'électricité

▶ p. 89

empreinte écologique ; 40 ; 4,9 ; 63 ; biocapacité ; 3,0 ; autonome ; ressources ; dette écologique

▶ p. 91

1. effet externe positif
2. effet externe négatif
3. effet externe négatif
4. bien non excluable – bien rival
5. bien excluable – bien non rival
6. bien non excluable – bien non rival

▶ p. 93

1. baisse des émissions
2. maintien des émissions
3. baisse des émissions
4. maintien ou hausse des émissions
5. baisse des émissions
6. baisse des émissions
7. baisse des émissions

▶ p. 95

1. 50
2. 48,9
3. 1,33
4. 10,7
5. 1,6

Chapitre 7

▶ p. 101

1. V
2. V
3. V
4. F
5. F

▶ p. 103

Qualification des emplois → requises ; organisation du travail ; techniques de production
Qualification des individus → acquises ; formation initiale ; expérience (« learning by doing »)

▶ p. 105

1. V
2. F
3. V
4. F
5. F

▶ p. 107

1. c
2. c
3. C

RÉPONSES AUX EXERCICES D'AUTO-ÉVALUATION

▶ **p. 109**
1. V
2. V
3. V
4. V
5. V

▶ **p. 111**
1. c. et d.
2. b. et d.

Chapitre 8

▶ **p. 117**
1. F
2. V
3. F
4. V
5. V

▶ **p. 119**
A. Chômeurs
B. Tertiaire
C. Partiel
D. Féminisé.
1. Intérim.
2. CDI
3. Emploi
4. Salaire
5. FPE

▶ **p. 121**
1. a, b
2. a, c
3. a, c

▶ **p. 123**

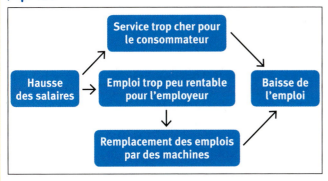

▶ **p. 125**
• **Favorisent la délocalisation de l'emploi :** coût salarial horaire plus faible à l'étranger, diminution du coût des communications (Internet), mobilité des capitaux.
• **Freinent la délocalisation de l'emploi :** productivité du travail plus faible à l'étranger, hausse du coût du transport, qualité des produits importés insuffisante.

Chapitre 9

▶ **p. 131**
1. V
2. F
3. F
4. F
5. V

▶ **p. 133**
1. V
2. F
3. V
4. V
5. V

▶ **p. 135**
socialisés ; intériorisent ; attentes ; évolution ; différenciée ; répartition ; femme ; bricolage

▶ **p. 137**
1. V
2. F
3. F
4. V
5. V

▶ **p. 139**
mêmes ; réussite ; scolaires ; professionnelles ; origine sociale ; culturel ; milieu familial ; économique ; social

Chapitre 10

▶ **p. 145**
1. F
2. V
3. F
4. F
5. V

▶ **p. 147**
• **L'aversion du grand-père d'Annie Ernaux pour la lecture peut s'expliquer par :** sa propre ignorance qui pouvait susciter chez lui un sentiment d'infériorité vis-à-vis des membres de sa famille sachant lire ; l'idée que la lecture serait une perte de temps, une activité non productive.
• **Le goût d'Annie Ernaux pour la lecture peut s'expliquer par :** le sentiment que la lecture permet d'accéder au savoir ; l'expérience de la lecture comme moment de plaisir.

▶ **p. 149**
1. b
2. c
3. b
4. b
5. b

▶ **p. 151**
1. F
2. V
3. F
4. V
5. F

▶ **p. 153**
1. F
2. V
3. V
4. V
5. V

Crédits photographiques

1ère de couv bd ANDIA PRESSE/ Didier Zybering ; 1ère de couv bg PHOTONONSTOP/ Jacques Loïc ; 1ère de couv hd STOCK IMAGE/ Elie Bernager ; 1ère de couv hg REA/ Hamilton ; 1ère de couv m CORBIS/Ken Seet ; 8 bas d © myspace ; 8 bas g © twitter ; 8 ht d © Bebo ; 8 ht g © Facebook ; 13 bas d DIOR PARFUMS/ AFP/ Olivier Morin ; 13 bas m ©Lou LINWEI/SINOPIX-REA ; 13 g PHOTONONSTOP/ Hervé de Gueltz ; 13 ht d MAXPPP/ karwai Tang/ Alphapress ; 13 ht m ©Antoine Doyen/Challenges-REA ; 14 ARCHIVES NATHAN ; 15 LECLERC E. ; 16 Dessindalex ; 18 ht d © prefon ; 18 m g © Crédit agricole ; 19 m hd FOTOLIA/ Paris PAO ; 21 Dessindalex ; 25 bas d REA/ Lou LINWEI/SINOPIX ; 25 bas g AFP/ Pierre VERDY ; 25 ht REA/ Didier MAILLAC ; 29 d REA/ Stephane Audras ; 29 g REA/ Denis ; 32 d CORBIS/ Bernard ANNEBICQUE ; 32 g CORBIS/ Angela Drudy ; 34 AFP/ Getty ; 34 d MAGNUM/ Thomas Hoepker ; 36 bas FOTOLIA/ Denis Horbach ; 36 ht g BRIDGEMAN - GIRAUDON ; 36 ht m RUE DES ARCHIVES/ Collection Grégoire ; 41 bas g MAXPPP/PhotoPQR/Ouest France /David Ademas ; 41 bas d REA/ Mastanascimento ; 41 ht g ANDIA PRESSE/ bougé ; 42 g REA/ Kerem Uze/ Nar ; 42 D REA/Benoît Decout ; 44 d CORBIS/ Image source ; 44 g REA/ Erin SIEGAL REDUX ; 51 bas ACTION CONTRE LA FAIM/ Haïti ; 51 ht CIT IMAGES/ Robien LANGLOIS ; 55 ht g hg ROGER-VIOLLET/ Pierre Jahan ; 55 d REA/ LAIF/PAUL Langrock/Zenith-Laif ; 56 REA/ Atul Loke ; 59 REA/ Gilles ROLLE ; 60 AFP/ NOTIMEX ; 64 bas REA/ Xavier Rossi ; 64 ht d RMN ; 64 ht g BRIDGEMAN - GIRAUDON ; 71 SAGAPHOTO.com/ Stephane GAUTIER ; 72 ht d REA/ Ryan PYLE/ Tthe NY Times/ Redux ; 72 ht g BROWN Julien ; 72 ht m REA/ François HENRY ; 72 m d REA/ Michel Rubens/ Redux ; 78 REA/Pascal SITTLER ; 85 bas AFP/ John Morel ; 85 ht ABACA PRESS/ Etienne de Malglaive ; 92 h PHOTO PQR/ Le Républicain lorrain/ Sulio Pelaez ; 98 GREENPEACE FRANCE ; 99 d REA/ Hamilton ; 99 g ICONOVOX/ Samson ; 100 d SHUTTERSTOCK/ Sean Prior ; 100 g PHOTO12.COM / Tetra Images ; 104 MAXPPP/ Remi OCHLIK ; 106 Nouvel Observateur ; 108 lasserpe ; 110 Socpresse ; 115 AFP/ archives/Jeff Pachoud ; 115 bas ICONOVOX/ Rémi MalinGrëy ; 117 ICONOVOX/ lasserpe ; 124 DARGAUD France/ Silex and the city/ 2009 ; 129 bas GETTY IMAGES France/ Aurelie & Morgan David de Lossy ; 129 ht GETTY IMAGES France/ Photodisc/ Marc Debman ; 130 SHUTTERSTOCK/ Sean Niel ; 131 bas d PHOTO12.COM / tetra images ; 131 bas m FEDEPHOTO/ Anne Van der STEGEN ; 131 g PHOTONONSTOP/ Johner ; 131 ht d REA/ Silva VILLEROT ; 131 ht m PHOTONONSTOP/ INFRA ; 132 DARGAUD/ Claire Brétécher- Les frustrés--2008 ; 133 ANDIA PRESSE/ Altopress/ S.O'Carroll ; 134 PLANTU ; 136 PESSIN Denis ; 138 MATHIEU Gérard ; 143 bas CIT IMAGES ; 143 ht PHOTONONSTOP/ J-C.&D. Pratt ; 144 CORBIS/ adius Image ; 144 d PHOTONONSTOP/ Van Osaka ; 146 d Solar ; 146 g GALLIMARD - ; 146 ht g l'équipe ; 146 m d Harlequin ; 148 bas d REA/ Frédéric Maigrot ; 148 bas g REA/ Frédéric Maigrot ; 148 bas m Métropolis/ DR ; 148 ht d REA/ Frédéric Maigrot ; 148 ht g ARTE ; 148 ht m ARTE ; 148 m g REA/ Catherine Stukhard/ Laif ; 148 m m REA/ Frédéric Maigrot ; 150 d Couleur Livre ; 150 g HACHETTE Littérature 2007 ; 152 bas DR ; 152 ht CHRISTOPHE L ; 168 bas g FONDATION ABBE PIERRE/ 168 bd Julo/www.blogapart.info ; 168 ht ADBUSTERS MEDIA FOUNDATION.

Édition : Marjorie Marlein avec la collaboration de Josiane Attucci-Jan
Conception graphique : Frédéric Jély
Mise en page : Anne-Danielle Naname et Adeline Calame
Iconographie : Veronica Brown
Graphiques : Corédoc/Laurent Blondel
Infographies et schémas : IDÉ/Adam Green
Couverture : Grégoire Bourdin

Le papier de cet ouvrage est composé de fibres naturelles, renouvelables, recyclables et fabriquées à partir de bois provenant de forêts gérées de manière responsable et durable.

N° d'éditeur : 10211265 - IRILYS - Octobre 2014
Imprimé en Italie par « La Tipografica Varese Srl »